法治实效评估的广东样本

法治广东建设第三方评估报告
（2016—2018）

朱羿锟　李　响　邱　新　陈贤凯　著

暨南大学出版社
JINAN UNIVERSITY PRESS

中国·广州

图书在版编目（CIP）数据

法治实效评估的广东样本：法治广东建设第三方评估报告：2016—2018 ／ 朱羿锟，李响，邱新，陈贤凯著 . —广州：暨南大学出版社，2019.9
（暨南卓越智库丛书）
ISBN 978 - 7 - 5668 - 2711 - 1

Ⅰ.①法…　Ⅱ.①朱…②李…③邱…④陈…　Ⅲ.①社会主义法制—建设—研究报告—广东—2016—2018　Ⅳ.①D927.65

中国版本图书馆 CIP 数据核字（2019）第 188796 号

法治实效评估的广东样本——法治广东建设第三方评估报告（2016—2018）

FAZHI SHIXIAO PINGGU DE GUANGDONG YANGBEN——FAZHI GUANGDONG JIANSHE DISANFANG PINGGU BAOGAO（2016—2018）

著　者：朱羿锟　李　响　邱　新　陈贤凯

出 版 人：徐义雄
策划编辑：李　战
责任编辑：亢东昌
责任校对：林玉翠　陈皓琳
责任印制：汤慧君　周一丹

出版发行：暨南大学出版社（510630）
电　　话：总编室（8620）85221601
　　　　　营销部（8620）85225284　85228291　85228292（邮购）
传　　真：（8620）85221583（办公室）　85223774（营销部）
网　　址：http：//www.jnupress.com
排　　版：广州市天河星辰文化发展部照排中心
印　　刷：广州市穗彩印务有限公司
开　　本：787mm×1092mm　1/16
印　　张：16.25
字　　数：340 千
版　　次：2019 年 9 月第 1 版
印　　次：2019 年 9 月第 1 次
定　　价：58.00 元

总　序

　　2018 年是国家改革开放 40 周年，也是暨南大学创办 112 周年。10 月 24 日习近平总书记在视察广东工作期间亲莅暨南大学，在听取相关校情介绍并与师生交流后，充分肯定了学校办学成果与独特作用，并勉励广大学子好好学习，早日成才，为社会作出贡献，把中华优秀传统文化传播到五湖四海。习近平总书记的讲话为学校未来发展指明了方向。

　　饮水思源，不忘根本。素有"百年侨校"美誉的暨南大学是第一所由国家创办的华侨高等学府。"暨南"二字出自《尚书·禹贡》："东渐于海，西被于流沙，朔南暨，声教讫于四海。"意即面向南洋，将中华文化远播至五洲四海。"宏教泽而系侨情"是学校一以贯之的办学宗旨。改革开放后，学校在党中央、国务院和广东省委省政府的大力支持下快速发展。1996 年，暨南大学成为全国面向 21 世纪重点建设大学。2011 年，国务院侨办、教育部、广东省政府签署共建暨南大学协议。2015 年，学校入选广东省高水平大学重点建设高校。2017 年，学校入选国家"双一流"建设高校。建校至今，暨南大学共培养了来自世界五大洲 170 多个国家和中国港澳台地区的各类人才 30 余万人，堪称有海水的地方就有暨南人。

　　暨南大学师资力量雄厚，科研实力较强。近年来，在"搭大平台、组大团队、拿大项目、出大成果"的科研思路指导下，特别是在高水平大学和"双一流"大学战略机遇推动下，暨南大学以体制机制改革为重点，不断加强内外协同，突出内涵建设和质量提升，科学研究能力持续提升。2011 年以来，学校人文社科领域共获批国家社科基金重大项目 37 项、其他类型国家社科项目近 250 项；其中，近三年国家社科基金重大项目立项数居全国高校前 10 位，国家社科基金年度项目立项数及排名近年也屡创新高。同时，人文社科领域高端成果不断涌现，2011 年以来共获全国高校人文社科优秀成果奖 18 项，在《中国社会科学》杂志发表论文 12 篇，在 SSCI、A&HCI 等国外权威索引期刊发表论文近千篇。

在做好基础研究的同时，暨南大学始终坚持"顶天立地"、学以致用的科研发展理念，始终瞄准国家重大发展战略、经济社会发展重大需求，积极发挥思想库和智囊团的作用，而智库即是发挥资政启民作用的重要抓手。

2013 年党的十八届三中全会通过的《中共中央关于全面深化改革若干重大问题的决定》提出，加强中国特色新型智库建设，建立健全决策咨询制度。2014 年 10 月 27 日，中央全面深化改革领导小组第六次会议审议了《关于加强中国特色新型智库建设的意见》。意见指出，当前全面建成小康社会进入决定性阶段，破解改革发展稳定难题和应对全球性问题的复杂性、艰巨性前所未有，迫切需要健全中国特色决策支撑体系，大力加强智库建设，以科学咨询支撑科学决策，以科学决策引领科学发展。2016 年 5 月 17 日，习近平总书记在主持召开哲学社会科学工作座谈会时进一步指出：智库建设要把重点放在提高研究质量、推动内容创新上。要加强决策部门同智库的信息共享和互动交流，把党政部门政策研究同智库对策研究紧密结合起来，引导和推动智库建设健康发展、更好地发挥作用。2017 年，加强中国特色新型智库建设写入党的十九大报告。

在中央关于大力发展智库建设的精神和要求指引下，暨南大学结合优势与特色研究，启动了"暨南卓越智库"建设，该项建设是暨南大学提升为国服务能力、推进成果转化机制与产学研合作模式的一项重大举措，是在国家提升治国理政能力和推进创新驱动发展战略背景下，依托优势和特色学科进一步提高学校为国服务能力的重大决策。为聚焦智库建设内涵，暨南卓越智库充分依托华侨华人、"一带一路"等品牌与特色，不断强化重大前沿问题研究，始终强调成果的转化和应用，"暨南卓越智库"建设 5 年多来，学校智库平台和团队社会服务能力逐步提升，并取得了许多突出成绩。

1. 服务党和政府决策

华侨华人研究智库平台向中央政治局、国务院侨办、中国侨联、中联部、外交部、广东省等提交各类内部报告近百篇，并有 7 篇获得党和国家领导人的批示，其中中美关系问题、南海问题、沿边地区侨务工作、国家软实力与侨务工作研究等研究报告受到党中央的重视。"少数民族侨情调研"系列侨情报告得到原政协主席俞正声等的长篇批示，国家公安部、外交部等七部委专门就报告所提建议召开专题会议。舆情与国家治理智库团队提交关于埃博拉病毒、云南鲁甸地震及香港相关议题等研究报告获得习近平总书记、李克强总理等党和国家领导人的重要批示。

2. 响应"一带一路"倡议

暨南大学在"一带一路"研究领域实力突出，目前共获批该领域国家社科基金重大项目"构建 21 世纪'海上丝绸之路'的社会与文化基础研究""'一带一路'战略视野下我国沿边地区侨情调研""东南亚安全格局对我实施'21 世纪海上丝绸之路'战略的影响研究"以及"共生理论视角下中国与'一带一路'国家间产业转移模式与路径研究"四项。已连续发行《21 世纪丝绸之路研究动态》《"一带一路"健康医疗动态汇编》《东南亚研究动态资料》《中新关系》《中美问题周报》等系列研究报告，在该领域产生持续影响力。

3. 对接大湾区发展战略

我校澳门研究院 2016 年获批国家社科基金重大招标项目"鸦片战争后港澳对外贸易文献整理与研究"；经纬粤港澳大湾区经济发展研究院承担了 2017 年国家社科基金重点项目"基于多极网络空间组织的区域协调发展机制深化及创新研究"，撰写的《关于粤港澳大湾区建设若干重大问题的建议》由台盟中央直接报送党和国家领导人，撰写的《关于广州增强粤港澳大湾区核心增长极能力的建议》《粤港澳大湾区建设中可能出现问题的提前研判和应对》获得广州市委书记张硕辅、市长温国辉、人大主任陈建华正面批示；绿色与低碳研究院撰写的《建设粤港澳大湾区绿色金融的对策建议》获广州市委书记张硕辅、市长温国辉正面批示。

4. 攻关社会发展难题

我校产业经济智库围绕产业结构升级、产业双转移、产业发展规划等主题开展深入研究，承担广东省职能部门以及各市委托的课题 200 多项，充分发挥智库咨政功能，推动经济转型升级。据不完全统计，广东省五分之四地市的产业规划均由该智库负责制定。地方立法与法治智库团队积极参与政府各项法律法规的制定工作，为立法体系完善、政府依法行政献计献策。

应当看到，一个智库的发展壮大，除了需要有强盛的综合国力与理性的社会群体作为支撑，还需要来自政府、非政府组织甚至公司企业的支持。与此同时，学者也有义务、有责任将自身研究的成果面向社会公众进行解读，答疑解惑，满足人民群众对掌握新思想新知识的需求。有鉴于此，我们将暨南卓越智库建设（2015—2018）的部分研究成果集结成册，汇编成"暨南卓越智库丛书"第一辑。这套丛书收录了地方立法与法治、大都市治理与政府转型、舆情与国家治理、新工业革命、沿边侨情与国家安全、海外华文与侨务文化战略等智库团队的成果，同时也展现了我校科研团队笃学勤思的风采。

情系家国，薪火相传。暨南卓越智库建设，成就可圈可点，未来大有可为，我们也希望有更多研究团队加入其中，群策群力助力暨南卓越智库跨越式发展，擦亮暨南金字招牌，为建设国内一流、世界知名的高水平大学添砖加瓦。

2018 年 11 月

前　言

　　法治不易，法治评估更不易；评估难，法治评估更难。时代是思想之母，实践是理论之源。我们确实很幸运，法治中国建设日益深化，建立科学的法治建设指标体系和考核标准已然成为党中央推动法治建设的重要举措。更有幸的是，作为暨南大学法治广东智库，身处广东这一片改革开放的热土，喝着珠江水、吃着广东饭，我们没有任何理由置身事外，必须迎难而上，攻坚克难，为助力国家和广东发展战略贡献绵薄之力。

　　市场经济就是法治经济。近40年来，广东经济总量（GDP）连续30年蝉联全国榜首，法治保障乃经济社会发展的重中之重，实践提出了不少问题，包括如何衡量广东法治发展的进程及其在全国的地位，如何衡量广东不同地区法治的进程，究竟是否存在像其经济社会发展那样的不平衡、不充分问题，以及为推进法治广东建设进程，广东在圆满完成法治建设"一五"规划的基础上，正在全力推进"二五"规划，为"四个走在全国前列"提供法治保障，就此而言，法治广东是否也能"走在全国前列"呢？所幸的是，我们有机会在2016、2017、2018连续三个年度接受了法治广东建设第三方评估的任务，虽是任重道远，也必须恪尽职守，在力所能及的范围内尽可能准确地"刻画"法治广东建设的状况，厘清广东优势，找到真正的"短板"，并为补齐这些"短板"建言献策。

　　王阳明先生谓：知者行之始，行者知之成；知而不行，只是未知。我们作为法治智库，对于法治理论确实有所知，对于法治评估技术亦有所知，然而，就知行合一论而言，我们只有将这些付诸实践并经得起实践检验，才称得上是真知。同时，也只有在事上多磨炼，不断检验现有的所知，丰富和发展相关理论，真正解决法治实践评价中的重点难点问题，方能再获良知，如此循环往复，一步一步推动法治理论和法治评估技术的再升华、再发展。正是通过 2016 年度以来的法治广东建设第三方评估工作，干中学，学中干，虚心向法治实践部门、专家学者以及基层群众问计，我们才最终形成了与体制内考评错位的"三管齐下"的第三方评估体系，不仅向广大群众问法治广东建设的"获得感"，还向大数据问"运行得怎么样"，以尽可能"逼近"各地市法治建设情况的客观实际。为此，我们攻克一系列重点问题，突破一个又一个难点问题，设计出多层次的分类问卷体系，探索出第三方在全省范围内有效投放和回收各类问卷的调查研究实施体系；针对省市法治实践部门大量的执法和司法数据，我们勇于探索，敢闯敢试，经过多方面研究和论证，初步摸索出法治运行关键指标测评的分析框架和模型；更了不起的是，当今社会，舆论监督日益强化，法治舆论监督自不应例外，我们又尝试挖掘舆情的"大数据"，初步建构起法治负面舆情评估，进一步增加了第三方评估的手段。回首这一过程，确实是时间紧、任务重，有时甚至几乎陷入山穷水尽的困境，幸而有各部门和相关领导不断鼓励，让我们绝不轻言放弃，才最终迎来了柳暗花明之时。

过去三个年度的法治广东建设第三方评估，均由智库主任朱羿锟教授负责整体设计、方案制订以及实施督导，智库副主任邱新副教授负责智库日常运行，李响博士、陈贤凯博士协助智库主任、副主任开展工作。邱新、李响和陈贤凯共同组织实施三大部分的评估，李响执笔撰写各年度的第三方评估报告并经智库集体研究后修改定稿，向广东省委依法治省办提交。本书第一章由陈贤凯撰写初稿，第二章、第三章由李响撰写初稿，由朱羿锟修改定稿；第四章至第九章根据各年度第三方评估报告修订，由李响撰写初稿，也均由朱羿锟修改定稿。

我们有幸连续三个年度受托承担法治广东建设第三方评估项目，并均能有效开展工作和顺利完成任务，离不开各方面的鼎力支持和积极配合。在此，我们要特别对广东省纪委监委、省委办公厅、省委组织部、省委政法委、省人大常委会选联工委、省政协办公厅、省法院、省检察院、省教育厅、省公安厅、省司法厅、省人力资源和社会保障厅、省自然资源厅、省生态环境厅、省水利厅、省应急管理厅、省市场监督管理局、省信访局和省总工会、省工商联、省法学会、省律协等单位的关心协助表示衷心的感谢，对广东省委政法委原专职副书记、省委依法治省办原主任陈岸明，省委依法治省办副主任、省司法厅厅长曾祥陆，省委政法委专职委员黄文平、刘永庆，省司法厅巡视员张荣辉、副巡视员张刚和吴小洪、罗耀贤、刘法建、黄涛涛、黄鹤、李峰、李玲、伍志宽、方学勇等同志的指导帮助表示衷心的感谢，也要对学校党政办公室、党委宣传部、社科处、财务处等部处和新闻与传播学院、经济学院、管理学院、公共管理学院/应急管理学院、经济与社会研究院等兄弟学院的热情襄助以及法学院/知识产权学院这三年来参与项目工作的数十位师生表示衷心的感谢。

我们深知，实践没有止境，理论创新更没有止境，法治评估也是如此。对于法治广东建设第三方评估这项事业，为了能够善始善终，我们努力克服重重困难，最终不辱使命，每年均能圆满完成年度评估任务，并在广东省委常委会上获得采纳。当然，这也是对我们勇于探索的鞭策和鼓励，因为我们同样知道，完善法治广东建设第三方评估，提高评估水平和能力永远在路上。拙著画上句号之时，也就是诸多缺陷和瑕疵固化之时，我们诚恳请求相关专家和广大读者不吝赐教。未来，我们一定要做得更好些，也一定会做得更好些。

朱羿锟

2019 年 7 月 12 日

目　录

分类评估分析篇

评估总体设计篇

第一章　法治广东建设第三方评估从这里起步

法治是理念，更是实践，如同一场没有终点的赛跑。改革开放 40 年来，广东经济社会发展成就举世瞩目，经济总量（GDP）连续 30 年蝉联全国榜首。法治保障乃经济社会发展的重中之重，如何衡量广东法治发展的进程及其在全国的相对地位，是否像经济社会领域那样也存在区域发展不平衡、不充分问题，这些都是我们探索法治评估、揭示广东法治实效亟须解决的重大现实问题，亦为丰富和发展法治理论提供了难得的广东样本。

第一节　法治中国与法治评估

一、走向"量化法治"

法治的进程可量化，乃是法治发展和进步的重要标志。回顾改革开放之初，经济社会发展亟须法治撑腰，1979—1982 年，法学界围绕着"法治与人治"问题而展开的广泛争鸣，着力探讨了法律的本质、法治与法制的区别等。最终，"要法治、不要人治"的观念普遍深入人心。纵向而言，这是了不起的进步，但是这不过是为法治"正名"，我国法治远远未及量化的程度，尚处于"正名法治"的阶段。1997 年 9 月，党的十五大报告提出，依法治国是党领导人民治理国家的基本方略，是发展社会主义市场经济的客观需要，是社会文明进步的重要标志，是国家长治久安的重要保障。1999 年，九届全国人大二次会议通过了宪法修正案，规定中华人民共和国实行依法治国，建设社会主义法治国家，这是中国近现代史上破天荒的事件，是中华人民共和国治国方略的重大转变。法治成为治国方略之后，关于法治的各种界定大量涌现，进而推动了我国法治走向"量化"阶段。本世纪之初，即有北京、上海等地法治评估的先行先试，开启了"城市法治环境评价"① "上海法治建设指标体系"② 等探索和实践。此后，各种

---

① 城市法治环境评价体系与方法研究课题组：《构建城市法治环境评价指标体系的设想》，《公安大学学报》2002 年第 5 期。

② 仇立平：《上海法治建设指标体系的理论和构想》，《社会》2003 年第 8 期。

形式的法治评估竞相迸发，不仅促进了法治观念的传播和法治理论的升华，更是中国法治实践从"正名""定义"到"量化"的巨大飞跃。

正是基于这些轰轰烈烈的探索和实践，党中央高瞻远瞩，审时度势，在党的十八届三中全会《中共中央关于全面深化改革若干重大问题的决定》中首次设置专节，论述"推进法治中国建设"，明确提出应"建立科学的法治建设指标体系和考核标准"。此后，党的十八届四中全会《中共中央关于全面推进依法治国若干重大问题的决定》进一步要求，"把法治建设成效作为衡量各级领导班子和领导干部工作实绩重要内容，纳入政绩考核指标体系"。2015 年 12 月，为落实党的十八大提出的到 2020 年基本建成法治政府的目标，中共中央和国务院出台了《法治政府建设实施纲要（2015—2020 年）》，指出各级党委要把法治建设成效作为衡量各级领导班子和领导干部工作实绩的重要内容，纳入政绩考核指标体系，充分发挥考核评价对法治政府建设的重要推动作用。不难看出，随着全面依法治国方略的不断推进和深化，法治评估已然成为衡量各地法治建设进程的重要举措，系法治中国建设的重要"抓手"。法治评估关乎国家治理体系，关乎国家治理能力，是通过量化形式促进国家治理的精准化、精细化，推动着国家治理形成完整的工程系统，① 也是内嵌于党和政府的法治建设工作的一个重要环节。②

二、海外主要法治评估指数评析

时代是思想之母，实践是理论之源。就法治评估而言，在世界各国浩浩荡荡的法治实践之中，早在 20 世纪 90 年代海外即有法治评估的探索和实践。比如，当时美国国际开发署曾经对柬埔寨的法治状况进行过评估。③ 纵观形形色色的法治评估，如著名的《全球治理指数报告》《世界法治指数》，以及自由之家（Freedom House）发布的"世界自由"（Freedom in the World）指数、"十字路口上的国家"（Countries at the Crossroads）指数、德国贝塔斯曼基金会（Bertelsmann Foundation）与慕尼黑大学应用政策研究中心联合推出的贝塔斯曼转型指数、美国全球廉正（Global Integrity）推出的"全球廉正指数"等综合性指数中下设的法治指数、联合国维和行动部（DPKO）等 9 个部门与世界银行联合发起的联合国法治指标项目（the United Nations Rule of Law Indicators Project）、美国国际开发署的法治评估等专门的法治指数，④ 等等。影响较大的，主要是世界银

① 钱弘道、王朝霞：《论中国法治评估的转型》，《中国社会科学》2015 年第 5 期。
② 钱弘道、戈含锋、王朝霞、刘大伟：《法治评估及其中国应用》，《中国社会科学》2012 年第 4 期。
③ 孟涛：《中国大陆法治评估运动的回顾、述评与前瞻》，《人大法律评论》2014 年第 2 辑，法律出版社 2015 年版。
④ 孟涛：《国际法治评估的种类、原理与方法》，《清华法治论衡》第 23 辑，清华大学出版社 2016 年版，第 344 - 347 页。

行《全球治理指数报告》、世界正义工程的《世界法治指数》，以及我国香港的法治指数。

1. 全球治理指数

世界银行《全球治理指数报告》始于 1995 年，当时国际著名投资家沃尔芬森出任世界银行第九任行长，他一改世界银行不关注借款国治理质量的传统，极力主张关注借款国的腐败等治理问题。[①] 1996 年，世界银行就开发出了"全球治理指数"（Worldwide Governance Indicators，WGI），该指数包括发言权与责任、政治稳定与无暴力/恐怖主义、政府效能、监管质量、法治、腐败的控制六个一级指标。该指数还吸纳了世界经济论坛全球竞争力报告、盖洛普世界调查等对法治的多样化理解，据此设置相关二级指标。全球治理指数评估主要通过两种途径获取评估数据，一是由 30 多个不同组织所提供的调查数据，二是对公司和家庭的问卷调查，问卷对象包括多种商业信息公司、非政府组织、多边国际组织以及其他公共机构。迄今为止，《全球治理指数报告》中的"法治"指数已经发布了19 个年份，分别是 1996 年、1998 年、2000 年、2002—2017 年。其所涵盖的国家已从 1996 年的 171 个增加到 2012 年的 215 个。该指数已成为衡量各国法治水平的重要参考。

2. 世界法治指数

世界法治指数始于 2006 年，美国律师协会发起了名为"世界正义工程"（World Justice Project，WJP）的项目。2009 年，该项目成为一个独立的、跨学科的非营利性非政府组织，肩负推动法治研究、编制法治指数、促进全球合作三大使命。为了有效评估世界各国的法治状况，世界正义工程开发了"世界法治指数"的量化评估体系。该评估体系从以下三个方面调查可能影响人们日常生活的法治状况：一是公民能否在无须贿赂政府官员的情况下享有公共服务，二是邻里或公司之间的纠纷能否由一个中立裁判者以和平方式且低成本地得到有效解决，三是人们能否在无须担心犯罪和警察暴力的情况下从事日常生活。作为衡量各国法治发展程度的综合数据库，该指数旨在为政策制定者、商业机构、非政府组织和选民提供一个独立的数据资源，以便把握由普通人感知或体验的一个国家的法治情况，并在与其他国家法治强弱程度的比较中，通过年度报告的形式追踪最新的法治动态变化状况，为世界各国加强法治建设提供一面"镜子"。[②] 迄今，世界正义工程已经发布了十份指数报告，组织了六次世界正义论坛（World Justice Forum）和多次学术会议，资助了一系列法治研究，其全球影响逐日递增。2013 年，联合国发布的法治评估倡议报告就专门推荐了该指数。[③]

---

① ［美］阿尔恩特、欧曼著，杨永恒译：《政府治理指标》，清华大学出版社 2007 年版，第 3 页。

② 张保生、郑飞：《世界法治指数对中国法治评估的借鉴意义》，《法制与社会发展》2013 年第 6 期。

③ See Report of the Secretary – General：Measuring the Effectiveness of the Support Provided by the United Nations System for the Promotion of the Rule of Law in Conflict and Post – conflict Situations，S/2013/341.

3. 我国香港法治指数

我国香港法治指数始于 2004 年，由非政府组织香港社会服务联会（简称"社联"）发起。社联早在 1999 年就展开"香港社会发展指数计划"，制定了一套评估香港整体社会发展进程的工具。自 2000 年起，每两年发表"社会发展指数"。2004 年之前，其社会发展指数并不包括对法治的评估，但法治无疑是社会发展的基石。2004 年起，社联与香港大学合作，着手制定一套法治分类指数，以作为香港法治发展的指标，为改善香港的法治提供适用的讯息，作为比较香港和其他社会法治发展的基础。该指数包括七个一级指标：①法律的基本要求；②依法的政府；③不许有任意权力；④法律面前人人平等；⑤公正地实施法律；⑥司法公义人人可及；⑦程序公义。就评估的数据来源而言，既有客观数据也有主观数据。客观数据是基于各种渠道获得的法律数据，而主观数据主要通过市民和专家问卷调查获取。作为特别行政区，香港虽继续保留原普通法制度，但毕竟是中国的一个地区，该指数对内地法治评估具有较大影响，著名的余杭指数即以该指数为借鉴。①

毋庸讳言，海外各种法治指数都是基于西方法治理论和实践，它们对于开发中国特色法治实践的评估体系无疑具有参照系的价值。正如中国法治道路必定是中国特色的，其法治评估自然应是中国式的，必须从中国法治实践出发，有中国特色、中国风格、中国气派。②

三、中国式法治评估的兴起

实践没有止境，理论创新也没有止境。法治中国的伟大实践催生了中国式法治评估，③ 随着法治中国建设的深化而日渐走向成熟，日益成为各地推进法治建设的重要"抓手"。

中国式法治评估从法治环境评估起步。④ 法治环境评估主要由学术界实施，既评估法律制度环境，也评估法律之外的政治环境、经济环境、社会环境、文化环境等背景条件。早在 2002 年，北京市学者就尝试了"城市法治环境评价"。⑤ 2005 年，广东省依法治省工作领导小组办公室委托广东商学院开展了"广东省

① 钱弘道等：《法治评估的实验——余杭案例》，法律出版社 2013 年版，第 71 页。
② 钱弘道：《中国法治实践学派的基本精神》，《浙江大学学报（人文社会科学版）》2015 年第 4 期。
③ 钱弘道：《中国法治实践学派及其界定》，《浙江大学学报（人文社会科学版）》2014 年第 5 期。
④ 孟涛：《中国大陆法治评估运动的回顾、述评与前瞻》，《人大法律评论》2014 年第 2 辑，法律出版社 2015 年版，第 47 页。
⑤ 城市法治环境评价体系与方法研究课题组：《构建城市法治环境评价指标体系的设想》，《公安大学学报》2002 年第 5 期。

法治环境调查"。① 此后，浙江省湖州师范学院法商学院也对湖州的法治环境进行了评估。② 2010 年，云南昆明市政府发布了《法治昆明综合评价指标体系》，本质上也属于法治环境评估，包括法治的社会环境、制度环境和人文环境三个一级指标。③ 法治建设评估则是中国式法治评估 2.0 版，是对法治环境评估的系统性超越，不再满足于法治运行的环境，而是直接聚焦于法治建设及其运行情况。

纵向而言，法治建设评估业已经历了专项评估和全面评估两个发展阶段。④ 最初，法治政府建设评估就是典型的法治建设专项评估。2004 年，国务院颁行《全面推进依法行政实施纲要》，明确提出"经过十年左右坚持不懈的努力，基本实现建设法治政府的目标"。为此，2006 年，时任国家行政学院副院长袁曙宏教授提出了"构建法治政府指标体系的设想"。⑤ 2009 年，深圳市政府法制办、市法制研究所推出《深圳市法治政府建设考评指标体系》，成为全国第一个法治政府量化评估体系。该指标体系一经推出即引起巨大反响，国务院法制办印发了《深圳市法治政府建设指标体系（试行）》，供各地政府示范和参考。2009 年 4月，湖北省政府与国务院法制办签署《关于共同推进湖北省法治政府建设和武汉城市圈"两型社会"建设的合作协议》，商定"共同研究制定湖北省建设法治政府的指标体系"；同年 11 月湖北省政府推出了全国第一个省级法治政府指标体系。2009 年，国务院法制办组织起草了《关于推行法治政府建设指标体系的指导意见（讨论稿）》，该讨论稿原则性较强，略显空洞，未被各地广泛采纳。⑥ 迄今，全国至少有 31 个省级、市级和县级政府出台了法治政府评估指标体系，⑦ 中国政法大学法治研究院开展了第三方法治政府评估。⑧ 2019 年 5 月，中央全面依

① 邓世豹主编：《中国法治进程调查报告 2005——以广东省法治环境调查为例》，法律出版社 2006 年版。

② 殷国伟、穆方平：《论"法治浙江"的法治环境评价体系——以湖州市法治环境评价为个案》，《湖州师范学院学报》2006 年第 6 期。

③ 周楠：《〈法治昆明综合评价指标体系〉首次评测结果发布》，《云南法制报》，2012 年 4 月 25 日。

④ 钱弘道、戈含锋、王朝霞、刘大伟：《法治评估及其中国应用》，《中国社会科学》2012 年第 4 期。

⑤ 袁曙宏：《关于构建我国法治政府指标体系的设想》，《国家行政学院学报》2006 年第 4 期。

⑥ 国家行政学院课题组：《法治政府指标体系与作用》，《中共天津市委党校学报》2006 年第 4 期。

⑦ 按照出台时间顺序：广东省深圳市（2009 年 1 月），河北省邯郸市永年县（2010 年 1 月），湖北省（2010 年 6 月），浙江省温州市（2010 年 7 月），陕西省渭南市（2010 年 8 月），山东省青岛市市南区（2011 年 3 月），四川省（2011 年 3 月），重庆市万州区（2011 年 4 月），江苏省苏州市（2011 年 8 月），广东省惠州市（2012 年 1 月），广东省（2012 年 6 月），贵州省黔西南州（2012 年 7 月），辽宁省沈阳市（2012 年 8 月），江苏省（2012 年 12 月），广东省韶关市（2013 年 9 月），广东省汕尾市丰顺县（2013 年 10 月），广东省韶关市乳源瑶族自治县（2013 年 12 月），吉林省（2014 年 7 月），江西省南昌市（2014 年 11 月），河南省（2014 年 11 月），宁夏回族自治区（2015 年 1 月），江西省鹰潭市（2015 年 5 月），江苏省常熟市（2015 年 7 月），黑龙江省大庆市（2015 年 11 月），山西省太原市（2015 年 11 月），安徽省滁州市（2016 年 1 月），安徽省合肥市（2016 年 1 月），安徽省凤阳县（2016 年 1 月），安徽省肥东县（2016 年 7 月），内蒙古自治区（2017 年 4 月），内蒙古自治区阿拉善左旗（2017 年 11 月）。

⑧ 中国政法大学法治政府研究院编：《中国法治政府评估报告（2016）》，社会科学文献出版社 2016 年版。

法治国委员办公室发布《关于开展法治政府建设示范创建活动的意见》，拟从2019 年启动第一批法治政府建设示范地区评估认定工作，每两年开展一次。

司法评估亦属专项法治评估。浙江省高级人民法院最早尝试司法透明指数，倒逼司法体制机制改革。此后，各地相继开展基于计算机信息系统的量化考评指标体系，上海、江苏、浙江等省市法院制定审判流程规程及相应的审判质量效率评估体系。[1] 教育部和财政部批准的"2011 计划"司法文明协同创新中心也开展了一项"司法文明指数"（JCI）评估，旨在对全国 31 个省市自治区司法运作的实际情况进行测量，为全国司法文明现状提供一种量化评估工具，同时提高中国在世界法治指数 14 个司法指标上的世界排名。[2]

继各种法治专项评估后，政府和学界顺势而为，推动了法治建设的全面评估。例如，上海的"法治建设指标体系理论构想"[3]、北京的"法治建设状况综合评价指标体系研究"[4]。其中，最知名的当属 2006 年中国内地推出的第一个法治指数——"余杭法治指数"。余杭法治指数以余杭区法治建设的 9 个目标为依据，即党委依法执政、政府依法行政、司法公平正义、权利依法保障、市场规范有序、监督体系健全、民主政治完善、全民素质提升、社会平安和谐。在此基础上，逐层分解，形成了包括 27 项主要任务、77 项评估内容三级指标体系，亦称"149 结构"（1 个指数、4 个层次、9 项满意度调查）。[5] 2008 年之后，不少地方政府大力推行法治全面评估，四川成都的法治城市创建测评工作、江苏无锡的法治城市创建评估活动。2016 年起，广东省委全面依法治省工作领导小组办公室（设于省委政法委员会）每年组织一次对全省 21 个地级以上市（以下简称地市）的法治广东建设考评。[6] 这些探索和实践不仅为法治中国建设注入了不可或缺的力量，亦通过实践的磨炼，不断丰富和完善中国式法治评估理论体系，促进有中国风格、中国气派的法治理论体系的发育和进一步成长。

---

① 金维、沈法：《构建审判质量效率评估体系》，《江苏法制报》，2005 年 2 月 1 日。

② 张保生等：《中国司法文明指数报告（2015）》，中国政法大学出版社 2016 年版。

③ 仇立平：《上海法治建设指标体系的理论和构想》，《社会》2003 年第 8 期。

④ 王称心、蒋立山主编：《现代化法治城市评价——北京市法治建设状况综合评价指标体系研究》，知识产权出版社 2008 年版。

⑤ 余杭法治评估体系课题组：《法治量化评估的创新实践——余杭法治报告》，《中国法治发展报告 No. 6（2008）》，社会科学文献出版社 2008 年版，第 370 – 372 页，第 366 页。

⑥ 参见《2016 年度法治广东建设考评办法》。

第二节　法治广东亟须"走在全国前列"

一、法治乃广东持续"走在全国前列"的保障

作为改革开放的排头兵，广东经济社会发展为世人所瞩目，连续 30 年蝉联全国各省市 GDP 之冠。市场经济就是法治经济，广东市场活力源于有力的法治保障。广东向来重视推进全面依法治省工作，法治建设所取得的令人瞩目的成就无疑就是最有力的脚注。[①] 2018 年 3 月 7 日，习近平总书记在参加十三届全国人大一次会议广东代表团审议时发表重要讲话，要求广东"在构建推动经济高质量发展体制机制、建设现代化经济体系、形成全面开放新格局、营造共建共治共享社会格局上走在全国前列"。"四个走在全国前列"的提出，是习近平总书记对广东的殷切嘱托，是广东践行习近平新时代中国特色社会主义思想的路线图，也是广东落实党的十九大精神的任务书。[②] 这"四个走在全国前列"虽然没有直接提及"法治"二字，但法治无疑是其中应有之义。

党的十八大以来，广东围绕全面建成小康社会这一宏伟目标，"以全面推进依法治省、加快建设法治广东"为总抓手，大力推动科学立法、依法行政、公正司法、全面守法的总体进程，全面依法治省再上新台阶，法治广东建设的推进必将为"四个走在全国前列"的落实提供重要的法治保障。广东省委明确将法治建设与经济社会建设有机结合，将法治建设与经济社会建设同步推进，二者良性互动，相互促进。早在 2011 年 1 月，广东省委第十届八次全会就审议通过《中共广东省委关于国民经济和社会发展第十二个五年规划的建议》和《法治广东建设五年规划（2011—2015 年）》（以下简称"法治广东一五规划"）。在省委全会上与经济社会发展规划一起审议通过法治规划，这一举措在全国领风气之先。2016 年 10 月，广东省委印发了《法治广东建设第二个五年规划（2016—2020 年）》（以下简称"法治广东二五规划"），努力将"十三五"时期的经济社会发展纳入法治化轨道。[③] 两个五年规划都在构建推动经济高质量发展的体制机制、建设现代化经济体系、形成全面开放新格局、营造共建共治共享社会格局方面做出了重要部署。法治广东建设旨在将广东建设成全国最安全稳定、最公平公正、

---

① 刘恒等：《走向法治：广东法制建设 30 年》，广东人民出版社 2008 年版。

② 《中共广东省委关于深入学习贯彻落实习近平总书记重要讲话精神，奋力实现"四个走在全国前列"的决定》。

③ 李锐忠、张丽娥：《党的十八大以来广东法治建设砥砺奋进成效显著》，《民主与法制时报》，2017 年 10 月 12 日。

法治环境最好的地区之一，为构建推动经济高质量发展的体制机制、建设现代化经济体系、形成全面开放新格局和营造共建共治共享社会治理格局，提供了重要的法治保障，成为实现"四个走在全国前列"的坚强保障。

二、法治乃广东最好的营商环境

无论是构建推动经济高质量发展的体制机制，还是建设现代经济体系，还是构建全面开放新格局，要建构广东优势，继续"走在全国前列"，都有赖于广东营商环境的法治化、国际化，而法治乃最好的营商环境。故，无论是基本构建起高质量发展的制度框架，营商环境更具国际竞争力，对全球高端经济要素的吸引力显著提升，发展方式更加科学、产业结构更加合理、发展动力更加强劲；还是实现科技创新扎实推进，战略性新兴产业成为新的支柱，实体经济、科技创新、现代金融、人力资源协同发展，构建以实体经济为主体、科技创新为引领、现代金融和人力资源协同支撑的现代产业体系，建设综合制造基地和科技创新中心，有力支撑广东现代化经济体系；还是实现粤港澳大湾区合作发展体制机制有效运转，初步形成以大湾区为平台参与全球分工竞争的全面开放新格局，增强全球资源配置能力和国际规则运用能力，以服务国家发展大局，无不有赖于营商环境国际化、便利化，无不有赖于更高水平的法治保障。易言之，广东法治化营商环境的水平无疑就是"四个走在全国前列"重要风向标。

法治建设为上述机制的构建提供有力保障。首先，立法上应为体制构建提供基础性框架。根据法治广东一五规划的部署，我省着力推进以促进自主创新和加快经济发展方式转变为重点的经济领域立法，推进资源节约型和环境友好型社会发展立法，深化行政管理体制改革的立法。[①] 根据法治广东二五规划部署，我省进一步加快经济领域立法，制定和完善实施创新驱动、新兴产业培育发展、岭南特色产业保护、市场监管等方面的法规规章。同时也加快生态领域的立法，制定完善污染防治、水土保持、绿色建设、碳排放权交易管理、生态补偿、海洋生态环境保护等方面的法规规章。[②]

其次，法治政府建设能更好发挥政府在资源高效配置中的作用。法治广东一五规划积极深化行政审批制度改革，提高行政效率，增强公共服务能力和行政效能。法治广东二五规划进一步推进政府机构、职能、权限、程序、责任的法定化，推行权责清单制度，深化行政审批制度改革，全面规范行政审批事项设立、实施和监督管理，推广"一门式、一网式"政府服务模式。同时，深化行政执法体制改革，加强对行政权力的制约和监督，并加快推进政务公开。

---

① 《法治广东建设五年规划（2011—2015年）》。
② 《法治广东建设第二个五年规划（2016—2020年）》。

　　具体说来，在体制机制上，完善企业开办、施工许可、财产登记、信贷获取、投资者保护、税收征管、跨国贸易、合同执行、企业破产等方面法规规章，提高政府为实体经济、科技创新、现代金融和人力资源有效提供公共服务的能力和效率。建立统一开放、竞争有序的市场体系和监管规则，深化商事制度改革，建立公平竞争审查制度，推进贸易投资便利化。健全公共信用信息管理系统和信息共享交换服务平台，推进对失信被执行人信用监督、警示和惩戒机制建设。清理规范涉企行政事业性收费，行政审批中介服务、涉企经营服务、进出口环节经营服务。积极推动通关模式创新，推进大通关建设和国际贸易单一窗口建设。加强中小企业法律服务。公正的司法能为各类型企业和其他经济活动参与者提供有效的产权保护，保护企业家人身权和财产权益安全，保障创新者的知识产权，快速解决经济纠纷，为企业家和创新人才提供一个良好、安全的司法环境。创新商事纠纷解决方式，健全商事纠纷非诉讼解决机制。

　　就强化创新驱动发展的法治保障而言，则是要营造保护创新的法治环境，建设创新驱动发展先行省。完善激励创新的产权制度、知识产权保护制度和促进科技成果转化的体制机制。实施更加积极的创新创业人才激励和吸收政策，强化创新人才法律服务。探索开展知识产权民事、刑事、行政案件的"三审合一"改革，完善知识产权综合管理体制。完善知识产权代理、运营、鉴定、维权援助等服务体系。研究制定新业态领域创新成果保护机制，将互联网技术与知识产权执法手段相结合，形成现代化网络知识产权保护体系。① 至于"一带一路"和粤港澳大湾区建设，就是要深化与"一带一路"沿线国家和地区经贸合作，在广州南沙、深圳前海、珠海横琴等地建设海上丝绸之路法律服务基地。把法治建设作为高标准建设中国（广东）自由贸易试验区的重要内容。推动国际仲裁机构、商事纠纷专业调解机构在中国（广东）自由贸易试验区开展法律服务。加快实施广东涉外法律服务领军人才计划，大力发展涉外法律服务业。推动深圳前海加快中国特色社会主义法治示范区规划建设。② 广东正加快涉港澳台法律事务合作。加强粤港澳、粤台执法司法协作，共同打击跨境违法犯罪活动。加强粤港澳紧密合作法律事项研究，进一步发展在 CEPA 框架下的粤港澳经济贸易关系。消除制约粤港澳服务贸易自由化的制度障碍。深化粤港澳律师、仲裁等法律服务业合作，支持粤港澳合伙型联营律师事务所发展，扩大粤港澳律师事务所合伙联营试点范围。③

---

①　《法治广东建设第二个五年规划（2016—2020 年）》。
②　《法治广东建设第二个五年规划（2016—2020 年）》。
③　《法治广东建设第二个五年规划（2016—2020 年）》。

三、广东社会治理能力的法治保障

广东经济发展能否持续"走在全国前列",与其社会治理能力息息相关。广东社会治理体系愈发达,社会治理能力愈强,经济发展"走在全国前列"就愈有保障。而社会治理体系是否发达,社会治理能力是否强大,法治是关键因子。也就是说,广东社会治理共建共治共享的格局愈有法治保障,"四个走在全国前列"也就愈是水到渠成,顺理成章。

具体而言,就是要为人民共同参与社会治理、共享改革发展成果提供更完善的制度保障,全面形成安全稳定、公平公正、法治优良的环境,社会生机勃勃又并然有序。①

这就要求,推进基层社会管理体制改革,理顺政府与城乡自治组织的关系。完善社区管理体制,构建社区公共资源共享机制和综合治理机制。规范政府直接提供、委托社会组织提供和政府购买公共服务等方式,形成多元化的公共服务供给模式。逐步建立健全社会诚信体系。同时,创新流动人口、社会组织和虚拟社会管理。规范突发事件应对机制和责任追究制度。深入开展综治信访维稳体系建设,完善工作平台,强化长效机制建设。开展平安建设示范点活动,完善"打防管控"工作网络,整治社会治安重点地区和突出治安问题,建设平安广东。② 法治广东二五规划也在强化社会治安综合治理和健全矛盾纠纷预防化解机制方面做出重要部署。同时着力健全公共法律服务体系,推进覆盖城乡居民的公共法律服务体系建设,完善一村(社区)一法律顾问工作制度,健全律师服务基层治理长效机制。要健全基层党组织领导的充满活力的城乡基层群众自治机制,实现政府行政与基层群众自治有效衔接和良性互动。加强村委会规范化建设,深化民主法治示范村(社区)创建工作。完善民主选举、民主决策、民主管理、民主监督程序。开展阳光村务活动,健全村务公开、财务公开、民主理财、民主评议村干部等各项制度。逐步提高社区居委会直接选举比例,扎实开展"六好"平安和谐社区建设;积极探索社区居委会指导监督业主委员会的机制,形成居委会、业主委员会以及社区物业管理相互配合、相互支持的工作格局。完善以职工代表大会为基本形式的企事业单位民主管理制度,推动企业承担社会责任。

---

① 《中共广东省委关于深入学习贯彻实习习近平总书记重要讲话精神,奋力实现"四个走在全国前列"的决定》。

② 《法治广东建设五年规划(2011—2015年)》。

第三节　法治广东实效的评估

一、法治广东建设考评机制化

　　广东经济发展持续引领全国，法治保障功不可没。为了落实党的十八届三中全会和四中全会决定，中共广东省委全面依法治省工作领导小组办公室于2015年启动法治广东建设考评，并于2016年开展首轮法治广东建设第三方评估。《中共广东省委关于深入学习观察落实习近平总书记重要讲话精神，奋力实现"四个走在全国前列"的决定》明确指出：应当"构建科学考核评估的导向机制。对接中央顶层设计，探索建立推动高质量发展的指标体系、统计体系和绩效评价体系，综合考评落实新发展理念、统筹推进'五位一体'总体布局和协调推进'四个全面'战略布局的情况"。显然，实现"四个走在全国前列"为法治评估进一步科学化提出了更为紧迫的要求。

　　法治广东建设考评遵循依法依规、客观公正、条块结合、公众参与的原则，坚持定量与定性相结合、上级部门考核与第三方评估相结合，考评结果既反映各地法治建设整体水平，又体现出各地法治建设进步程度。法治广东建设考评实行年度考评制，每年组织考评一次，被考评对象为各地市。广东省委全面依法治省工作领导小组办公室/省委全面依法治省委员会办公室（以下均简称省委依法治省办）负责法治广东建设考评的组织实施，依据全面依法治省年度工作部署，制定下发考核标准及考评办法，明确考评工作的组织安排、内容标准、方式方法、程序步骤、具体要求等事宜，经省委依法治省办批准后组织实施。法治考评方式实行省直部门考核与社会评估有机结合，考评结果以百分制显示。其中，省直部门考核分值占70%权重，社会评估原则上采用委托第三方评估的方式。广东各地市在对自身年度法治建设情况进行全面总结的基础上，对照考评标准进行自评，按照条块结合和对口报送原则，向省对口评分单位报送材料。省委依法治省办负责组织考评组，对各地市进行现场考评核查，之后汇总各省直对口单位和社会第三方评估单位的考评材料，形成各地市年度考评的总得分。考评结果经省委依法治省办同意后，报省委常委会审议通过，即正式发文向各地市通报考评结果。

　　法治广东年度考评分为优秀、良好、合格、不合格四个等次。考评得分在90分及以上的为优秀；80～89分为良好；70～79分为合格；70分（不含本分数）以下为不合格。凡是各地市党政主要负责人有不履行或不正确履行《广东省党政主要负责人履行推进法治建设第一责任人职责实施细则》情形的，或者辖区内发生特别重大群体性事件或特别重大刑事案件、法治建设领域特别重大问题或重大事故的，该地市均不得评为优秀。法治广东建设考评结果系衡量各地市领导班子和领导干部工作实绩重要内容。被考评对象被评定为优秀的，予以通报表扬；连续两年被评定为优秀的，全省依法治省工作先进单位等评比表彰的指标予以倾斜。对当年考评进步较大的市通报表扬，对退步较大的市通报警示。对不合格或排名后 3 位的，将得分情况及实际排名顺序，单独通知所在市，指出其工作短板，提醒其改进工作。被评定为不合格的，当地党委应当在结果送达之日起一个月内提出整改方案并报送省委依法治省办，限期整改。不难看出，法治广东建设考评程序日趋规范，考评结果日益刚性化，各地市愈来愈重视法治考评。

二、法治广东建设考评体系化

2016 年印发的《法治广东建设评价指标体系》是开展法治广东建设考评的纲领性文件。经广泛调研、论证，并在实践中不断打磨，法治广东建设考评业已形成科学民主立法、法治政府建设、公正执法司法、法治社会建设、法治化营商环境、法治建设组织领导六大一级指标。一级指标确定了大的考核范围，明确了价值取向。在此基础上，设定若干二级指标，将一级指标进行具体化，并结合年度工作要点，设置相关可观察性的考评点，作为三级指标。

1. 科学民主立法考核指标体系

就科学民主立法而言，该一级指标下设三个二级指标：立法机制完善、立法科学民主、立法质量提高。

立法机制完善下设五个考评点：①贯彻落实《中共广东省委关于加强党领导立法工作的实施意见》，完善党委对立法工作中重大问题决策的程序，健全地方立法重大事项报告制度。②健全有立法权的人大主导立法工作的机制。③加强政府立法制度建设。④健全立法机关和社会公众沟通机制。⑤各级政府和县级以上政府部门切实履行规范性文件制定法定程序，规范文件不存在减损行政相对人合法权益行为。

立法科学民主下设四个考评点：①科学编制年度立法工作计划，加强立法工作指导，完善立法立项、起草、审议等方面的工作机制。②完善基层立法联系点工作机制。③充实立法等方面的咨询专家库。④各级政府和县级以上政府部门完成对现行有效规章和规范性文件的清理工作。

立法质量提高下设五个考评点：①年度地方性法规立法计划率完成较高。②规章向省政府报备、规范率均达 100%。③规章向省人大常委会的报备率、规范率均达 100%。④按照要求落实立法评估工作。⑤设区的市立法质量较高。

2. 法治政府建设考核指标体系

法治政府建设则下设五个二级指标：政府职能依法全面履行、政府依法决策机制健全、行政执法严格规范公正文明、行政权力有效制约监督、政务公开全面推进。

政府职能依法全面履行下设四个考评点：①加快推进"放管服"改革，落实中央、省取消和调整行政许可事项要求，最大限度清理取消自身权限内行政许可及相关职责。②推进行政审批标准化，全面规范行政审批事项实施和监督管理。③全面清理规范并公布行政审批中介服务项目清单。④巩固深化政府部门权责清单制度。

政府依法决策机制健全从三个方面考核：①制定重大行政决策程序规定。②落实重大行政决策的公众参与、专家论证、风险评估、合法性审查、集体讨论决定等程序。③落实重大行政决策合法性审查制度。

行政执法严格规范公正文明下设三个考评点：①推进市县城市执法体制改革。②行政执法程序和决定不存在违反法律、法规、规章规定的情形。③建立健全行政裁量权基准制度，细化、量化裁量标准，规范裁量范围、种类、幅度，并向社会公开。

行政权力有效制约监督下设七个考评点：①依法对市本级预算执行和其他财政财务收支情况进行审计，按照规定向本级人大常委会报告并向社会公开；依法对领导干部履行经济责任情况进行审计，按照规定出具和报送审计结果文书。②落实行政执法与刑事司法"两法衔接"工作，实现三级联网、全面覆盖，加强对有案不移、以罚代刑的监督。③落实《广东省行政应诉工作规定》。④加强对各级行政机关履行法院生效裁判情况的监督。⑤建立健全对司法建议、检察建议的办理、督办和反馈机制。⑥人大代表建议、政协委员提案答复率达到100%，满意度达到80%以上。⑦建立健全"12345"投诉举报平台、公安机关110报警服务台与其他部门的联动机制。

政务公开全面推进下设五个考评点：①深化重点领域信息公开。②落实行政机关规范性文件统一公布制度。③按规定及时更新政府信息公开指南和政府信息公开目录，对社会公众申请公开政府信息的答复率、答复及时率和录入申请公开系统及时率达到100%。④推动财政预算决算、公共资源配置、重大建设项目批准和实施、公共监管等领域的政府信息及时公开，推进重点领域信息发布平台建设。⑤推进"一门式、一网式"政务服务模式改革，推动政府信息公开和数据开放、社会信息资源开放共享。

3. 公正执法司法考核指标体系

公正执法司法指标下设四个二级指标：审判执行公正权威、法律监督公正严格、公安执法公正文明、司法行政工作依法规范。

审判执行公正权威下设六个考评点：①落实领导干部干预司法活动、插手具体案件处理的记录、通报和责任追究制度，落实司法机关内部人员过问案件的记录和责任追究制度。②完成司法责任制等四项改革试点工作，完善法官检察官员额制改革政策，落实三类司法人员职务序列改革政策，完善法院检察院系统绩效考核制度。③加强司法人员履职保障，支持法官、检察官公正司法，依法惩治伤害法官、检察官的违法犯罪行为。④推进以审判为中心的刑事诉讼制度改革。⑤落实审判公开、检务公开、警务公开。⑥加大司法救助力度。

法律监督公正严格下设七个考评点：①强化对失信被执行人跨部门协同监管和联合惩戒。②加大执行力度，加快推动基本解决执行难问题。③加强人大监督司法工作的制度建设，地方人民代表大会对法院、检察院工作报告赞成票比例无记名投票率达85%以上，举手表决的达到95%以上。④建立健全符合司法规律的案件管理和质量评估机制，落实违法办案责任认定和追究机制。⑤进一步规范未成年人检察监督工作，保护未成年人合法权益。⑥完善人民监督员制度。⑦建立完善并认真落实对职务犯罪的立案、羁押、扣押冻结财物、起诉等环节执法活动的监督制度。

公安执法公正文明下设四个考评点：①依照公安机关执法质量考评指标对刑事案件办理工作进行考评。②依照公安机关执法质量考评指标对行政案件办理工作进行考评。③完成执法办案场所和派出所案管中心改造建设工作；完成监所医疗卫生专业化任务；加强"曝光台"建设，建立完善执法巡查制度和飞行临检制度，加强日常考评工作；实行行政复议决定书网上公开制度。④执法资格等级考试组织工作严格规范。

司法行政工作依法规范下设三个考评点：①加强强制隔离戒毒工作。②加强社区矫正工作。③加大法律援助力度。

4. 法治社会建设考核指标体系

法治社会建设则下设五个二级指标：普法教育全面深化、依法治理多层次多领域推进、法律服务体系建设完备、依法维权化解纠纷机制健全、社会治安综合治理绩效明显。

普法教育全面深化下设六个考评点：①全面实施"七五"普法规划和"七五"普法决议，落实"谁执法谁普法"的普法责任制。②党委（党组）中心组每年学法不少于两次，每年举办一期以上领导干部法治专题培训班、两期以上法治专题讲座，公务员每年学法不少于40学时。③培育第三批"广东省法治文化建设示范点"，组织开展第九个法治广东宣传教育周活动。④全面落实《青少年法治教育大纲》，把法治教育纳入国民教育体系，组织"12·4"国家宪法日、"4·15"全民国家安全教育日、"6·26"国际禁毒日等集中宣传活动，中小学法治教育老师、兼职法治副校长配备率达100%。⑤完善媒体公益普法制度，落实法治公益广告宣传工作。⑥落实外来务工人员岗前普法教育制度，开展法治文化建设示范企业创建活动。

依法治理多层次多领域推进下设四个考评点：①全面推开法治建设"四级同创"活动。②培育一批法治创建活动示范点。③全省30%以上的学校达到省级依法治校创建标准。④依法加强社会组织建设。

法律服务体系建设完备下设八个考评点：①落实一村（社区）一法律顾问工作。②推进公共法律服务体系建设。③加强刑满释放人员安置帮教工作。④加强律师工作。⑤加强公证管理工作。⑥加强司法鉴定管理工作。⑦加强国家司法考试工作。⑧组织实施法治惠民实事工程。

依法维权化解纠纷机制健全下设十个考评点：①履行市县主体责任和"一把手"的第一责任。②加强社会风险矛盾排查研判，健全矛盾纠纷三级台账，严格落实逐月全面滚动排查。③加大对涉农涉土、涉劳资纠纷、涉环境保护、涉金融、涉房地产等领域不稳定问题的专项治理力度。④落实政策性批量化解矛盾工作。⑤完善应急指挥机制和工作预案，落实依法处理、舆论引导、社会面管控"三同步"机制，落实重大纠纷矛盾领导包案制度，依法妥善处置群体性、突发性事件。⑥加快构建矛盾纠纷多元化解法治框架。⑦建立诉讼与非诉讼纠纷解决衔接机制。⑧严格实行诉访分离。⑨加强人民调解和劳动争议调解仲裁工作。⑩依法办理行政复议案件，加强行政裁决工作，健全社会矛盾预防与化解机制。

社会治安综合治理绩效明显下设七个考评点：①落实社会治安综合治理领导责任制，落实各项制度，签订综治责任书。②加强社会治安防控体系建设。③开展严打暴恐专项行动。④开展严打突出刑事犯罪专项行动。⑤深入排查整治公共安全隐患。⑥严防重大食品药品、安全生产事故。⑦加强网络安全保障。

5. 法治化营商环境考核指标体系

法治化营商环境设有两个二级指标：市场准入规范便利和创新创业商务环境优化。

市场准入规范便利指标下设四个考评点：①深化商事制度改革，完成"多证合一、一照一码"登记制度改革。②建立公平竞争审查制度，推进贸易投资便利化。③创新商事纠纷解决方式，健全商事纠纷非诉讼解决机制。④加快社会信用体系建设。

创新创业商务环境优化指标下设十个考评点：①建立统一开放、竞争有序的市场体系和监管规则。②加强市场公平交易、平等配置创新资源机制建设。③依法防范和化解金融风险。④落实中央关于完善产权保护制度依法保护产权的意见。⑤完善知识产权代理、运营、鉴定、维权援助等服务体系。⑥加强知识产权审判工作，推进知识产权民事、刑事、行政案件"三审合一"改革。⑦加强版权保护组织建设与执法工作。⑧加强商标保护工作。⑨实施更加积极的创新创业人才激励和吸引政策，强化创新人才法律服务。⑩加快发展涉外法律服务业。

6. 法治建设组织领导考核指标体系

法治建设组织领导设有四个二级指标：依法执政水平不断提高、党内法规制度建设推进有力、基层治理法治化进程加快、法治思维和依法办事能力不断提高。

依法执政水平不断提高下设三个考评点：①贯彻落实《广东省党政主要负责人履行推进法治建设第一责任人职责实施细则》。②各级党委定期听取法治建设工作汇报、研究法治建设重大事项制度健全，将法治建设纳入地区发展总体规划和年度工作机会，与经济社会发展同部署、同推进、同督促、同考核、同奖惩。③落实我省《关于推行法律顾问制度和公职律师公司律师制度的实施意见》。

党内法规制度建设推进有力下设三个考评点：①落实中央和省委关于加强党内法规制度建设部署要求，规范党内规范性文件起草、审核工作，及时传达学习中央和省委重要党内法规、部署党内法规工作，及时出台贯彻中央和省委法规制度的相关配套文件，完善党内法规制度建设体制机制，加强党内法规队伍建设。②全面开展下备一级和党组（党委）规范性文件备案工作，党内规范性文件报备率、及时率、合法合规率及有关整改落实情况达到要求。③完善党委议事决策程序，建立健全决策前合法合规性审查制度。

基层治理法治化进程加快指标下设两个考评点：①按照要求依法开展村（社区）换届选举工作。②派出法庭、派驻检察室、派出所、司法所等基层建设进一步加强。

法治思维和依法办事能力不断提高下设两个考评点：①法治建设成效作为衡量领导班子和领导干部工作实绩重要内容，纳入政绩考核，作为考察使用干部、推进干部能上能下的重要依据。②建立领导班子和领导干部述法考核制度。

三、第三方评估纳入法治广东建设考评体系

法治评估就是要在实效主义导向下，检验法治建设的实际成效，[①] 法治广东建设考评的机制化和体系化正是服务于这一目标。而在此基础上，引入第三方评估既是法治评估科学化的客观要求，[②] 也是法治广东建设评估的重要制度创新。除了省直部门按照职能和指标体系对口评价的体制内考核评估外，法治广东建设考评从一开始就引入了第三方评估，并且第三方评估的分值占比高达30％，直接纳入法治广东建设考评结果之中，[③] 推进法治广东建设考评科学化的态度之坚决、措施之力度，由此可见一斑。

诚然，第三方评估贵在其为第三方，地位相对超脱，但第三方评估是否真正发挥作用，其评估结果是否对被评估对象具有现实可用性，[④] 并不仅仅取决于其第三方地位，更取决于第三方评估如何定位，以其所长补体制内评估之短，从而

① 方桂荣、钱弘道：《论法治实效》，《浙江大学学报（人文社会科学版）》2017年第1期。

② 钱弘道、王朝霞：《论中国法治评估的转型》，《中国社会科学》2015年第5期。

③ 根据法治广东建设考评办法，第三方评估的结果将与体制内考评结果一并计算，作为对各地市年度考评的结果。虽然是第三方的评估，其评估结果与体制内省直对口部门评估得分具有同等地位。

④ 王浩：《论我国法治评估的多元化》，《法制与社会发展》2017年第5期。

使得评估结果能够更为贴近现实，更具有公信力。基于连续三个年度受托承担法治广东建设第三方评估的探索和实践，我们认识到，第三方评估必须与体制内考评错位进行，优势互补：如果说体制内考评聚焦于"建设"，第三方评估则聚焦于"运行"；体制内评估侧重于"有没有""建设还是没建设"，第三方评估则侧重于"建得怎么样""运行得怎么样"。易言之，体制内评估重在了解"做了什么"，第三方评估重在分析"人们获得了什么"。而要实现这样的定位，不仅要求第三方全面开发自己的评估体系，运用自身优势和有效渠道开展评估工作，亦需有效借力体制内工作形成的大数据，建构有效的分析模型，以弥补体制内评估之短板，才能实现"内外"协同共进，整体上提升法治广东评估的有效性。

究竟如何刻画广东全省 21 地市法治建设的运行情况呢？经过这三年的探索和实践，已经形成了"三管齐下"评估体系。其一，分类问卷调查评估。通过居民卷、企业卷、律师卷、专家学者卷、"两代表一委员卷"五种问卷的调查，收集各地市调查对象在法治广东建设之中到底"有没有获得感""有多少获得感"。虽然问卷本身偏于主观，但各地法治建设如何，应该说本市居民、企业负责人、执业律师和人大代表、政协委员、专家学者等都有发言权，因此，通过多种分类问卷调查可以尽可能地贴近、逼近各地法治建设的现实，颇有客观性、公正性，我们就自始至终都采用了这种评估方式，并不断调整和完善问卷调查的技术。其二，法治运行指标分析评估。法律贵在实施，法治规范体系仅是法治体系的基础和前提，法治实施体系乃法治体系重中之重。依据法治广东建设年度工作要点，聚焦相关法律在各地市实施的情况，充分利用大数据和法治实践部门的基础性成果，基于对相关法律运行指标属性的科学分析，建构适宜的分析模型，不仅可以量化，而且有着非常好的横向比较效果，有助于促进各地市认真落实法治实施体系。通过法律运行指标评估各地市的法治建设情况，客观性较强，能够获得较高的社会认可。其三，法治负面舆情评估。在法治建设进程中，需要高度重视舆论监督的力量。纵向而言，一些重要的法律制度改革创新，都是通过舆论监督促成的。我们从 2018 年度法治广东建设第三方评估开始，引入了法治负面舆情评估，通过中宣部舆情直报系统筛查该年度各地市的负面舆情，基于科学化的指标体系进行赋分。正是基于这三大部分的有机结合，不仅较为贴近现实地反映了调查对象的"获得感"，也较为充分地挖掘了体制内法治运行成果和舆情监督情况，使得过去三个年度的第三方评估结果能够科学、公正、客观地反映法治广东建设的实效，从而获得了广泛认可。

第二章　法治广东建设第三方评估体系

人民的福祉是最高的法律，① 法治以维护人民的福祉为使命。第三方评估不断优化分类问卷评估指标体系和调查方案，既向各类调查对象问"获得感"，又锲而不舍地探索和完善法治运行实效的考评指标体系，还向大数据问"运行得怎么样"，"三管齐下"，不断"逼近"各地法治的实效。

第一节　分类问卷调查评估体系

一、分类问卷的结构化

基于错位评估的机理，为了确保法治广东建设第三方评估过程与结论的科学、公正、可信，我们先后开发了居民卷、企业卷、律师卷、专家学者卷及代表委员卷等多种类型的问卷，尽可能从不同层面了解不同群体对当地法治实施情况的"获得感"。这样，可以有效避免由于调查问卷类型单一导致的调查对象覆盖面不足的局限性，并且避免由于调查对象可能对单一问卷"海量"问题感到厌烦，从而影响答题质量的问题。

1. 居民卷

居民问卷的调查对象是相应地市的居民。2016 年度和 2017 年度评估的调查方式都是先由我们根据各地市的常住人口数量确定其应发问卷数，通过随机抽样选定该地市的若干所中小学班级，经由相关渠道将装袋的调查问卷包发送至所抽定的班级和学生，由学生交其家长填写后密封带回，再由各中小学汇总回寄，实现无记名调查。2018 年度评估，这类问卷的调查方式改为派员分赴各地市的政务服务中心、公共图书馆、银行、通信运营商营业网点等单位（每个地市选点不少于三处），随机派发问卷进行无记名调查。过去三个年度评估，居民卷的发放数量分别是 7 100 份、7 000 份、8 000 份，经过整理筛选，最终有效回收率高达 93.97%、97.30%、97.20%。

---

① Cicero, *De re Publica Classical Library*, London：Harvard University Press，1952，p. 467.

2．企业卷

企业卷的调查对象是主要经营地位于相应地市的企业（不区分其所有制），由负责人（含法务部门负责人）填写问卷。三个年度的调查方式都是先由我们根据各地市注册企业数量确定其应发问卷数，通过相关渠道将装袋的调查问卷包发送至相关企业，由其负责人填写后密封交回，再由各市工商联或者总工会汇总回寄，实现无记名调查。过去三个年度评估，企业卷的发放数量分别为 1 200 份、1 000 份、1 000 份，经过整理筛选，最终有效回收率是 85.75%、96.50%、96.00%。

3．律师卷

律师卷的调查对象是注册执业地位于相应地市的社会律师（不区分律师事务所规模），三个年度的调查方式都是先由我们根据各地市的执业律师数量确定其应发问卷数，随后在省、市律师协会协助下，将装袋的调查问卷包发送至相关律师事务所及其律师，由律师填写后密封交回，再由各市律协汇总回寄，实现无记名调查。过去三个年度评估，律师卷的发放数量分别是 823 份、800 份、620 份，经过整理筛选，最终有效回收率是 83.11%、86.50%、99.52%。

4．专家学者卷

专家学者卷的调查对象是在粤高等院校或者科研机构中熟悉广东省内地市情况的专家学者，三个年度的调查方式都是由我们从专家学者库随机生成名单（2016 年度和 2017 年度评估为 10 人，2018 年度评估为 20 人），再经由相关渠道将调查问卷包（内含 21 份本类型问卷）发送至相关专家学者，由其对全省所有地市都逐一给出评价后密封直接回寄，实现无记名调查。过去三个年度评估，专家学者卷的发放数量分别是 210 份、210 份、420 份，最终回收率是 100%、100%、90%。

5．代表委员卷

代表委员卷的调查对象是广东省人大代表和广东省政协委员。2016 年度和 2017 年度开展评估时，由相关部门协助抽取各市的代表委员名单，然后将我们装袋的调查问卷包进行寄送，由代表委员填写后密封直接回寄，实现无记名调查。在这两个年度评估，代表委员卷的发放数量分别是 1 005 份、1 000 份，经过整理筛选，最终回收率为 74.23%、81.20%。比较而言，此类问卷的牵涉面较广，回收情况不尽人意，故 2018 年度评估未启用代表委员卷。

二、分类问卷考点整体设计

各类调查问卷的考点均根据所评估年度的《全面依法治省工作要点》，进行有针对性的安排。居民卷一般侧重于考察法治政府建设、司法体制改革、法治社会建设等方面的民生相关事项的群众感受情况。企业卷一般侧重于考查法治化营商环境建设情况及法治政府建设、司法体制改革中的涉企制度的实施情况。专家学者卷一般综合考察法治建设各方面制度的实施情况，尤其是党对法治建设的领导、立法能力与立法质量提高、法治政府建设。律师卷一般综合考查法治建设情况，尤其是法治政府建设、司法体制改革、法治化营商环境建设的实施情况。前两个年度设置的代表委员卷一般侧重于考查党对法治建设的领导、立法能力与立法质量提高、法治化营商环境建设等方面制度的实施情况；2018 年度未启用该卷，这方面的考核单改由其他类型问卷承担。

各类问卷均由卷首语、问卷主体、背景信息三大部分构成。在卷首语部分，一是介绍背景，如"为了贯彻依法治国方略、推进法治广东建设，暨南大学接受中共广东省委全面依法治省委员会办公室的委托，对 2018 年度全省各地级及以上市的法治建设情况进行第三方评估"。二是说明该项问卷调查在第三方评估中地位与调查对象情况，如"此份调查问卷是第三方评估的组成部分，目的在于收集和分析律师们对本人注册执业城市的法治建设情况的看法"。三是说明调查形式及感谢语，如"问卷采用匿名形式，只需获取宽泛的背景信息，所以请您放心勾选和填写，这对于我们的评估工作具有重要意义。谢谢合作！"。最后，落款"暨南大学法治广东智库"及日期。由此，调查对象能够迅速准确了解法治广东建设第三方评估和该项问卷调查的基本情况，在较大程度上释除疑虑，随后开始放心填写问卷。

核心是问卷主体部分。2016 年度和 2017 年度评估均为居民卷 10 道题目，其余类型问卷 15 道题目，2018 年度评估将各类调查问卷都统一为 10 道题目。题干均根据该卷所侧重方面在年度《全面依法治省工作要点》中进行摘选与转化设计，如 2018 年《全面依法治省工作要点》在第 16 点"全面推进阳光政府为建设"提出"继续深化……社会公益事业建设等重点领域信息公开"，我们据此设计了该年度评估居民卷第 4 题："据您所知，本市是否全面公开社会救助事项（医疗、教育、住房等）的对象认定、救助标准等政策？"

问卷题目设计，我们始终把握以下四个原则：①根据不同调查对象区分题干的措辞。其中，律师卷和专家学者卷都可以相对书面化、专业化，居民卷则力求简明，而企业卷除了需要比较简明，还在题干中首先树立正面标准，从而在开展问卷调查的同时达到普法效果。如 2018 年度评估的企业卷第 1 题为："各地应当完善促进民营经济发展的立法、全面清理不利于民营企业发展的法规规章和规范性文件。据您所知，本市在这方面的工作成效如何？"②注意区分使用"据您所知"和"您认为"，以前者为主。对于有较多事实情况作为基础的问题一般选用"据您所知"起头，通过语言内蕴的心理暗示，适度较少调查对象答题时的主观性。如 2018 年度评估律师卷第 4 题为："据您所知，本市解决'案多人少'、案件积压等问题，切实提高审限内结案率的情况如何？"③多问"实际效果"、少问"制定情况"。适应从建章立制的"法制"走向依法治理的"法治"这一现实要求，从了解相关制度"有没有""健全不健全"转换到更多了解制度"好不好""有效不有效"，增强评估对于法治建设实际工作的督导性。如 2018 年度评估律师卷第 5 题为："据您所知，本市通过建立案件质量评查机制、强化错案责任追究等途径加强对司法活动监督的实际效果如何？"④控制题干文字长度。居民卷一般不超过两行、其他类型问卷一般不超过三行，尽量避免让调查对象产生答题负担过重的感觉。

此外，2016 年度和 2017 年度评估曾经尝试在部分问卷设置题目，对同一或者相近考点进行交叉考察。如围绕 2017 年《全面依法治省工作要点》的第 23 点"防范化解管控风险能力"，该年度评估居民卷第 7 题为："政府应当提升社会风险的管控水平，依法妥善处置各类群体性、突发性事件。据您所知，本市在这方面的情况如何？"政协委员卷第 11 题为："据您所知，本市对涉金融、涉房地产、涉环境保护等领域不稳定问题的整治情况如何？"企业卷第 14 题为："政府要加大对涉劳资纠纷、涉环境保护、涉农涉土等领域不稳定问题的整治力度。据您所知，本市在这方面的情况如何？"也曾尝试对于不同类型地市设置差异化题目，如 2017 年度评估的企业卷第 7 题，面向三个经济特区的题目为："深圳、珠海、汕头应当用好经济特区立法权，坚持问题导向和目标导向，大胆探索、先行先试。据您所知，本市在这方面的情况如何？"面向其他地市的题目为："地方性立法应当提高精准程度，从法制上推动解决改革发展稳定中的突出矛盾和问题。据您所知，本市在这方面的情况如何？"

至于背景信息，一是邀请调查对象自主填写或者勾选性别、年龄段、所在城市以及其他信息，如居民之外三类调查对象的最高学历和政治面貌，企业所属行业和规模，律师的执业类别和主要业务领域，专家学者的技术职称和专业领域，以便进行问卷整理筛选和后续开展进一步的统计与分析。其中，年龄为分段设置进行勾选，既能减少调查对象对于透露具体年龄可能存在的疑虑，本身也由于按照代际进行划段，使后续的统计分析更为便利。再者，就是在卷末设置了开放性的栏目，"如果您对本市/该市法治建设情况还有其他看法，请在下面填写（可以另附页）"，使调查对象可以自主补充对所评价地市法治建设情况的看法。实践证明，相当数量的调查对象（尤其是居民和律师）确实存在着比较强烈的反映情况意愿，故在这一栏目书写了不少意见建议，我们也进行了梳理汇总，并将一些真知灼见吸收到评估报告所提出的意见和建议之中。

三、分类问卷评估赋值方案

三个年度评估各类问卷的题目均设置为 6 个选项，分为 5 个了解情况条件下的选项（A、B、C、D、E）和 1 个"我不了解情况"的选项（F）。其中，前者依次对应于非常好、比较好、一般、比较差、非常差五种情况，符合调查问卷选项的对称性要求，它们在统计时递减赋值（2016 年度评估依次为 10 分、9 分、8

分、7 分、6 分，2017 年度和 2018 年度评估调整为 10 分、8.5 分、7 分、5.5 分、4 分）。实践中，后者虽然较少，也一定程度上反映出被评价地市的法治建设相关情况的认知度较低，故在统计时比照情况比较差进行赋值。2016 年度评估为 7 分，2017 年度和 2018 年度评估为 5.5 分。由此，调查对象在每一题目给出分数的平均分即为各地市在该题目的十分制显示时得分，该卷的十分制显示时得分则为本卷所有题目的平均分，其乘以本卷在分类问卷调查评估中的分值比例后最终形成地市在本卷的实际得分。

以某地市在 2018 年度评估居民卷的情况为例，如表 2-1 所示，该地市居民在第 1 题选择 A（评价为非常好）、B（评价为比较好）、C（评价为一般）、D（评价为比较差）、E（评价为非常差）、F（认为不了解情况）的比例依次为 17%、46%、21%、3%、1%、12%。总体来看，在本卷各题选择 A、B、C、D、E、F 的平均比例依次为 15%、42%、23%、5%、2%、13%。因此，如该地市在第 1 题的十分制显示得分即为（17% ×10 分）+（46% ×8.5 分）+（21% ×7 分）+（3% ×5.5 分）+（1% ×4 分）+（12% ×5.5 分）=7.95 分，进而，在该卷的十分制显示得分可以直接通过各个选项在总体上的平均比例得出：（15% ×10 分）+（42% ×8.5 分）+（23% ×7 分）+（5% ×5.5 分）+（2% ×4 分）+（13% ×5.5 分）=7.75 分。

表 2-1　某地市居民在 2018 年度评估中所作评价的比例详表　　单位:%

题序	调查对象所作评价的比例						合计
	A	B	C	D	E	F	
第 1 题	17	46	21	3	1	12	100
第 2 题	17	45	23	3	0	11	100
第 3 题	11	36	28	6	1	19	100
第 4 题	15	41	21	7	2	15	100
第 5 题	12	35	26	5	3	18	100
第 6 题	13	39	23	7	4	13	100
第 7 题	8	41	27	7	2	15	100
第 8 题	14	44	25	5	1	10	100
第 9 题	15	45	25	3	1	11	100
第 10 题	24	46	14	7	1	7	100
平均	15	42	23	5	2	13	100

第二节 法治运行指标评估体系

一、指标选取与数据采集

法治运行得"怎么样",大数据自然知道。法治实践部门在行政执法和司法过程中形成了大量数据,通过适当的分析建模,可以从不同侧面"刻画"各地市法治运行情况。自 2016 年度开始,我们就注重挖掘这一"宝库",尝试选择相关法律运行指标,通过分析建模,进而对各地市进行纵横比较。实践证明,这一路径是可行的。

如表 2-2 所示,这三个年度评估共采用了 23 个法治运行指标。其中,"行政机关负责人出庭应诉数"等 10 个指标得到了连续采用,"群众安全感"等 6 个指标在 2016 年度和 2017 年度评估均得到采用,"劳动保障监察案件上网率"等 2 个指标在 2017 年度和 2018 年度评估均得到采用,而"信访工作"等 4 个指标在 2016 年度评估得到采用,"行政处罚裁量基准公布率"指标在 2017 年度评估得到采用。各年度法治运行指标的提出与采用都通过与各个指标数据来源单位的负责人和专家学者等研究论证后确定,力求使之与依法治省的重点相契合,并能与分类问卷调查评估相辅相成,有效起到兼顾客观指标评估与主观指标评估的效果。

首先来看这 10 个三年连续采用的指标。这些指标关涉到《商标法》《治安管理处罚法》《行政诉讼法》《刑法》等近二十部法律。数据采集得到省高级人民法院、省人民检察院、省司法厅/原省人民政府法制办公室等法治实践部门的大力支持。就形式而言,大多为数据型指标。就性质而言,则涵括了正面(如"行政机关负责人出庭应诉数"指标)、非负面(如"审理侵犯知识产权案件数"指标)、负面中带有正面因素(如"环境违法案件查处数"指标)、负面(如"生产安全事故死亡人数"指标)四种类型指标。2018 年广东省机构改革后,这些法治运行指标的数据来源单位大多出现了调整,但指标依然在 2018 年度评估中得到保留,也日益得到各方的接受与认可。

再说 2016 年度和 2017 年度评估连续采用的 6 个指标。这些数据源于省委政法委员会、省公安厅等,形式上多为已经形成的分数,内容的类型也相对单一,其中有 5 个指标都属于正面型。2018 年度评估,随着广东省机构改革不再设立省社会治安综合治理委员会及其办公室和原省委全面依法治省工作领导小组改为省委全面依法治省委员会并将办公室改设于省司法厅,"群众安全感""政法机关和政法队伍执法工作满意度""社会治安重点治理和排查整治""禁毒工作""打击传销工作"等原属政法委或者综治委的指标未作保留;而原由省人民检察院提供的"渎职侵权立案数"指标，也随着检察院查处渎侵的职权整体移交监察委员会行使而未作保留。

2017 年度和 2018 年度评估连续采用的 2 个指标，其中"劳动保障监察案件上网率"指标在 2016 年度评估时主要因为数据来源单位无法及时提供数据而未能采用，但此后两年度评估均得到了采用，"商标侵权案件查处数"指标则是我们于 2017 年度评估之际提出并经过多方论证后得到采用，2018 年度评估予以保留。未来，这两个指标均拟保留。

有 4 个指标仅 2016 年度采用过。"信访工作""'平安学校创建'和校园及周边治安综合治理工作""欠薪治理工作"这三个指标均在协商后决定未作保留，"平安企业创建及安全生产监管工作"则因为与"生产安全事故死亡人数"指标存在内容重叠而未作保留。2017 年度评估曾尝试通过网络采集数据的"行政处罚裁量基准公布率"指标，鉴于其区分度不足，2018 年度评估未作保留。

表 2-2　三年度法治运行指标一览表

采用年度	指标名称	指标相关法律法规	数据来源单位
2016—2018	行政机关负责人出庭应诉数	《行政诉讼法》	省高级人民法院
	审理侵犯知识产权案件数	《专利法》《商标法》《著作权法》	省人民检察院
	审查起诉未成年犯罪嫌疑人数量/预防青少年违法犯罪工作	《未成年人保护法》《预防未成年人犯罪法》	省司法厅/原省人民政府法制办公室
	行政复议案件数	《行政复议法》	省生态环境厅/原省环境保护厅
	环境违法案件查处数	《环境保护法》	
	水功能区水质达标率	《水法》《水污染防治法》	省水利厅
	野生动物违法案件查处数	《野生动物保护法》	省自然资源厅/原省林业厅
	生产安全事故死亡人数	《安全生产法》	省应急管理厅/原省安全生产监督管理局
	专利纠纷案件受理数	《专利法》	省市场监督管理局/原省知识产权局
	作出食药方面行政处罚数量	《食品安全法》《药品管理法》	省市场监督管理局/原省食品药品监督管理局

（续上表）

采用年度	指标名称	指标相关法律法规	数据来源单位
2016、2017	群众安全感	《治安管理处罚法》	省委政法委员会
	政法机关和政法队伍执法工作满意度	《中共中央关于全面推进依法治国若干重大问题的决定》	省人民检察院
	社会治安重点治理和排查整治	《中共中央关于新形势下加强政法队伍建设的意见》	省公安厅
	渎职侵权立案数	《刑法》	原省工商行政管理局、省公安厅
	禁毒工作	《禁毒法》	
	打击传销工作	《刑法》	
2017、2018	劳动保障监察案件上网率	《劳动法》	省人力资源和社会保障厅
	商标侵权案件查处数	《商标法》	省市场监督管理局/原省工商行政管理局
2016	信访工作	《信访条例》	省信访局
	"平安学校创建"和校园及周边治安综合治理工作	《义务教育法》	省教育厅
	欠薪治理工作	《劳动法》	省人力资源和社会保障厅
	平安企业创建及安全生产监管工作	《安全生产法》	原省安全生产监督管理局
2017	行政处罚裁量基准公布率	《行政处罚法》	暨南大学法治广东智库自主采集

二、指标赋值与分析模型建构

要将这些法治运行指标量化，并对不同地市进行纵横比较，最大的挑战就在于分析建模，首要任务就是这些指标的属性界定。基于充分论证和反复研究，我们将这些指标属性界定为正面、非负面、负面中带有正面因素、负面四种类型。第一种和第四种可以比较简单地认为数量越多就越好或者越不好，第二种和第三种则不能照此评价。经测算，基于非负面指标不是数量上愈多便相应给予愈高评价，但确实应当采取适度向增量倾斜的取向以达到正面激励的效果，故将其评估方式设计为横向对比的相对值赋分最高点是 2，对这类指标的数据相对偏多的地市也在一定程度上给予正面肯定，相应地，指标纵向对比时在相对值赋分最高点周边的赋分下降也设计为相对平缓，从而对其数据的明显增减也较为包容。同时，基于负面中带有正面因素指标随着数量增加，评价将逐渐降低，但这种降低的幅度应当得到控制，避免适得其反，产生鼓励"不作为"的错误导向，故在将其评估方式设计为横向对比和纵向对比的相对值赋分最高点都是 1 的同时，对于最高点周边的赋分下降也降低了坡度，使得数据明显增减不会与得分形成完全直接对应的比例关系。以作为非负面型指标的"审理侵犯知识产权案件数"为例，根据评估方式，其在 2018 年度横向对比时，β 值为（本年度该地市案件数÷本年度全省案件总数）÷（本年度全省生产总值÷本年度该地市生产总值），算出等于 1.15，属于 $0 \leqslant \beta \leqslant 2$ 的情况，故适用 $A = (4 + \beta) \div 6$ 这一算式，进一步得出 A 值为 0.8583；其纵向对比时，δ 值为（本年度该地市案件数÷上年度该地市案件数）÷（上年度全省案件数÷本年度全省案件数），算出等于 1.02，属于 $1 < \delta < 5$ 的情况，故适用 $B = (5 - \delta) \div 4$ 这一算式，进一步得出 B 指为 0.9950；由此，最终按照横向与纵向对比在得分中各占三分之二和三分之一的设定，即可得出 2018 年度该地市在本指标的得分。

为解决不同地市的"市情"差异，确保公平对待每个地市，我们没有简单地直接以数量的多少（"数人头"方式）进行评定，以免导致经济规模、人口数量、土地面积等较大的"大市"可能由于指标数据相应较多而在评估之中明显"占便宜"或者"吃亏"，反之对于"小市"亦然。经测算后，主要选用年度地区生产总值（GDP）作为"平衡因素"，在横向对比中加权，使不同规模的地市能够在相对统一的标准下进行比较，并且正面肯定法治建设均衡性较好（数据增减情况与当地经济规模等相适应）的地市。

我们不仅顾及横向可比，而且注重纵向变化，强调法治运行指标的稳定性。与一般意义上的发展不同，法治建设及对其的评估在肯定进步的同时也需要突出稳定性，避免客观上造成激励数据"大跃进"的错误导向，2017 年度和 2018 年度评估除了进行指标数据的横向对比（在分数中占比为三分之二）之外，还全面加入了数据的纵向对比（在分数中占比为三分之一），以正面肯定法治建设稳定性较好（数据与上一年度的增减情况相比较为稳定）的地市。

第三节　法治负面舆情评估体系

一、舆情观察点遴选与数据采集

法治愈发达，舆论监督也愈强。作为第三方评估，我们不仅要向有关部门要数据，更要充分挖掘舆论监督形成的"大数据"。经过前两个年度的酝酿，我们在2018年度评估正式开启了这方面的尝试，至此，"三管齐下"才算真正就位。在2018年度新增的法治负面舆情评估这个部分，我们利用中央宣传部舆情直报信息系统，检索筛选出广东全省各地市在相关指标的重要负面舆情，系统地进行分析梳理，在此基础上建立分析评估模型。

经广泛调研和论证，我们选择了七大观察点，它们关涉到地市领导干部违纪违法、生态环境保护、安全生产、扶贫、食品药品安全、社会治理和营商环境建设方面，是对分类问卷调查评估、法治运行指标评估的强化或者补充。就地市领导干部违纪违法而言，共设置了5个指标，其中指标2针对的是出现地市市委书记、市人大常委会主任、市长、市政协主席等正市级领导干部违纪违法的相关舆情，指标3针对的是出现地市市委副书记、市委常委、副市长（含市政府党组成员）违纪违法的相关舆情，指标4针对的是出现地市市人大常委会副主任、市政协副主席（含市人大常委会和市政协党组成员）和市法院院长、市检察院检察长等其他副市级领导干部违纪违法的相关舆情，指标5针对的是出现地市市法院、市检察院、市公安局负责人（含党组成员）违纪违法的相关舆情，而指标1针对的是地市各层级出现的领导层集体违纪违法的相关舆情。

指标6、指标7、指标9分别对于法治运行指标评估中的环境违法案件查处数、生产安全事故死亡人数、食药方面行政处罚数量这三个指标所涉主题进行强化考查，即在法治运行指标评估考查数量的基础上，进一步检索筛选出其中形成了较大负面舆情的典型事例，分别作为生态环境事件、安全责任事故、食品药品安全事件扣减相应分数。指标10、指标11则对于分类问卷调查评估（尤其是居民卷、企业卷）涉及的社会治理、营商环境建设进行强化考查，即不仅宽泛地了解各调查对象较为主观的感受，并且进一步筛选出其中形成了较大负面舆情的典型事例，分别作为恶性社会事件、营商环境建设负面事例扣减相应分数。为了配合打好精准脱贫攻坚战而专门设置了指标8，考查各地市是否出现以及在何种层级出现扶贫领域腐败事件，对于形成相关较大负面舆情的典型事例（以中央和省级通报为准）扣减相应分数。

二、舆情评估分析框架

领导干部违纪违法这一观察点设置的 5 个指标中，指标 2 针对的是地市正市级领导干部违纪违法，其影响相当恶劣，故赋分是后面三个指标的 1 倍以上，而由于指标 1 构成"窝案"，故赋分也与指标 2 相同。同时，对于指标 2 至指标 5 区分了查处阶段和"双开"、起诉、宣判等阶段的舆情，前者由于负面影响最大，凡出现即本项分数全部扣除，而后者每出现一人扣除本项的三分之一左右分数；对于指标 1 则区分了窝案的层级，出现在市级即本项分数全部扣除，而区县/市局级每出现一例扣除本项的四分之三分数，乡镇级每出现一例扣除本项的二分之一分数，村级每出现一例也扣除本项的四分之一分数。

指标 6 的生态环境事件也是根据负面舆情所涉及的层级分档扣分，其中，处分至地市正市级领导干部的，本项分数全部扣除，处分至地市副市级领导干部的，每出现一例扣除本项的二分之一分数，处分至地市区县/市局级干部的，每出现一例扣除本项的十分之三分数，处分至地市乡镇/街道级干部的，每出现一例扣除本项的十分之一分数，其余的，每出现一例扣除本项的二十分之一分数。指标 7 和指标 9 都是先根据安全责任事故或者食品药品安全事件的等级确定其相对数（换算方式：1 个特别重大等级 =1.5 个重大等级 =2 个较大等级 =2.5 个一般等级），然后，仿照法治运行指标评估中负面型指标的评估方式，计算 β = （2018 年度该地市相对数 ÷2018 年度全省相对数）÷（2018 年度全省 GDP ÷ 2018 年度该地市 GDP），若 $0 \leqslant \beta \leqslant 3$，$A$ = （3 − β）/3，若 $\beta > 3$，$A = 0$，最终本项得分通过 A 乘以分值算出。

指标 10 根据负面舆情所涉恶性社会事件的层级或者等级分档扣分。其中，黑恶势力涉及地市正区县/市局级干部或者发生特别重大事故的，本项分数全部扣除，涉及地市副区县/市局级干部或者发生重大事故的，每出现一例扣除本项的二分之一分数，涉及地市乡镇/街道级干部或者发生较大事故的，每出现一例扣除本项的十分之三分数，涉及其余干部或者发生一般事故的，每出现一例扣除本项的十分之一分数。指标 11 则根据曝光营商环境建设负面事例的媒体层级分档扣分，凡中央媒体报道或者转载的，本项分数全部扣除，省级媒体报道或者转载的，每出现一例扣三分之二分数，市级媒体报道或者转载的，每出现一例扣三分之一分数。最后，指标 8 同样是根据负面舆情所涉扶贫领域腐败事件的层级分档扣分，其中，涉及地市正区县/市局级干部的，本项分数全部扣除，涉及地市副区县/市局级干部的，每出现一例扣二分之一分数，涉及地市乡镇/街道级干部的，每出现一例扣十分之三分数，涉及其余干部的，每出现一例扣十分之一分数。

以某地市为例，在 2018 年度，由于出现了市政府原党组成员、副市长和市委原副书记分别被查处和"双开"的舆情，故在"市委副书记、常委或者副市长违纪违法"指标的分数全部扣除；由于出现了两起中央环境保护督察组移交广东省进行生态环境损害责任追究问题问责的舆情，分别是由于区域内江河水质长期重度污染和某矿区重金属治理工作滞后，市委原书记和某区委原常委、常务副区长被诫勉谈话，故在"生态环境事件"指标分别扣二分之一的分数和十分之三的分数。由于某工地发生施工升降机坠落造成 4 名工人死亡的较大事故，故根据评估方式计算后，在"安全责任事故"指标的分数全部扣除；由于某区扶贫办原主任在扶贫信息采集工作中存在失职失责问题被省纪委通报，给予撤销党内职务、政务降级处分，故在"扶贫领域腐败事件"指标扣除十分之一的分数；由于某区民居发生一人持刀杀死五名家庭成员后在家中放火致本人窒息死亡的较严重事件，故在"恶性社会事件"指标扣除十分之三的分数。

第三章　法治广东建设第三方评估分析与展望

"知者行之始，行者知之成。知而不行，只是未知。"① 法治理论指引着法治实践，法治评估不仅检验着法治理论，不断变化着的法治实践更对法治评估提出了许多挑战，只有在其中磨炼和体悟，才能不断提升法治评估的能力和水平。

第一节　全省各地市在第三方评估中的结果概览

在 2016 年度至 2018 年度评估中，我们所承担的第三方评估均占总分的30%，即 30 分。全省 21 个地市的评估总体得分（百分制显示）及排名如表3-1所示，各地市的得分和平均得分大多处于中上水平，且有一定区分度，百分制显示时的平均得分在 73.32 分至 83.76 分之间，其平均得分和中位得分也均在 78 分左右。广州、深圳、珠海、佛山的平均得分排名位居前 4 名，其平均得分及各年度总分都超过 80 分。珠三角区域的惠州、江门、东莞、肇庆和粤东粤西区域的汕头、揭阳、茂名的平均得分排名也都处于中前部（其中，除了肇庆之外的 6 个地市均曾在 2016 年度评估的得分超过 80 分）。之后，依次是云浮、阳江、梅州、中山、韶关、潮州、河源、湛江，它们的平均得分都在 76 分左右（其中，中山在 2016 年度评估的得分超过 80 分，在 2017 年度评估的得分则低于 70 分）。汕尾的平均得分排名处在末位，相较排名首位的广州落后超过 10 分。

表 3-1　三年度全省各地市总体得分（百分制显示）及其排名表

地市名称	2016 年度		2017 年度		2018 年度		平均得分	平均得分排名
	得分	排名	得分	排名	得分	排名		
广州	83.97	4	82.77	1	84.53	1	83.76	1
深圳	83.67	6	82.20	2	82.77	2	82.88	2
珠海	84.13	3	81.37	3	82.63	3	82.71	3
佛山	84.87	1	80.77	4	81.90	4	82.51	4

---

① （明）王阳明：《传习录·徐爱录》。

（续上表）

地市名称	2016 年度		2017 年度		2018 年度		平均得分	平均得分排名
	得分	排名	得分	排名	得分	排名		
惠州	84.70	2	79.60	5	79.63	5	81.31	5
江门	83.47	7	78.73	7	75.77	18	79.32	6
汕头	81.73	8	78.93	6	76.70	13	79.12	7
东莞	80.70	11	77.30	9	77.93	6	78.64	8
肇庆	79.87	12	77.43	8	77.93	6	78.41	9
揭阳	81.10	9	74.70	15	77.40	10	77.73	10
茂名	80.80	10	75.77	11	75.73	19	77.43	11
云浮	79.03	14	75.50	12	76.43	14	76.99	12
阳江	78.03	18	77.03	10	75.87	17	76.98	13
梅州	78.37	16	74.87	14	77.67	8	76.97	14
中山	83.80	5	69.67	20	77.30	11	76.92	15
韶关	79.30	13	74.67	16	76.40	15	76.79	16
潮州	78.33	17	74.27	18	76.93	12	76.51	17
河源	77.67	20	74.07	19	77.57	9	76.43	18
湛江	79.03	14	74.93	13	74.53	20	76.16	19
清远	77.73	19	74.37	17	71.83	21	74.64	20
汕尾	74.60	21	69.07	21	76.30	16	73.32	21
平均	80.71		76.57		77.80		78.36	

从表 3-2 可以看到，深圳、珠海、佛山、惠州、东莞、肇庆、云浮、韶关在各年度的总分得分水平①和排名都没有明显变化，其中前 6 个地市在各年度的排名基本处于中前部，广州和汕尾分别在 2017 年度、2018 年度评估的总分得分水平相较出现比较明显上升，汕头、江门及清远则在 2018 年度评估的总分得分水平相较出现比较明显下降，前两个地市的排名也相应有所下降。河源、梅州、潮州、揭阳在 2018 年度评估虽然总分得分水平升幅不算明显，但排名都有一定上升；而湛江、茂名在同一年度评估虽然总分得分水平的降幅不算明显，但排名都有一定下降。阳江在 2017 年度和 2018 年度评估的总分得分水平升降幅度都接近 4%，排名却相应有比较明显的升降，而中山的总分得分水平在 2017 年度评估的降幅高达 12.84%、在 2018 年度评估的升幅也达到 7.66%，排名相应下降 15

---

① 得分水平指同一年度本市得分与全省平均分的比值。

名和上升9名。

表3-2 三年度全省各地市总体得分水平及排名对比表

地市名称	2017 与 2016 年度对比		2018 与 2017 年度对比		累计对比	
	得分水平（%）	排名	得分水平（%）	排名	得分水平（%）	排名
广州	4.06	↑3	-0.22	0	3.83	↑3
深圳	3.69	↑4	-1.72	0	1.96	↑4
珠海	2.03	0	-0.82	0	1.21	0
汕头	1.82	↑2	-5.20	↓7	-3.38	↓5
佛山	0.33	↓3	-0.97	0	-0.64	↓3
韶关	-0.73	↓3	-0.02	↑1	-0.75	↓2
河源	0.50	↑1	2.26	↑10	2.76	↑11
梅州	0.68	↑2	1.34	↑6	2.02	↑8
惠州	-0.99	↓3	-2.34	0	-3.32	↓3
汕尾	-2.22	0	7.17	↑5	4.94	↑5
东莞	0.97	↑2	-1.50	↑3	-0.54	↑5
中山	-12.84	↓15	7.66	↑9	-5.18	↓6
江门	-0.60	0	-6.13	↓11	-6.72	↓11
阳江	3.92	↑8	-3.78	↓7	0.14	↑1
湛江	-0.06	↑1	-2.75	↓7	-2.81	↓6
茂名	-1.16	↓1	-2.31	↓8	-3.47	↓9
肇庆	2.16	↑4	-1.67	↑2	0.49	↑6
清远	0.82	↑2	-5.46	↓4	-4.64	↓2
潮州	-0.05	↓1	1.18	↑6	1.12	↑5
揭阳	-2.93	↓6	1.22	↑5	-1.71	↓1
云浮	0.68	↑2	-1.07	↓2	-0.38	0

总体而言，在平均得分排名位于前部（前7名）的地市中，佛山、深圳、珠海、惠州的总分得分水平和排名都比较稳定，广州的得分水平曾经升幅较为明显，汕头、江门则都在2018年度评估出现相当明显的得分水平和排名下降。至于中部区间，即第8名至第14名，东莞、肇庆、揭阳、云浮的总分得分水平和排名都相对稳定，而茂名、梅州、阳江虽然总分得分水平都变化不大，前两个地市却分别出现过排名比较明显的下降和上升，后一地市则先后出现排名的明显升

降。至于尾部，即第 15 名至第 21 名，韶关的总分得分水平和排名都相对稳定，而潮州、河源虽然在 2018 年度评估的得分水平升幅不大，但都出现了比较明显的排名上升，汕尾则在该年度评估的得分水平和排名都明显上升；相反，湛江虽然在 2018 年度评估的得分水平降幅不大，但出现比较明显的排名下降，清远则在该年度评估的得分水平降幅较大，中山的得分水平和排名都出现明显升降。可见，有 9 个地市的总分得分水平和排名都相对稳定，名次稳定在同一个区间之内，而有 11 个地市的总分得分水平、排名出现比较明显的上升或者下降，还有的地市总分得分水平和排名都明显升降，其中部分地市的得分水平升降幅度接近甚至超过 5%，排名的升降也接近甚至超过 7 名，即存在名次越过了一个乃至两个区间的情况。

这就表明，我们所设计的第三方评估指标体系是接地气的，对于主流地市而言，完全可以有效地"刻画"其法治建设运行情况，把握各地市在法治建设方面的进步情况。毋庸讳言，这也反映出评估技术和评估水平仍然有一定的改进空间，除了分类问卷选项赋分的全面调整、法治运行指标评估中部分指标评估方式的修正等带来的客观影响之外，无疑还存在其他一些影响评估结果的主客观因素，需要在未来的第三方评估中发现，不断完善评估和分析模型。

第二节　法治广东建设的特色与走向

一、全省 21 地市法治广东建设总体特征

透视全省 21 地市三个年度第三方评估的结果，最显著的特征就是广东经济社会发展有着坚强的法治保障。如果说改革开放以来，广东向来引领经济发展的大潮，敢于先行先试，那么其之所以敢闯敢试，也有赖于法治建设的大胆探索创新，为经济发展保驾护航。其一，广州、深圳经济总量位居全国前列，法治建设的实效也始终位于广东前列，完全与经济发展齐头并进。这不仅与国内外有关营商环境的排行榜一致，亦与国内其他版本专项法治评估结果相互印证。如中国政法大学法治政府研究院的中国城市法治政府建设排行榜，广州、深圳始终位居全国最前列。就三个年度平均得分而言，即使处于尾部的最后三名，这三个地市法治建设也是达标的，均在 70 分以上。这就说明，法治状况亦是各地经济发展的晴雨表，经济愈发达，法治亦愈完善。反之，法治状况不佳，经济发展再好都有限。其二，为了"走在全国前列"，各地市法治广东建设还是"蛮拼"的，已经呈现出不进则退，甚至"少进即退"的态势。

如图 3 - 1 所示，在 2017 年度法治广东建设第三方评估的地市最高得分、最

低得分和平均得分、中位得分都相较 2016 年度评估有所下降之后，2018 年度评估的地市各类得分都重新回升：其中，2018 年度评估的地市最高得分已经与 2016 年度评估的地市最高得分相近，地市最低得分和平均得分、中位得分则仍有一定差距，这反映出晚近评估的区分度正在得到提升。

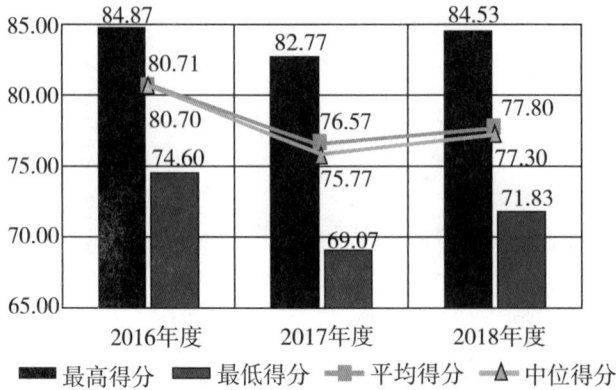

图 3-1　三年度全省地市的各类得分示意图

　　而结合图 3-2 来看，一方面是 2018 年度评估的地市最高得分与最低得分之差大于 2016 年度评估，原因在于中位得分与最低得分之差减少的同时，最高得分与中位得分之差在明显增大；另一方面是 2018 年度评估的地市最高得分与最低得分之差小于 2017 年度评估，原因在于最高得分与中位得分之差略微增大的同时，中位得分与最低得分之差却明显减少。这就表明，强市愈来愈强，而弱市明显变强，一些位居中游的地市相对进步不明显，甚至可能出现小的退步。

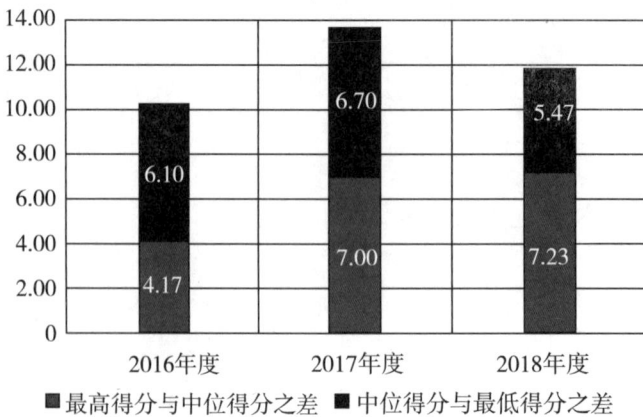

图 3-2　三年度全省地市的各类得分之差示意图

相应地，我们还应高度关注另一广东特点，就是区域不平衡、不充分的问题。就经济社会发展而言，珠三角在全国遥遥领先，而相对滞后的粤东西北地区不仅在省内相对落后，而且在人均 GDP、人均财政收入等诸多指标上落后于全国平均水平。仅就财政收入而言，粤东西北 12 地市仅占全省的 9% 左右，不足10%，法治广东建设亦有这种发展不平衡、不充分的问题：以这三个年度 21 地市法治广东建设第三方评估排行榜的百分位分区来看，以前后 25% 而论，也就是前 5 名和最后 5 名来看，无论是这三个年度平均分排名，还是各个年度排名，位居前 5 名的都是清一色的珠三角地市，以三个年度平均分以及 2016 年、2017年及 2018 年排行榜来看，前 5 名分别是：广州、深圳、珠海、佛山、惠州；佛山、惠州、珠海、广州、中山；广州、深圳、珠海、佛山、惠州；广州、深圳、珠海、佛山、惠州（表 3–1）。至于最后 5 名，以三个年度平均分而论，是清一色的粤东西北地市：汕尾、清远、湛江、河源、潮州；以各个年度排行榜而论，除 2017 年度的中山和 2018 年度江门外，这两个地市因领导班子"塌方式"腐败导致排名大幅度下降，其余都是粤东西北地市（表 3–1）。当然，这种情形在各个区域内部亦有不同程度的不平衡、不充分问题。就珠三角而言，广州排名始终靠前，佛山、深圳、珠海、惠州的排名大体稳定，东莞、肇庆稳定在中部区间，而中山、江门则因特定时期领导班子大面积违法违纪曝光而大幅度下降，甚至位居最后 5 名。因此，2017 年度评估，中山在全省倒数第二；2018 年度评估，江门在全省倒数第四。至于粤东地区，汕头稳定在前部区间，揭阳稳定在中部区间，而潮州、汕尾虽然有不同程度的进步，排名仍然处在后部区间。至于粤西地市，云浮的排名稳定在中部区间，茂名、阳江则在大体处于中部区间的同时出现明显升降，而湛江大体处于后部区间。就粤北而言，梅州大体稳定在中部区间，韶关稳定在后部区间，河源、清远则大体处于后部区间。

二、全省 21 地市法治广东建设的基本走向

三年来，法治广东建设"以评促建"，效果显著，在强化党对法治建设的全面领导、提升地方立法能力、强化法治政府建设、改革司法体制、优化营商环境以及促进社会治理等方面，都有着长足的进展，为"四个走在全国前列"奠定了坚实的法治基础。

1. 党对法治建设的全面领导日益强化，依法执政水平愈益提升

从分类问卷调查评估来看，调查对象对于绝大多数地市党委领导法治建设的情况都给予肯定，认为党政主要负责人能够做到带头厉行法治、依法办事，自觉运用法治思维和法治方式深化改革、推动发展、化解矛盾、维护稳定，切实履行推进法治建设的职责。同时，调查对象对于大多数地市开展正风反腐成效、党委决策前合法合规性审查情况、党内法规制度执行情况等也都给予肯定。

2. 地方立法能力不断提升，立法科学性有待提高

分类问卷调查评估发现，调查对象对于大多数地市加强立法工作队伍建设、提高立法工作能力情况和健全地方立法中重要事项引入第三方评估工作规范情况等都给予肯定，对于大多数地市运用地方立法权或者经济特区运用其立法权的情况也给予肯定。不过，部分地市在精准立法保障民营经济发展、保护环境和防治污染以及立法与改革相衔接、发挥立法专家顾问作用等方面的情况被认为未尽如人意。

3. 法治政府建设成效显著，部分行政领域仍"掉队"

仅以分类问卷而论，调查对象对于大多数地市执行重大行政决策程序、执法工作公正文明、推行行政执法公示三项制度和推进"放管服"改革、公共资金等领域审计全覆盖、行政执法与刑事司法"两法衔接"等方面的情况给予肯定。不过，相当一部分地市在政府信息公开、健全支持改革创新容错机制、办理司法建议和检察建议、接受民主监督和专门监督等方面的情况被认为未尽如人意，在法治运行指标评估中的"行政机关负责人出庭应诉数"以及"行政复议案件数""野生动物违法案件查处数""食药方面行政处罚数量"等指标的得分总体上也相对偏低。

4. 司法体制改革稳步推进，提升司法公正性仍在路上

通过分类问卷调查评估，发现调查对象对于多数地市的生效法律文书公开、规范司法人员与当事人等接触交往、推动形成综合治理"执行难"工作格局、加强司法服务保障等方面的情况给予肯定。不过，相当一部分地市在防止领导干部干预司法活动、提高审限内结案率以及通过建立案件质量评查机制、强化错案责任追究等途径加强对司法活动监督等方面的情况被认为未尽如人意，部分地市在推进以审判为中心的刑事诉讼改革、加大生态环境和资源保护等重点领域提起公益诉讼力度等方面的情况也被认为未尽如人意，在法治运行指标评估中的"审查起诉未成年犯罪嫌疑人数量"指标的得分总体上亦相对偏低。

5. 营商环境改革令人瞩目，部分薄弱环节亟待补强

就分类问卷调查评估而言，调查对象对于大多数地市完善市场监管规则、深化商事制度改革、优化升级拓宽涉企公共法律服务、依法全面平等保护各类市场主体的产权和司法机关落实涉财产保全等方面制度规定的情况给予肯定。不过，部分地市在营造保护创新法治环境及发展涉外法律服务业、健全商事纠纷解决机制等方面的情况被认为未尽如人意，在法治运行指标评估中的"专利纠纷案件受理数""商标侵权案件查处数""审理侵犯知识产权案件数"等指标的得分总体上亦相对偏低，法治负面舆情评估还暴露了少数地市存在办证"跑断腿"等营商环境建设的负面事例。

6. 社会治理显成效，共建共治共享在成长

分析各类问卷，发现调查对象对于大多数地市的社会治安状况，尤其是在开

展扫黑除恶斗争背景下，及全民禁毒宣传教育活动中取得的成效予以肯定，对于多数地市管控社会风险、整治重点领域不稳定问题和落实"谁执法谁普法"普法责任制等方面的情况也给予肯定。不过，部分地市在便利获得公共法律服务和外来人员有效参与本地社区自治管理、提高外来务工人员的民主法治意识和依法维权意识等方面的情况被认为未尽如人意，在法治运行指标评估中的"打击传销工作""渎职侵权立案数"等指标的得分总体上亦相对偏低，法治负面舆情评估还暴露了一些地市存在扶贫领域腐败事件、恶性社会事件等与社会治理相关的负面舆情。

三、法治广东建设待补的"短板"

与国民经济和社会发展第十三个"五年规划"相比，法治广东才进入"二五"时期。无论是法治广东一五规划，还是正在推进的"二五"规划，各个领域的发展和进步有目共睹，成效显著。我们知道，一条链子的力量取决于其最薄弱的环节，一个水桶的容量受制于其"短板"。法治广东建设何尝不是如此，要真正使得法治广东为经济社会发展提供更大的保障力，更有力地支撑广东"四个走在全国前列"，法治广东建设必须高度关注发展不平衡、不充分的问题，采取切实可行的措施，尽快补齐相关领域的"短板"。

1. 尽快扭转各地市法治建设发展不平衡的"痼疾"

以 2018 年度评估为例，地市总分最高得分、最低得分和平均得分、中位得分都相较 2017 年度评估有所提升，并且前两者的差额减少，反映出整体法治建设水平得到提升。然而，该年度评估结果也显示，珠三角区域地市在公正文明执法、执行党内法规制度、健全支持改革创新容错机制、健全商事纠纷解决机制、根据过往考评结果改进依法治市工作等方面和审查起诉未成年犯罪嫌疑人数量、生产安全事故死亡人数、生态环境负面事件、扶贫领域腐败事件等指标的平均得分都高于非珠三角区域地市，但在综合解决案件"执行难"问题、构建信用联合奖惩机制、防止领导干部干预司法、实施案件质量评查机制等方面和水功能区水质达标率、市级领导干部违纪违法等指标则是非珠三角区域地市平均得分较高，反映出省内不同区域、地市的具体法治建设情况仍然存在不平衡、不协调的问题。这种状况亟待改变。

2. 坐实地市党政主要负责人履行推进法治建设第一责任人职责

三年度评估的分类问卷调查评估共计设置五道有关党政领导履行推进法治建设职责情况的题目，没有一个地市在所有题目都获得 8.5 分（被认为比较好）以上的分数。具体而言，虽然中山、深圳、广州的各题分数都在 7.5 分（被认为一般）以上，但分别仅有两题和一题超过 8.5 分；河源有三题的分数超过 8.5 分，但有一题介乎 7～7.5 分；佛山、清远、肇庆、珠海各有两题的分数超过 8.5 分，但都各有一题介乎 7 ~ 7.5 分；韶关、江门各有一题的分数超过 8.5 分，但都各有一题介乎 7 ~ 7.5 分；茂名、东莞和梅州都有两题的分数超过 8.5 分，但分别有两题和三题介乎 7 ~ 7.5 分；阳江、汕头和汕尾则各有一题的分数超过 8.5 分，但分别有两题和三题介乎 7 ~ 7.5 分；揭阳有三题的分数超过 8.5 分，但有一题低于 7 分；惠州、云浮各有两题的分数超过 8.5 分，但有一题低于 7 分，潮州、湛江则各有一题的分数超过 8.5 分，但有一题低于 7 分。可见，各地市在这方面的情况都尚未达到让调查对象普遍感到满意的程度。

3. 大力提升地方立法精准性

在三年度评估的分类问卷中，共计设置了九道直接有关科学精准立法的题目，没有一个地市在所有题目都获得 8.5 分以上的分数。具体而言，虽然深圳各题分数大多在 7.5 分以上，但超过 8.5 分的为五题，并有一题介乎 7 ~ 7.5 分，广州、佛山超过 8.5 分的则为四题（但前者有一题介乎 7 ~ 7.5 分）；中山、清远有三题的分数超过 8.5 分（但后者有两题介乎 7 ~ 7.5 分）；珠海、惠州、汕头、梅州都各有两题超过 8.5 分，但各有一题介乎 7 ~ 7.5 分；河源、东莞、茂名、云浮也都各有两题超过 8.5 分，但分别有三题、四题、五题介乎 7 ~ 7.5 分；阳江、肇庆、韶关分别有三题、两题的分数超过 8.5 分，但都有两题介乎 7 ~ 7.5 分和有一题低于 7 分；汕尾有两题超过 8.5 分，但有两题介乎 7 ~ 7.5 分和有三题低于 7 分；潮州有两题超过 8.5 分，但有一题介乎 7 ~ 7.5 分和有两题低于 7 分；揭阳、江门都有一题超过 8.5 分，但有一题介乎 7 ~ 7.5 分和有两题低于 7 分；湛江则没有题目超过 8.5 分，并有两题介乎 7 ~ 7.5 分、一题低于 7 分。可见，各地市都被认为在这方面还存在不小的提升空间。

4. 促进行政机关自觉接受司法监督

在这三年度评估中，法治运行指标评估都设置了"行政机关负责人出庭应诉数"指标，但大多数地市的得分偏低，只有江门的三次得分都超过 9 分，以及惠州、韶关、珠海的平均得分超过 8 分（其中，惠州三次都超过 8 分，韶关有两次超过 9 分），而除此之外的地市，平均得分都在 6 分以下：湛江、东莞各有一次得分超过 8 分，但各有一次介乎 4 ~ 5 分和低于 3 分；汕尾、梅州、汕头各有两次介乎 4 ~ 5 分；阳江、茂名、深圳、中山、佛山、云浮、广州的两次得分都介乎 4 ~ 5 分；肇庆各有一次介乎 4 ~ 5 分和低于 3 分；潮州、揭阳分别有两次介乎 4 ~ 5 分和一次低于 3 分；河源、清远则各有一次低于 3 分。可见，不少地市对于这方面工作的重视程度依然不足。

5. 着力提升司法公正性

从分类问卷调查评估来看，共设置了六道直接有关领导干部干预司法活动、插手具体案件处理情况的题目，没有一个地市在所有题目都获得 8.5 分以上的分数。具体而言，虽然清远、肇庆及云浮平均得分都达到 8 分以上，但超过 8.5 分的为四题（其中，后者有一题介乎 4 ~ 5 分），而揭阳、韶关虽然平均得分也达到

8分以上，但超过8.5分的为三题；梅州有四题的分数超过8.5分，另两题则介乎6~7分，中山、江门、阳江、东莞、惠州及潮州各有两题超过8.5分，但其余题目大体介乎6~7分（后者有一题介乎4~5分）；佛山、河源、茂名、湛江及汕尾都只有一题的分数超过8.5分，其余题目大体介乎6~7分（后者有一题介乎4~5分）；深圳、珠海、汕头、广州则在各题都介乎6~7分。可见，各地市普遍被认为依然不同程度存在领导干部干预司法的现象。

6. 强化创新经济的法治保障力

三年度评估的分类问卷调查评估共计设置了五道有关加大专利权、商标权等知识产权保护的题目，可以看到：揭阳、中山、梅州、潮州、清远、惠州、江门、佛山、东莞、茂名、广州、深圳等过半地市在所有题目的分数都超过了8分（有的题目还超过8.5分甚至达到9分以上），但云浮、河源各有一题低于8分，珠海、汕头、肇庆、韶关各有两题低于8分，阳江、湛江有三题低于8分，汕尾则只有一题超过8分。可见，虽然这方面的情况总体上较好，但部分地市还是存在比较明显的不足。

7. 强化扫黑除恶打击力度

在三年度评估中，分类问卷调查评估共设置了五道有关社会治安和公共安全（其中包括开展扫黑除恶、全民禁毒宣传等）的题目，仅梅州、阳江、中山在所有题目的分数都超过8分（有的题目还超过8.5分甚至达到9分以上），但云浮、佛山、惠州、揭阳、汕头、珠海、汕尾各有一题低于8分，茂名、清远、河源、深圳、潮州、湛江、江门各有两题低于8分，肇庆、韶关、广州有三题低于8分，东莞则只有一题超过8分。可见，虽然这方面的情况总体上较好，但不少地市都存在相当大的改进空间。

年度评估报告篇

第四章 2016 年度法治广东建设第三方评估报告

受中共广东省委依法治省办的委托，我们对广东全省 21 个地市的法治建设情况开展了评估，即 2016 年度法治广东建设第三方评估。本年度评估的分值为 30 分，由分类问卷调查评估（16 分）和法治运行指标评估（14 分）两部分构成。本年度评估结果已经十一届广东省委常委会第 210 次会议审议通过，获得采纳。

第一节 2016 年度法治广东建设第三方评估结果

表 4-1 全省各地市在 2016 年度第三方评估的总分及排名表

地市名称	分类问卷调查评估小计（16 分）		法治运行指标评估小计（14 分）		第三方评估总分	第三方评估总排名
	得分	排名	得分	排名		
佛山	13.45	1	12.01	6	25.46	1
惠州	13.26	3	12.15	2	25.41	2
珠海	13.23	4	12.01	6	25.24	3
广州	13.02	9	12.17	1	25.19	4
中山	13.07	7	12.06	3	25.14	5
深圳	13.08	6	12.02	5	25.10	6
江门	13.01	10	12.03	4	25.04	7
汕头	12.66	20	11.86	8	24.52	8
揭阳	13.03	8	11.30	9	24.33	9
茂名	13.01	10	11.23	11	24.24	10
东莞	12.93	13	11.28	10	24.21	11
肇庆	12.86	16	11.11	12	23.97	12

（续上表）

地市名称	分类问卷调查评估小计（16 分）		法治运行指标评估小计（14 分）		第三方评估总分	第三方评估总排名
	得分	排名	得分	排名		
韶关	13.11	5	10.67	17	23.78	13
云浮	13.00	12	10.71	16	23.71	14
湛江	12.93	13	10.78	13	23.71	14
梅州	12.92	15	10.60	18	23.52	16
潮州	12.75	17	10.75	14	23.50	17
阳江	12.67	19	10.74	15	23.41	18
清远	13.39	2	9.92	21	23.31	19
河源	12.71	18	10.59	19	23.30	20
汕尾	12.18	21	10.20	20	22.38	21
平均	12.96		11.25		24.21	

表 4 - 1 为广东全省各地市的总分、总排名以及在分类问卷调查评估、法治运行指标评估两部分的小计得分、排名。总体上，本次评估表明：

1. 立法质量得到肯定，民主性仍需强化

珠海、佛山及中山的整体立法质量及其民主性得到一致较高评价，韶关、河源、东莞、梅州、潮州的立法质量也一致得到较高评价；但律师对湛江、汕尾、云浮、惠州、江门的立法质量，专家学者对阳江、肇庆、揭阳和居民对东莞、广州、深圳、汕尾的立法民主性，均评价偏低。

2. 执法公正文明得到肯定，公安执法仍需规范

云浮、珠海、茂名、惠州、湛江、肇庆、中山、清远、佛山、江门、阳江、梅州、揭阳的执法公正文明在相关问卷调查和指标评估中都一致得到较高评价；但专家学者对汕尾、茂名、清远、云浮、揭阳、湛江、阳江、河源执行行政裁量基准和公安机关工作规范化均评价偏低，对中山、韶关、江门执行行政裁量基准和肇庆、潮州公安机关工作规范化也评价偏低。此外，河源、云浮、惠州、肇庆、汕头、梅州、阳江、潮州、湛江、汕尾、深圳、广州、中山的律师还表示当地公安执法相当程度上存在违法违纪现象。

3. 司法公开得到肯定，公正权威高效仍有差距

调查对象对于生效法律文书的公开工作广泛给予了较高评价。然而，在司法职权优化配置方面，尽管代表委员多认为司法体制改革有效推进，"案多人少"问题得到有效解决，专家学者却对梅州、汕尾、中山、河源等市相关情况的评价

偏低。而且，大多数地市（尤其是云浮、梅州、河源、惠州、江门、中山、茂名、深圳）的律师和广州、珠海、汕头、汕尾的企业均表示当地在相当程度上存在领导干部干预司法、插手具体案件处理的现象。此外，律师多认为云浮、中山、惠州、汕头、河源、湛江、汕尾、东莞、肇庆等市对检察机关查办职务犯罪的监督不足。

4. 法治政府建设得到肯定，部分领域或环节仍需提高

专家学者普遍认为政府部门等设置和调整依法进行、科学合理，代表委员也普遍认为政府积极配合人大及其常委会工作、在作出重大行政决策之前能够依法组织听证和民意调查，律师亦多认为政府做到了权责清晰、依法履职。其中，佛山、东莞、中山、珠海、广州、潮州在相关问卷调查和指标评估中得到一致较高评价，唯律师对汕尾、湛江政府权责清晰、依法履职情况的评价偏低。但是，在政府信息公开方面，居民对东莞、汕尾、潮州、广州、韶关、深圳、汕头、河源和专家学者对梅州、清远、茂名、云浮、阳江、揭阳的评价偏低；在自觉接受政协和社会各界的民主监督以及审计机关、监察机关的监督方面，代表委员对肇庆、广州、江门、深圳、东莞、湛江、韶关、茂名的评价偏低；在政府办理建议提案方面，代表委员对广州、江门的评价偏低。同时，阳江、湛江的律师还对行政机关配合法院审判活动的情况评价偏低，而行政机关负责人出庭应诉数指标的评估更显示，各市得分以十分制显示时大多低于6.5分，主要原因是除江门、珠海、惠州、东莞等市之外，多数地市的负责人出庭应诉数低于应有水平。

5. 社会治安得到肯定，居民评价仍可提升

在问卷调查部分，绝大多数地市的居民对治安状况给予了较高评价。在指标评估部分，群众安全感的得分以十分制显示时大多超过8.5分，社会治安整治、平安学校创建、平安企业创建等相关指标的得分以十分制显示时更是都超过9.0分。其中，惠州、珠海、湛江、肇庆、云浮、中山、茂名在多方面得到一致较高评价，而东莞、汕尾、梅州、韶关、揭阳、河源的居民评价与各指标评估结果之间存在一定落差。

6. 商事制度改革得到肯定，市场建设仍需加强

大多数企业都对近年精简与规范工商注册登记制度的成效给予了较高评价。但是，在降低市场准入门槛、促进各类主体公平竞争方面，除清远、韶关、东莞及广州等市之外，多数地市（尤其是云浮、汕头、河源、惠州、茂名）的律师评价均与代表委员评价之间存在不小的落差；在改善市场环境、创新市场监管方面，除清远、佛山、阳江等市之外，多数地市在不同主体之间的评价也存在较大差异，如代表委员和律师对深圳、珠海、广州、东莞的评价明显低于专家学者，而代表委员、专家学者、律师对云浮、中山、河源、惠州、揭阳等市的评价更是呈现递降之势。

7. 党政领导具备法治思维，正风反腐永在路上

企业和专家学者都大体认为党政领导具备法治思维，能够依法处理经济社会

发展中产生的各种矛盾纠纷，但汕尾及汕头的企业对此评价偏低，专家学者则对茂名、韶关、揭阳、云浮、河源、梅州的评价偏低。同时，居民、代表委员、企业也都大体肯定近年正风反腐的成效，但居民对东莞、广州、深圳的评价偏低，代表委员则对清远、肇庆的评价偏低，而且，揭阳、韶关、河源、珠海、梅州的居民评价较为显著地低于企业评价。还需提及的是，东莞在居民卷、汕尾在企业卷和茂名、云浮在专家学者卷的排名最末，并且多数题目均得分偏低，这表明党政领导有必要整体加强对当地法治建设的领导，重点提升得分偏低题目所涉领域或者工作环节的法治水平。

第二节　2016年度法治广东建设第三方评估分析

图4-1是根据表4-1绘制的21个地市总分柱状示意图。

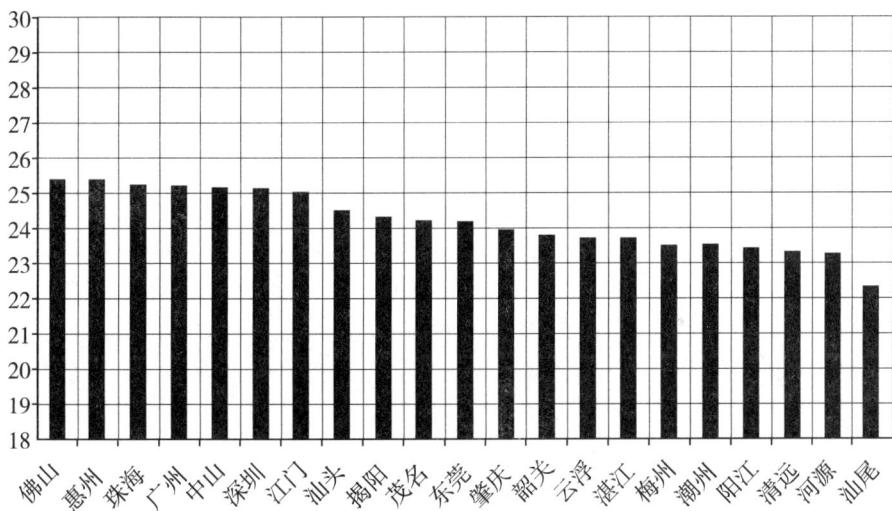

图4-1　全省各地市在2016年度第三方评估的总分示意图

结合起来看，各地市总分以及在分类问卷调查评估、法治运行指标评估两部分的得分大体较高且差距较小（得分率在75%至85%之间，平均得分率达到81%），显示全省法治建设情况总体良好。其中，佛山、惠州、珠海位列前3名，广州、中山、深圳、江门紧随其后，珠三角地区的东莞、肇庆同样居于中游及以上位置，粤东西地区的汕头、揭阳、茂名也排名居于中游，而即使是排名处于尾部的地市，总分亦仅落后3分左右。下面，逐一进行简要分析：

1. 佛山

在科学民主立法、法治政府建设、法治化营商环境、法治建设组织领导四个方面总体均获得较高评价，在司法职权优化配置、生效法律文书公开、治安状况、社会矛盾预防与化解机制、区域法治创建活动效果、推动基层治理法治化成效等事项上也获得较高评价，故问卷调查小计排名第1；在分值较多的11个指标中，群众安全感、政法工作满意度、社会治安重点治理与排查整治、信访工作、预防青少年违法犯罪工作、禁毒工作、环境违法案件查处数、平安企业创建、作出食药方面行政处罚数量等指标得分较高，但行政机关负责人出庭应诉数、审理侵犯知识产权案件数指标得分相当低，故指标评估小计排名第6。不过，最终还是领先各地市，总排名为第1。

2. 惠州

在法治社会建设、法治化营商环境、法治建设组织领导三个方面大体获得较高评价；在人大在立法中发挥主导作用、执法公正文明、重大决策听取民意、政府配合人大工作、化解执法争议、生效法律文书公开、律师执业权利保障等事项上也获得较高评价，故问卷调查小计排名第3。在分值较多的11个指标中，群众安全感、政法工作满意度、社会治安重点治理与排查整治、信访工作、预防青少年违法犯罪工作、禁毒工作、平安企业创建、作出食药方面行政处罚数量等指标得分较高，且其余9个指标中有4个指标（渎职侵权立案数、平安学校创建、水功能区水质达标率、专利纠纷案件受理数）得分较高，故指标评估小计排名第2。最终，总排名亦为第2。

3. 珠海

在立法质量、立法民主、执法公正文明、重大决策听取民意、政府配合人大工作、公共法律服务平台建设、区域法治创建活动效果、社会信用体系建设、精简与规范工商注册登记、专利保护、商标保护、党政领导具备法治思维、履行领导法治建设职责等事项上获得较高评价，故问卷调查小计排名第4；在分值较多的11个指标中，群众安全感、政法工作满意度、社会治安重点治理与排查整治、信访工作、行政机关负责人出庭应诉数、预防青少年违法犯罪工作、禁毒工作、环境违法案件查处数、平安企业创建、作出食药方面行政处罚数量等指标得分较高，但审理侵犯知识产权案件数指标得分相当低，且其余9个指标中有2个指标（欠薪治理工作、专利纠纷案件受理数）得分相当低，故指标评估小计排名为第6。最终，总排名为第3。

4. 广州

在政府配合人大工作、执行行政裁量基准成效、公共法律服务平台建设、区域法治创建活动效果、精简与规范工商注册登记、专利保护、商标保护、外商投资便利化等事项上获得较高评价，但在办理代表建议与委员提案、防止领导干部干预司法、法院工作公正权威、对检察机关查办职务犯罪的监督、司法行政管理成效、律师执业权利保障、法律援助效果、乡村社区法律顾问效果、推动基层治理法治化成效事项上所获评价均一般，在政府接受民主监督与专门监督事项上所获评价较低，故问卷调查小计排名第 9；在分值较多的 11 个指标中，群众安全感、政法工作满意度、社会治安重点治理与排查整治、信访工作、预防青少年违法犯罪工作、禁毒工作、环境违法案件查处数、平安企业创建、作出食药方面行政处罚数量等指标得分均较高，故指标评估小计排名第 1。最终，总排名为第 4。

5. 中山

在科学民主立法、法治政府建设两个方面大体获得较高评价；在治安状况、区域法治创建活动效果、社会信用体系建设、精简与规范工商注册登记、商标保护、党政领导具备法治思维等事项上也获得较高评价，但在执行行政裁量基准成效、法院工作公正权威、检察机关发挥监督职能、法律援助效果、乡村社区法律顾问效果、诉讼与非诉讼纠纷解决衔接机制、推动基层治理法治化成效、公共资源交易平台建设、党政领导履行领导法治建设职责等事项上所获评价一般，在对检察机关查办职务犯罪的监督、司法行政管理成效事项上所获评价较低，故问卷调查小计排名第 7；在分值较多的 11 个指标中，群众安全感、政法工作满意度、社会治安重点治理与排查整治、信访工作、预防青少年违法犯罪工作、禁毒工作、环境违法案件查处数、平安企业创建、审理侵犯知识产权案件数、作出食药方面行政处罚数量等指标得分较高，故指标评估小计排名第 3。最终，总排名为第 5。

6. 深圳

在人大在立法中发挥主导作用、政府配合人大工作、政府办理代表建议与委员提案、公共法律服务平台建设、社会信用体系建设、精简与规范工商注册登记、党政领导具备法治思维等事项上获得较高评价，但在政府接受民主监督与专门监督、公安机关工作规范化、法院工作公正权威、检察机关发挥监督职能、对检察机关查办职务犯罪的监督、司法行政管理成效、法律援助效果、乡村社区法律顾问效果、推动基层治理法治化成效、外商投资便利化等事项上所获评价一般，在防止领导干部干预司法事项上所获评价较低，故问卷调查小计排名第 6；在分值较多的 11 个指标中，群众安全感、政法工作满意度、社会治安重点治理与排查整治、信访工作、预防青少年违法犯罪工作、禁毒工作、环境违法案件查处数、平安企业创建、作出食药方面行政处罚数量等指标得分较高，但行政机关负责人出庭应诉数指标得分相当低，且其余 9 个指标中有 2 个指标（专利纠纷案件受理数、水功能区水质达标率）得分低，故指标评估小计排名第 5。最终，总排名为第 6。

7. 江门

在法治化营商环境方面获得较高评价，在执法公正文明、政府配合人大工作、化解执法争议、区域法治创建活动效果、正风反腐事项上也获得较高评价，但在政府信息公开、政府接受民主监督与专门监督、政府办理代表建议与委员提案、执行行政裁量基准成效、公安机关工作规范化、检察机关发挥监督职能、对检察机关查办职务犯罪的监督、司法行政管理成效、社会矛盾预防与化解机制、诉讼与非诉讼纠纷解决衔接机制、党政领导履行领导法治建设职责等事项上所获评价一般，故问卷调查小计排名第10；在分值较多的11个指标中，群众安全感、政法工作满意度、社会治安重点治理与排查整治、信访工作、行政机关负责人出庭应诉数、预防青少年违法犯罪工作、禁毒工作、环境违法案件查处数、平安企业创建、作出食药方面行政处罚数量等指标均得分较高，但审理侵犯知识产权案件数指标得分相当低，故指标评估小计排名第4。最终，总排名为第7。

8. 汕头

在人大在立法中发挥主导作用、政府配合人大工作、生效法律文书公开、商标保护事项上获得较高评价，但在法治社会建设方面总体所获评价一般，在法治政府建设和公正司法两个方面大体所获评价一般，在商事纠纷解决机制、正风反腐、党政领导具备法治思维事项上也所获评价一般，故问卷调查小计排名第20；在分值较多的11个指标中，群众安全感、政法工作满意度、社会治安重点治理与排查整治、信访工作、预防青少年违法犯罪工作、禁毒工作、环境违法案件查处数、平安企业创建、作出食药方面行政处罚数量等指标得分较高，但行政机关负责人出庭应诉数指标得分较低，故指标评估小计排名第8。最终，总排名亦为第8。

9. 揭阳

在法治化营商环境方面大体获得较高评价，在人大在立法中发挥主导作用、执法公正文明、政府配合人大工作、政府办理代表建议与委员提案、化解执法争议、区域法治创建活动效果事项上也获得较高评价，但在公正司法、法治社会建设两个方面大体所获评价一般，在立法民主、政府信息公开、政府接受民主监督与专门监督、执行行政裁量基准成效、公安机关工作规范化等事项上也所获评价一般，故问卷调查小计排名第8；在分值较多的11个指标中，群众安全感、社会治安重点治理与排查整治、信访工作、预防青少年违法犯罪工作、禁毒工作、环境违法案件查处数、平安企业创建、作出食药方面行政处罚数量等指标得分较高，但行政机关负责人出庭应诉数、欠薪治理工作、审理侵犯知识产权案件数指标得分相当低，且其余9个指标中有3个指标（行政复议案件数、欠薪治理工作、专利纠纷案件受理数）得分相当低，故指标评估小计排名第9。最终，总排名为第9。

10. 茂名

在执法公正文明、重大决策听取民意、政府配合人大工作、化解执法争议、法院工作公正权威、治安状况、法律援助效果、乡村社区法律顾问效果、区域法治创建活动效果、社会信用体系建设、精简与规范工商注册登记、专利保护、商标保护等事项上获得较高评价，但在政府接受民主监督与专门监督、公安机关工作规范化、对检察机关查办职务犯罪的监督、司法行政管理成效、律师执业权利保障、公共法律服务平台建设、诉讼与非诉讼纠纷解决衔接机制、改善市场环境与创新监管机制、党政领导履行领导法治建设职责事项上所获评价一般，在执行行政裁量基准成效、社会矛盾预防与化解机制事项上所获评价较低，故问卷调查小计排名第 10；在分值较多的 11 个指标中，群众安全感、政法工作满意度、社会治安重点治理与排查整治、信访工作、预防青少年违法犯罪工作、环境违法案件查处数、平安企业创建等指标得分较高，但专利纠纷案件受理数指标得分较低，行政机关负责人出庭应诉数、审理侵犯知识产权案件数指标得分相当低，且其余 9 个指标中有 3 个指标（生产安全事故死亡人数、专利纠纷案件受理数、欠薪治理工作）得分低，故指标评估小计排名第 11。最终，总排名为第 10。

11. 东莞

在立法质量、政府配合人大工作、化解执法争议、司法职权优化配置、生效法律文书公开、区域法治创建活动效果、促进各类主体公平竞争、社会信用体系建设、精简与规范工商注册登记、商标保护、党政领导具备法治思维等事项上获得较高评价，但在政府信息公开、政府接受民主监督与专门监督、法院工作公正权威、对检察机关查办职务犯罪的监督、法律援助效果、社会矛盾预防与化解机制事项上所获评价一般，在乡村社区法律顾问效果事项上所获评价较低，故问卷调查小计排名第 13；在分值较多的 11 个指标中，群众安全感、政法工作满意度、社会治安重点治理与排查整治、信访工作、预防青少年违法犯罪工作、禁毒工作、平安企业创建、作出食药方面行政处罚数量等指标得分较高，但审理侵犯知识产权案件数指标得分较低，环境违法案件查处数指标得分相当低，故问卷调查小计排名第 10。最终，总排名为第 11。

12. 肇庆

在执法公正文明、重大决策听取民意、政府配合人大工作、化解执法争议、生效法律文书公开、精简与规范工商注册登记等事项上获得较高评价，但在人大在立法中发挥主导作用、办理代表建议与委员提案、执行行政裁量基准成效、公安机关工作规范化、检察机关发挥监督职能与加强职务犯罪监督、司法行政管理成效、律师执业权利保障、社会矛盾预防与化解机制、诉讼与非诉讼纠纷解决衔接机制、推动基层治理法治化成效、商事纠纷解决机制、公共资源交易平台建设、专利保护等事项上所获评价一般，在接受民主监督与专门监督事项上所获评价较低，故问卷调查小计排名第 16；在分值较多的 11 个指标中，群众安全感、政法工作满意度、社会治安重点治理与排查整治、信访工作、预防青少年违法犯罪工作、禁毒工作、环境违法案件查处数、平安企业创建等指标得分较高，但行政机关负责人出庭应诉数、审理侵犯知识产权案件数指标得分相当低，故指标评估小计排名第 12。最终，总排名亦为第 12。

13. 韶关

在科学民主立法、法治化营商环境两个方面大体获得较高评价，在政府配合人大工作、化解执法争议、生效法律文书公开、检察机关发挥监督职能、对检察机关查办职务犯罪的监督、司法行政管理成效、区域法治创建活动效果、推动基层治理法治化成效事项上也获得较高评价，故问卷调查小计排名第5；在分值较多的11个指标中，群众安全感、政法工作满意度、社会治安重点治理与排查整治、信访工作、禁毒工作、平安企业创建等指标得分较高，但审理侵犯知识产权案件数指标得分相当低，且其余9个指标中有6个指标（渎职侵权立案数、打击传销工作、欠薪治理工作、野生动物违法案件查处数、生产安全事故死亡人数、专利纠纷案件受理数）得分相当低，故指标评估小计排名第17。最终，总排名为第13。

14. 云浮

在人大在立法中发挥主导作用、执法公正文明、重大决策听取民意、政府配合人大工作、政府接受民主监督与专门监督、政府办理代表建议与委员提案、化解执法争议、生效法律文书公开、法院工作公正权威、检察机关发挥监督职能、律师执业权利保障、治安状况、区域法治创建活动效果、社会信用体系建设、精简与规范工商注册登记、公共资源交易平台建设、正风反腐事项上获得较高评价，但在执行行政裁量基准成效、公安机关工作规范化、公共法律服务平台建设、社会矛盾预防与化解机制、诉讼与非诉讼纠纷解决衔接机制、推动基层治理法治化成效、党政领导履行领导法治建设职责等事项上所获评价一般，在对检察机关查办职务犯罪的监督事项上所获评价较低，故问卷调查小计排名第12；在分值较多的11个指标中，群众安全感、政法工作满意度、社会治安重点治理与排查整治、信访工作、预防青少年违法犯罪工作、禁毒工作、环境违法案件查处数、平安企业创建等指标得分较高，但作出食药方面行政处罚数量指标得分较低，行政机关负责人出庭应诉数、审理侵犯知识产权案件数指标得分相当低，且其余9个指标中有6个指标（行政复议案件数、渎职侵权立案数、欠薪治理工作、野生动物违法案件查处数、生产安全事故死亡人数、专利纠纷案件受理数）得分低，故指标评估小计排名第16。最终，总排名为第14。

15. 湛江

在执法公正文明、重大决策听取民意、政府配合人大工作、法院工作公正权威、治安状况、法律援助效果、乡村社区法律顾问效果、精简与规范工商注册登记事项上获得较高评价，但在公正司法方面所获评价一般，在政府接受民主监督与专门监督、执行行政裁量基准成效、公安机关工作规范化、公共法律服务平台建设、社会矛盾预防与化解机制、诉讼与非诉讼纠纷解决衔接机制、推动基层治理法治化成效、公共资源交易平台建设等事项上也所获评价一般，故问卷调查小计排名第13；在分值较多的11个指标中，群众安全感、政法工作满意度、社会治安重点治理与排查整治、预防青少年违法犯罪工作、禁毒工作、环境违法案件查处数、平安企业创建等指标得分较高，但审理侵犯知识产权案件数指标得分相当低，故指标评估小计排名第 13。最终，总排名与云浮并列第 14。

16. 梅州

在法治化营商环境方面大体获得较高评价，在立法质量、人大在立法中发挥主导作用、执法公正文明、政府配合人大工作、办理代表建议与委员提案、化解执法争议、生效法律文书公开、检察机关发挥监督职能、治安状况、区域法治创建活动效果、推动基层治理法治化成效事项上也获得较高评价，但在立法民主、政府信息公开、执行行政裁量基准成效、公安机关工作规范化、法院工作公正权威、对检察机关查办职务犯罪的监督、司法行政管理成效、法律援助效果、乡村社区法律顾问效果、公共法律服务平台建设、社会矛盾预防与化解机制、诉讼与非诉讼纠纷解决衔接机制、党政领导履行领导法治建设职责事项上所获评价一般，故问卷调查小计排名第 15；在分值较多的 11 个指标中，群众安全感、政法工作满意度、社会治安重点治理与排查整治、信访工作、禁毒工作、环境违法案件查处数、平安企业创建等指标得分较高，但行政机关负责人出庭应诉数、审理侵犯知识产权案件数指标得分相当低，且其余 9 个指标中有 6 个指标（打击传销、专利纠纷案件受理数、渎职侵权立案数、欠薪治理工作、野生动物违法案件查处数、生产安全事故死亡人数）得分低，故指标评估小计排名第 18。最终，总排名为第 16。

17. 潮州

在立法质量、人大在立法中发挥主导作用、政府配合人大工作、政府办理代表建议与委员提案、治安状况、社会信用体系建设、专利保护等事项上获得较高评价，但在公正司法、法治社会建设两个方面大体所获评价一般，在立法民主、政府信息公开、执行行政裁量基准成效、公安机关工作规范化事项上也所获评价一般，故问卷调查小计排名第 17；在分值较多的 11 个指标中，群众安全感、政法工作满意度、社会治安重点治理与排查整治、信访工作、禁毒工作、平安企业创建、作出食药方面行政处罚数量等指标得分较高，但行政机关负责人出庭应诉数指标得分较低，审理侵犯知识产权案件数指标得分相当低，故指标评估小计排名第 14。最终，总排名为第 17。

18. 阳江

在立法民主、人大在立法中发挥主导作用、重大决策听取民意、政府配合人大工作、治安状况、改善市场环境与创新监管机制、促进各类主体公平竞争、精简与规范工商注册登记等事项上获得较高评价，但在政府信息公开、政府接受民主监督与专门监督、执行行政裁量基准成效、公安机关工作规范化、律师执业权利保障、法律援助效果、乡村社区法律顾问效果、社会矛盾预防与化解机制、诉讼与非诉讼纠纷解决衔接机制、商事纠纷解决机制、公共资源交易平台建设、党政领导履行领导法治建设职责事项上所获评价一般，故问卷调查小计排名第 19；在分值较多的 11 个指标中，群众安全感、政法工作满意度、社会治安重点治理与排查整治、信访工作、禁毒工作、平安企业创建、作出食药方面行政处罚数量等指标得分较高，但行政机关负责人出庭应诉数指标得分较低，审理侵犯知识产权案件数指标得分相当低，且其余9个指标中有5个指标（行政复议案件数、打击传销、欠薪治理工作、野生动物违法案件查处数、生产安全事故死亡人数）得分低，故指标评估小计排名第15。最终，总排名为第18。

19. 清远

在公正司法、法治化营商环境两个方面大体获得较高评价，在人大在立法中发挥主导作用、执法公正文明、重大决策听取民意、政府配合人大工作、办理代表建议与委员提案、治安状况、区域法治创建活动效果、推动基层治理法治化成效等事项上也获得较高评价，故问卷调查小计排名第2；在分值较多的11个指标中，群众安全感、政法工作满意度、社会治安重点治理与排查整治、信访工作、预防青少年违法犯罪工作、环境违法案件查处数、平安企业创建等指标得分较高，但行政机关负责人出庭应诉数、审理侵犯知识产权案件数、作出食药方面行政处罚数量指标得分相当低，且其余9个指标中有6个指标（渎职侵权立案数、打击传销、水功能区水质达标率、专利纠纷案件受理数、欠薪治理工作、野生动物违法案件查处数）得分低，故指标评估小计排名第21。最终，总排名为第19。

20. 河源

在立法质量、人大在立法中发挥主导作用、政府配合人大工作、办理代表建议与委员提案、司法行政管理成效、治安状况、社会信用体系建设、精简与规范工商注册登记等事项上获得较高评价，但在公正司法方面大体所获评价一般，在立法民主、政府信息公开、政府接受民主监督与专门监督、执行行政裁量基准成效、公安机关工作规范化、法律援助效果、乡村社区法律顾问效果、公共法律服务平台建设、诉讼与非诉讼纠纷解决衔接机制、推动基层治理法治化成效、党政领导履行领导法治建设职责事项上也所获评价一般，故问卷调查小计排名第18；在分值较多的11个指标中，群众安全感、社会治安重点治理与排查整治、信访工作、预防青少年违法犯罪工作、禁毒工作、平安企业创建等指标得分较高，但行政机关负责人出庭应诉数指标得分较低，审理侵犯知识产权案件数指标得分相当低，且其余9个指标中有3个指标（野生动物违法案件查处数、生产安全事故死亡人数、专利纠纷案件受理数）得分低，故指标评估小计排名第19。最终，总排名为第20。

21. 汕尾

在人大在立法中发挥主导作用、政府配合人大工作、治安状况等事项上获得较高评价，但在公正司法、法治化营商环境两个方面大体所获评价一般，在立法民主、政府信息公开、执行行政裁量基准成效、化解执法争议、法律援助效果、乡村社区法律顾问效果、公共法律服务平台建设、诉讼与非诉讼纠纷解决衔接机制、区域法治创建活动效果、党政领导具备法治思维、履行法治建设领导责任事项上也所获评价一般，在公安机关工作规范化、推动基层治理法治化成效事项上所获评价较低，故问卷调查小计排名第 21；在分值较多的 11 个指标中，群众安全感、社会治安重点治理与排查整治、信访工作、禁毒工作、平安企业创建等指标得分较高，但行政机关负责人出庭应诉数、审理侵犯知识产权案件数指标得分相当低，且其余 9 个指标中有 4 个指标（行政复议案件数、专利纠纷案件受理数、欠薪治理工作、生产安全事故死亡人数）得分低，故指标评估小计排名第20。最终，总排名为第 21。

第三节　2016 年度法治广东建设第三方评估的建议

根据上述本年度第三方评估的结果及其分析，我们提出以下六个方面的建议，以期进一步推进法治广东建设。

1. 着力巩固改善社会治安，提升执法公正文明的水平，进一步增加各界的安全感与满意度

问卷调查和指标评估的结果均显示民众普遍肯定当前的治安状况和行政执法公正文明程度。接下来，建议：既要着眼整体，继续改善社会治安、推动平安学校和平安企业创建、提升执法公正文明，又要重视解决本次评估所暴露出的执行行政裁量基准成效欠佳和公安机关在执法中存在违法违纪现象、工作规范化程度不足等问题，并重点加强部分相关得分偏低地市的工作，以进一步增加各界的安全感与满意度。

2. 着力巩固党政领导法治思维，推进正风反腐的成果，进一步强化领导与提高法治建设的水平

各界大体认为党政领导具备法治思维，能够依法处理各种矛盾纠纷，正风肃纪、反腐倡廉取得明显成效，行政机关也能够积极配合人大及其常委会的工作。接下来，建议：一方面要加强问卷调查中得分偏低（尤其是特定卷整体得分偏低）地市和问卷交叉分析中认识分歧较大地市的相关工作，另一方面要注意加强办理代表建议和委员提案、自觉接受民主监督和专门监督等相对薄弱的环节，以进一步强化领导与提高法治建设的水平。

3. 重点加强政府信息公开和行政机关负责人出庭应诉工作，全面推进法治政府建设

问卷调查和指标评估的相关结果，既较充分肯定行政机关在作出重大决策之前依法组织听证和民意调查以及依法科学设置与调整部门、机构等方面的工作，也从多个侧面反映出政府信息公开、行政机关负责人出庭应诉等工作尚有一定改进空间。质言之，当前法治政府建设亟须在继续强化民主性、科学性的同时，不断强化其透明性、回应性特征，使各界借由信息可得性、人员可及性的提升，拥

有更为强烈的法治"获得感"。

4. 重点加强司法体制改革，不断提升司法公正权威

问卷调查和指标评估的结果突出显示：一方面，律师等群体肯定了生效法律文书公开工作以及部分肯定了行政机关对司法活动的配合；另一方面，相关群体多认为司法职权优化配置的成效未尽如人意，领导干部干预司法现象依然存在，行政机关负责人出庭应诉情况也不尽理想。为此，当前尤需准确把加强司法体制改革、提升司法公正权威作为一项系统工程的属性与规律，统筹安排，多方协力，为其提供更加全面和充分的保障。

5. 重点加强完善营商环境，建立健全配套机制制度

多个问卷都设计了有关营商环境的题目，结果显示：在精简与规范工商注册登记制度工作成效得到肯定的同时，对于改善市场环境、创新市场监管机制和促进各类主体公平竞争等成效的评价，不同问卷、不同地市之间差异颇大；同时，相关群体多认为商事纠纷解决机制、诉讼与非诉讼纠纷解决衔接机制以及自贸区促进外商投资便利化等方面工作未尽如人意。可见，以法治方式完善营商环境是一个有重点的渐进式过程，必须持续建立健全配套的机制制度，方能整体上取得明显效果。

6. 重点加强"补短板"，全面提升相关领域的法治水平

问卷调查和指标评估的结果显示，一些领域的总体水平较高，但其中部分组成领域或者环节相对薄弱。比如：地方立法质量总体得到肯定，但民主性尚不足；公共法律服务体系建设总体成效明显，但法律顾问作用和法律援助效果良莠不齐；环境保护水平总体较高，但野生动物保护、水质达标情况也良莠不齐。为此，需要总结分析该领域法治建设的成就与不足，有重点地进行"补短板"，减少木桶效应的负面影响乃至将劣势转化为优势，全面提升相关领域的法治水平。

第五章 2017 年度法治广东建设第三方评估报告

受中共广东省委依法治省办的委托,我们第二次对广东全省 21 个地市的法治建设情况开展了第三方评估,即 2017 年度法治广东建设第三方评估。本年度评估的分值仍为 30 分,由分类问卷调查评估(16.5 分)和法治运行指标评估(13.5 分)两部分构成。本年度评估结果已经十二届广东省委常委会第 57 次会议审议通过,获得采纳。

第一节 2017 年度法治广东建设第三方评估结果

表 5-1 全省各地市在 2017 年度第三方评估的总分及排名表

地市名称	分类问卷调查评估小计(16.5 分)		法治运行指标评估小计(13.5 分)		第三方评估总分	第三方评估总排名
	得分	排名	得分	排名		
广州	13.24	3	11.59	1	24.83	1
深圳	13.58	1	11.08	5	24.66	2
珠海	13.13	6	11.28	2	24.41	3
佛山	13.12	7	11.10	4	24.23	4
惠州	13.12	7	10.77	6	23.89	5
汕头	13.24	3	10.43	7	23.67	6
江门	12.48	19	11.14	3	23.62	7
肇庆	13.37	2	9.86	13	23.23	8
东莞	12.93	11	10.26	10	23.19	9
阳江	12.71	15	10.40	8	23.11	10
茂名	12.58	17	10.14	11	22.72	11
云浮	12.99	10	9.66	15	22.65	12
湛江	12.63	16	9.85	14	22.48	13

（续上表）

地市名称	分类问卷调查评估小计（16.5分）		法治运行指标评估小计（13.5分）		第三方评估总分	第三方评估总排名
	得分	排名	得分	排名		
梅州	12.93	11	9.53	17	22.46	14
揭阳	12.50	18	9.91	12	22.41	15
韶关	12.83	13	9.57	16	22.40	16
清远	13.05	9	9.25	20	22.30	17
潮州	11.93	20	10.35	9	22.28	18
河源	12.77	14	9.45	19	22.22	19
中山	13.20	5	7.70	21	20.90	20
汕尾	11.19	21	9.53	17	20.72	21
平均	12.83		10.14		22.97	

如表5-1所示，总体上，各个地市的总分以及分类问卷调查评估、法治运行指标评估两部分的得分都处于中上水平，并且相互具有一定区分度；总分得分率在69.1%至82.8%之间，平均得分率和中位得分率均为76.0%左右。这显示全省的法治建设情况大体较好，但是地市之间存在一定分化：广州、深圳位居前两名，接着是珠海、佛山、惠州，珠三角区域的江门、肇庆、东莞和粤东西区域的汕头、阳江、茂名亦处在中游及以上位置；之后依次是云浮、湛江、梅州、揭阳、韶关、清远、潮州、河源；排名处在最后两位的中山、汕尾，汕尾相较排名首位的广州落后超过4分。

表5-2　全省各地市在近两年度第三方评估的总体结果对比表

地市名称	2017年度		2016年度		总分得分水平升降情况（%）	总排名升降情况
	总分	总排名	总分	总排名		
广州	24.83	1	25.19	4	3.2	↑3
深圳	24.66	2	25.10	6	2.9	↑4
珠海	24.41	3	25.24	3	1.3	0
佛山	24.23	4	25.46	1	-0.4	↓3
惠州	23.89	5	25.41	2	-1.6	↓3
汕头	23.67	6	24.52	8	1.1	↑2
江门	23.62	7	25.04	7	-1.2	0
肇庆	23.23	8	23.97	12	1.5	↑4

（续上表）

地市名称	2017 年度		2016 年度		总分得分水平升降情况（%）	总排名升降情况
	总分	总排名	总分	总排名		
东莞	23.19	9	24.21	11	0.3	↑2
阳江	23.11	10	23.41	18	3.4	↑8
茂名	22.72	11	24.24	10	−1.8	↓1
云浮	22.65	12	23.71	14	0.0	↑2
湛江	22.48	13	23.71	14	−0.7	↑1
梅州	22.46	14	23.52	16	0.1	↑2
揭阳	22.41	15	24.33	9	−3.6	↓6
韶关	22.40	16	23.78	13	−1.4	↓3
清远	22.30	17	23.31	19	0.2	↑2
潮州	22.28	18	23.50	17	−0.7	↓1
河源	22.22	19	23.30	20	−0.1	↑1
中山	20.90	20	25.14	5	−12.9	↓15
汕尾	20.72	21	22.38	21	−3.1	0
平均	22.97		24.21			

如表 5 - 2 所示，与 2016 年度的评估总体结果对比，2017 年度评估情况大致如下：一方面，阳江及肇庆的进步较为明显，得分水平都有所提升，排名分别从第 18 名、第 12 名升至第 10 名、第 8 名；广州、深圳的得分水平也都提升 3% 左右，排名分别从第 4 名、第 6 名升至第 1 名、第 2 名；珠海保持在第 3 名，得分水平略有提升；佛山、惠州的得分水平有所降低，但是排名依然相对靠前。另一方面，中山的退步最为明显，得分水平降低 12.9%，排名从第 5 名降至第 20 名；揭阳的退步也较为明显，得分水平降低 3.6%，排名从第 9 名降至第 15 名；清远、河源、潮州的得分水平变化不大，排名都仍然相对靠后；汕尾则是得分水平降低 3.1%，排名仍在末位。至于其余八个地市，得分水平和排名都变化不大。其中，汕头、江门、东莞、茂名的排名保持在中游及以上位置，而云浮、湛江、梅州、韶关的排名仍处于中下游位置。

总体来看，本次评估的结果显示：

1. 党的领导作用得到发挥，依法执政水平愈益提升

广州、汕头、佛山、韶关、河源、梅州、惠州、东莞、阳江、茂名、肇庆、清远及江门等市的党对法治建设的领导作用情况总体获得较高评价，深圳、珠海在其中的党政领导履行推进法治建设职责方面和党委决策前合法合规性审查事项也获得较高评价。不过，在党政领导履行推进法治建设职责方面，专家学者对湛

江、潮州、揭阳、云浮的评价相对偏低；深圳、潮州在公职律师队伍建设事项所获评价相对偏低，而汕尾的党对法治建设领导作用情况总体所获评价相对偏低。

2. 立法民主得到增强，科学性仍需提高

广州、深圳、珠海、汕头、佛山、惠州、清远等市在科学民主立法、重点领域立法、地方立法权或者经济特区立法权运用等多个方面获得较高评价，韶关、东莞、江门、阳江、云浮等市也在科学民主立法方面、地方立法权运用等方面获得较高评价。不过，企业界对韶关、阳江、湛江和律师界对江门、潮州的立法精准程度评价相对偏低；梅州、湛江、茂名、肇庆、潮州、揭阳等市的立法专家顾问作用所获评价相对偏低，后四个地市还被认为立法与改革的衔接不够，汕尾的立法工作则总体所获评价相对偏低。

3. 行政权力制约监督有所增强，部分制度仍待落实

广州、深圳、珠海、佛山、梅州、惠州、东莞、阳江等市在行政权力制约监督方面总体获得较高评价。韶关、河源、清远、揭阳、云浮等市在其中的12345政务平台等运行、公共资金等领域审计全覆盖、行政执法与刑事司法"两法衔接"、行政机关配合法院审判活动这些事项也获得较高评价。同时，广州、深圳、佛山、东莞、肇庆、清远等市在精简行政许可、执行重大行政决策程序、市场监管综合执法体制改革等事项获得较高评价。不过，湛江、云浮、河源、茂名、揭阳在执行政府部门权责清单制度、重大决策合法性审查制度等事项所获评价相对偏低，后三个地市在健全重大执法决定法制审核等制度事项所获评价也相对偏低。此外，专家学者对江门、湛江、茂名、肇庆、清远、潮州、揭阳、云浮等市的政务公开和行政问责制度执行情况评价都相对偏低；而除了珠海、韶关、惠州、江门之外，大多数地市在行政机关负责人出庭应诉数指标所获评价偏低。

4. 司法独立公正有所增强，体制改革仍需推进

珠海、韶关、汕头、梅州、东莞在依法独立公正行使审判权和检察权、司法活动监督这两个方面总体获得较高评价，河源、湛江、肇庆、清远、揭阳、云浮在依法独立公正行使审判权和检察权方面获得较高评价，广州、深圳、佛山、惠州、茂名等市在规范司法人员与当事人等接触交往、建立违法办案责任认定与追究机制等事项亦获得较高评价。同时，广州、深圳、珠海、佛山、韶关、河源、梅州、肇庆等市在司法体制改革、司法服务保障这两个方面也总体获得较高评价。然而，不少地方（包括粤东西北除了汕头、韶关之外的所有地市）在未成年人司法保护事项所获评价相对偏低；专家学者对东莞、阳江、茂名、清远、潮州、揭阳、云浮的法官检察官员额制改革情况和律师界对汕头、汕尾、江门、湛江、潮州的以审判为中心刑事诉讼改革情况的评价偏低。

5. 营商环境建设取得成效，创新驱动发展仍需强化

佛山、河源、梅州、惠州、阳江、湛江、茂名、肇庆、清远、广州、深圳、东莞、江门等市在法治化国际化营商环境建设方面大体获得较高评价，珠海、揭

阳、云浮等市在市场体系与监管规则事项也获得较高评价。不过，除了广州、深圳、汕头、佛山、惠州、东莞、江门、清远在创新驱动发展法治保障方面总体获得较高评价之外，专家学者对湛江、茂名、潮州、揭阳、云浮等市营造保护创新等法治环境情况的评价偏低，珠海、茂名、肇庆、湛江、韶关等市在审理侵犯知识产权案件数、专利纠纷案件受理数、商标侵权案件查处数这三个指标所获评价也偏低。

6. 社会治安得到肯定，群众安全感仍可提升

在问卷调查部分，多类主体对社会治安状况给予了较高评价。在指标评估部分，各个地市在社会治安重点治理与排查整治、群众安全感这两个指标也普遍获得较高评价。其中，深圳、梅州、肇庆、云浮、广州、珠海、汕头、佛山、河源、江门、阳江、湛江、茂名、揭阳等多数地市在管控社会风险、整治重点领域不稳定问题等多个事项获得较高评价。不过，韶关、梅州、汕尾、河源、清远等市在打击传销工作、渎职侵权立案数、生产安全事故死亡人数等指标所获评价偏低，它们涉及的人身财产安全问题会对群众安全感有所影响。

第二节　2017 年度法治广东建设第三方评估分析

1. 广州：总排名第 1，相较上年度进步 3 名

分类问卷调查评估部分：小计排名第 3，相较上年度进步 6 名；其中，在专家学者卷继续排名第 1，在代表委员卷、企业卷分别从第 20 名、第 14 名升至第 13 名、第 11 名，但在居民卷依然排名第 16，在律师卷则从第 7 名降至第 16 名。具体而言：在党政领导履行推进法治建设职责、科学民主立法、重点领域立法、行政审批制度改革、重大行政决策程序、行政执法体制改革、行政权力制约监督、政务公开、司法体制改革、司法服务保障、司法活动监督、创新驱动发展法治保障、涉外法律服务、防范化解管控风险、社会治安与公共安全、四级法治创建、基层自治与治理、公共法律服务、青少年法治宣传教育等方面得分较高，在党委决策前合法合规性审查、规范司法人员与当事人等接触交往、推进营商环境建设、法治公益宣传等事项也得分较高，仅在防止领导干部干预司法、检察机关法律监督、普法责任制等少数事项得分相对偏低。

法治运行指标评估部分：小计排名继续第 1；其中，社会治安重点治理与排查整治、打击传销工作这两个指标进步比较明显。具体而言：在群众安全感、社会治安重点治理与排查整治、政法机关与政法队伍执法工作满意度、禁毒工作、渎职侵权立案数、审查起诉未成年犯罪嫌疑人数量、劳动保障监察案件上网率、环境违法案件查处数、生产安全事故死亡人数、食品药品方面行政处罚数量、行政处罚裁量基准公布率、审理侵犯知识产权案件数、行政复议案件数、野生动物

违法案件查处数、商标侵权案件查处数等的指标得分较高，仅在行政机关负责人出庭应诉数指标得分偏低。

2. 深圳：总排名第2，相较上年度进步4名

分类问卷调查评估部分：小计排名第1，相较上年度进步5名；其中，在专家学者卷继续居于前两名，在企业卷、居民卷、代表委员卷分别从第17名、第16名、第14名升至第6名、第8名、第3名，但在律师卷从第9名降至第18名。具体而言：在党政领导履行推进法治建设职责、科学民主立法、重点领域立法、运用经济特区立法权、行政审批制度改革、重大行政决策程序、行政执法体制改革、行政权力制约监督、政务公开、创新驱动发展法治保障、涉外法律服务、防范化解管控风险、社会治安与公共安全、四级法治创建、基层自治与治理、青少年法治宣传教育等方面的得分较高，在党委决策前合法合规性审查、规范司法人员与当事人等接触交往、法官检察官员额制改革、司法救助与法律援助、违法办案责任认定与追究机制、未成年人司法保护、推进营商环境建设、法治公益宣传等事项也得分较高，仅在检察机关法律监督、普法责任制、公职律师队伍建设等少数事项得分相对偏低。

法治运行指标评估部分：小计排名继续第5；其中，社会治安重点治理与排查整治、禁毒工作这两个指标进步比较明显，食品药品方面行政处罚数量指标则退步比较明显。具体而言：在群众安全感、社会治安重点治理与排查整治、政法机关与政法队伍执法工作满意度、禁毒工作、审查起诉未成年犯罪嫌疑人数量、劳动保障监察案件上网率、环境违法案件查处数、生产安全事故死亡人数、食品药品方面行政处罚数量、行政处罚裁量基准公布率、行政复议案件数、审理侵犯知识产权案件数等的指标得分较高；不过，在打击传销工作、行政机关负责人出庭应诉数、专利纠纷案件受理数、商标侵权案件查处数等指标得分偏低。

3. 珠海：总排名第3，与上年度保持一致

分类问卷调查评估部分：小计排名第6，相较上年度退步2名；其中，在专家学者卷继续排名第3，在居民卷排名第6，在代表委员卷从第18名升至第14名，但在律师卷、企业卷分别从第4名、第10名降至第9名、第16名。具体而言：在科学民主立法、重点领域立法、运用经济特区立法权、行政审批制度改革、行政权力制约监督、政务公开、司法服务保障、司法活动监督、防范化解管控风险、社会治安与公共安全、四级法治创建、基层自治与治理、公共法律服务、法治宣传教育等方面得分较高，在党委决策前合法合规性审查、重大决策合法性审查制度、司法人员履职保障、法官检察官员额制改革、健全市场体系与监管规则、产权保护等事项也得分较高，但在防止领导干部干预司法、涉外法律服务、联动解决案件"执行难"、以审判为中心的刑诉改革等事项得分相对偏低。

法治运行指标评估部分：小计排名第2，相较上年度进步4名；其中，审理侵犯知识产权案件数、行政复议案件数、专利纠纷案件受理数这三个指标进步比

较明显，打击传销工作指标则退步比较明显。具体而言：在群众安全感、社会治安重点治理与排查整治、政法机关与政法队伍执法工作满意度、禁毒工作、渎职侵权立案数、审查起诉未成年犯罪嫌疑人数量、劳动保障监察案件上网率、水功能区水质达标率、食品药品方面行政处罚数量、行政处罚裁量基准公布率、行政机关负责人出庭应诉数、环境违法案件查处数、生产安全事故死亡人数等指标得分较高；不过，在商标侵权案件查处数指标得分偏低，在审理侵犯知识产权案件数、专利纠纷案件受理数这两个指标也仍然得分偏低。

4. 佛山：总排名第 4，相较上年度退步 3 名

分类问卷调查评估部分：小计排名第 7，相较上年度退步 6 名；其中，在代表委员卷、企业卷、专家学者卷都继续排名第 5 左右，但在律师卷、居民卷分别从第 3 名、第 8 名降至第 12 名、第 18 名。具体而言：在党政领导履行推进法治建设职责、科学民主立法、重点领域立法、行政执法体制改革、行政权力制约监督、政务公开、司法体制改革、司法服务保障、司法活动监督、营商环境总体建设、创新驱动发展法治保障、涉外法律服务、防范化解管控风险、社会治安与公共安全、四级法治创建、基层自治与治理、公共法律服务、法治宣传教育等方面的得分较高，在党委决策前合法合规性审查和依法独立公正行使审判权和检察权方面的多数事项也得分较高，但在行政与刑事"两法衔接"、以审判为中心的刑诉改革等事项得分相对偏低。

法治运行指标评估部分：小计排名第 4，相较上年度进步 2 名；其中，审理侵犯知识产权案件数指标进步比较明显，打击传销工作指标则退步比较明显。具体而言：在群众安全感、社会治安重点治理与排查整治、政法机关与政法队伍执法工作满意度、禁毒工作、渎职侵权立案数、审查起诉未成年犯罪嫌疑人数量、环境违法案件查处数、水功能区水质达标率、野生动物违法案件查处数、食品药品方面行政处罚数量、行政处罚裁量基准公布率及劳动保障监察案件上网率等指标得分较高，但在行政机关负责人出庭应诉数、专利纠纷案件受理数、商标侵权案件查处数这三个指标得分偏低。

5. 惠州：总排名第 5，相较上年度退步 3 名

分类问卷调查评估部分：小计排名第 7，相较上年度退步 4 名；其中，在专家学者卷继续排名第 4 左右，在律师卷、代表委员卷分别从第 14 名、第 9 名升至第 8 名、第 6 名，但在企业卷、居民卷分别从第 2 名、第 3 名降至第 14 名、第 19 名。具体而言：在党政领导履行推进法治建设职责、科学民主立法、重点领域立法、行政审批制度改革、重大行政决策程序、行政执法体制改革、行政权力制约监督、政务公开、司法体制改革、司法服务保障、司法活动监督、营商环境总体建设、创新驱动发展法治保障、涉外法律服务、涉港澳台法律事务合作、防范化解管控风险、社会治安与公共安全、四级法治创建、基层自治与治理、公共法律服务、法治宣传教育等方面得分较高，在公职律师队伍建设、规范司法人

员与当事人等接触交往、司法人员履职保障等事项也得分较高，但在依法独立公正行使审判权和检察权、法官检察官员额制改革、以审判为中心的刑诉改革、未成年人司法保护等事项的得分相对偏低。

法治运行指标评估部分：小计排名第6，相较上年度退步4名；其中，生产安全事故死亡人数、专利纠纷案件受理数这两个指标退步比较明显。具体而言：在群众安全感、社会治安重点治理与排查整治、政法机关与政法队伍执法工作满意度、禁毒工作、行政机关负责人出庭应诉数、渎职侵权立案数、审查起诉未成年犯罪嫌疑人数量、劳动保障监察案件上网率、水功能区水质达标率、食品药品方面行政处罚数量、行政处罚裁量基准公布率及环境违法案件查处数等指标得分较高，但在以打击传销工作、生产安全事故死亡人数、专利纠纷案件受理数、商标侵权案件查处数等指标得分偏低。

6. 汕头：总排名第6，相较上年度进步2名

分类问卷调查评估部分：小计排名第3，相较上年度进步17名；其中，在代表委员卷、专家学者卷分别从第9名、第8名升至第1名、第5名，在企业卷也从第19名升至第15名，但在居民卷、律师卷分别从第13名、第14名都降至第17名。具体而言：在党政领导履行推进法治建设职责、科学民主立法、重点领域立法、运用经济特区立法权、行政审批制度改革、行政执法体制改革、行政权力制约监督、政务公开、依法独立公正行使审判权和检察权、创新驱动发展法治保障、涉外法律服务、防范化解管控风险、社会治安与公共安全、四级法治创建、基层自治与治理、公共法律服务、青少年法治宣传教育等方面得分较高，在党委决策前合法合规性审查、法官检察官员额制改革、司法救助与法律援助、保障律师执业权利、违法办案责任认定与追究机制、推进营商环境建设、法治公益宣传等事项也得分较高，仅在以审判为中心的刑诉改革等少数事项的得分偏低。

法治运行指标评估部分：小计排名第7，相较上年度进步1名；其中，渎职侵权立案数指标进步比较明显，行政复议案件数指标则退步比较明显。具体而言：在群众安全感、社会治安重点治理与排查整治、政法机关与政法队伍执法工作满意度、渎职侵权立案数、环境违法案件查处数、水功能区水质达标率、专利纠纷案件受理数、食品药品方面行政处罚数量、行政处罚裁量基准公布率及禁毒工作等指标得分较高，但在打击传销工作、行政机关负责人出庭应诉数、行政复议案件数、劳动保障监察案件上网率等指标得分偏低。

7. 江门：总排名第7，与上年度保持一致

分类问卷调查评估部分：小计排名第19，相较上年度退步9名；其中，在企业卷继续居于前3名，但在居民卷、律师卷分别从第6名、第12名降至第13名、第19名，在专家学者卷继续排名第10左右，在代表委员卷继续为第17名。具体而言：在科学民主立法、司法服务保障、创新驱动发展法治保障、涉外法律服务、社会治安与公共安全、四级法治创建、基层自治与治理、公共法律服务、

青少年法治宣传教育等方面得分较高，在市场监管综合执法体制改革、政务平台等运行、审计全覆盖、防止领导干部干预司法、违法办案责任认定与追究机制、企业开办等规程、社会风险管控、整治重点领域不稳定问题、法治公益宣传等事项也得分较高，不过，这些方面及事项的数量相对有限；与此同时，该市在精简行政许可、重大执法决定法制审核等制度、行政问责制度、规范司法人员与当事人等接触交往、以审判为中心的刑诉改革、未成年人司法保护、多元化纠纷解决机制、普法责任制等多个事项得分偏低。

法治运行指标评估部分：小计排名第 3，相较上年度进步 1 名；其中，在审理侵犯知识产权案件数、行政复议案件数这两个指标进步比较明显，在群众安全感指标也有所进步。具体而言：在群众安全感、社会治安重点治理与排查整治、政法机关与政法队伍执法工作满意度、禁毒工作、行政机关负责人出庭应诉数、审查起诉未成年犯罪嫌疑人数量、劳动保障监察案件上网率、环境违法案件查处数、水功能区水质达标率、食品药品方面行政处罚数量、行政处罚裁量基准公布率及渎职侵权立案数等指标得分较高，但在野生动物违法案件查处数、生产安全事故死亡人数、专利纠纷案件受理数、商标侵权案件查处数等指标得分偏低。

8. 肇庆：总排名第 8，相较上年度进步 4 名

分类问卷调查评估部分：小计排名第 2，相较上年度进步 14 名；其中，在居民卷从第 3 名升至第 1 名，在律师卷、企业卷分别从第 14 名、第 10 名升至第 3 名、第 2 名，在代表委员卷也从第 21 名升至第 12 名，但在专家学者卷从第 10 名降至第 14 名。具体而言：在党委依法决策机制、行政权力制约监督、司法体制改革、司法服务保障、营商环境总体建设、创新驱动发展法治保障、涉外法律服务、涉港澳台法律事务合作、防范化解管控风险、社会治安与公共安全、四级法治创建、公共法律服务、法治宣传教育等方面得分较高，在立法机关与社会公众沟通机制、精简行政许可、市场监管综合执法体制改革、司法人员履职保障、违法办案责任认定与追究机制、检察机关法律监督等事项也得分较高，仅在立法科学性、立法专家顾问作用、重大执法决定法制审核制度、未成年人司法保护等事项得分偏低。

法治运行指标评估部分：小计排名第 13，相较上年度退步 1 名；其中，在群众安全感指标略有进步，但在社会治安重点治理与排查整治、打击传销工作、环境违法案件查处数、野生动物违法案件查处数这四个指标退步比较明显。具体而言：在群众安全感、政法机关与政法队伍执法工作满意度、审查起诉未成年犯罪嫌疑人数量、劳动保障监察案件上网率、水功能区水质达标率、行政处罚裁量基准公布率及食品药品方面行政处罚数量等指标得分较高，在社会治安重点治理与排查整治指标也仍然得分较高，但在打击传销工作、行政机关负责人出庭应诉数、审理侵犯知识产权案件数、环境违法案件查处数、野生动物违法案件查处数、生产安全事故死亡人数、专利纠纷案件受理数、商标侵权案件查处数等多个

指标得分偏低。

9. 东莞：总排名第 9，相较上年度进步 2 名

分类问卷调查评估部分：小计排名第 11，相较上年度进步 2 名；其中，在代表委员卷从第 14 名升至第 2 名，在居民卷从第 21 名升至第 15 名，在企业卷继续排名第 7 左右，但在专家学者卷、律师卷分别从第 5 名、第 6 名降至第 8 名、第 15 名。具体而言：在科学民主立法、行政审批制度改革、行政执法体制改革、行政权力制约监督、依法独立公正行使审判权和检察权、司法服务保障、创新驱动发展法治保障、涉外法律服务、防范化解管控风险、社会治安与公共安全、四级法治创建、基层自治与治理、公共法律服务、法治宣传教育等方面得分较高，在党委决策前合法合规性审查、联动解决案件"执行难"、违法办案责任认定与追究机制、推进营商环境建设等事项也得分较高，不过，这些方面及事项的数量相对有限；与此同时，该市在立法机制完善、涉外法律服务、行政问责制度、以审判为中心的刑诉改革等事项得分偏低。

法治运行指标评估部分：小计排名继续第 10；其中，在审查起诉未成年犯罪嫌疑人数量、专利纠纷案件受理数这两个指标进步比较明显，但在政法机关和政法队伍执法工作满意度、行政复议案件数、生产安全事故死亡人数这三个指标退步比较明显。具体而言：在社会治安重点治理与排查整治、审查起诉未成年犯罪嫌疑人数量、劳动保障监察案件上网率、食品药品方面行政处罚数量、行政处罚裁量基准公布率及群众安全感等指标得分较高，在政法机关和政法队伍执法工作满意度指标也仍然得分较高，但在打击传销工作、行政机关负责人出庭应诉数、审理侵犯知识产权案件数、行政复议案件数、生产安全事故死亡人数等指标得分偏低。

10. 阳江：总排名第 10，相较上年度进步 8 名

分类问卷调查评估部分：小计排名第 15，相较上年度进步 4 名；其中，在居民卷、代表委员卷从第 9 名分别升至第 4 名、第 7 名，但在律师卷从第 9 名降至第 14 名，在企业卷继续排名第 18 左右。具体而言：在党委依法决策机制、科学民主立法、行政权力制约监督、营商环境总体建设、社会治安与公共安全、四级法治创建、基层自治与治理、公共法律服务、法治宣传教育等方面得分较高，在依法独立公正行使审判权和检察权方面的多数事项和市场监管综合执法体制改革、司法救助与法律援助、保障律师执业权利、违法办案责任认定与追究机制、产权保护、社会风险管控等事项也得分较高，不过，这些方面及事项的数量相对有限；与此同时，该市在精简行政许可、未成年人司法保护、多元化纠纷解决机制、涉港澳台法律事务合作等事项则得分偏低。

法治运行指标评估部分：小计排名第 8，相较上年度进步 7 名；其中，在社会治安重点治理与排查整治、打击传销工作、环境违法案件查处数、野生动物违法案件查处数这四个指标进步比较明显，但在群众安全感指标略有退步。具体而

言：在社会治安重点治理与排查整治、政法机关与政法队伍执法工作满意度、渎职侵权立案数、劳动保障监察案件上网率、环境违法案件查处数、野生动物违法案件查处数、行政处罚裁量基准公布率、禁毒工作、水功能区水质达标率、专利纠纷案件受理数等指标得分较高，在群众安全感指标也仍然得分较高，但在行政机关负责人出庭应诉数、审理侵犯知识产权案件数、行政复议案件数、生产安全事故死亡人数、商标侵权案件查处数等指标得分偏低。

11. 茂名：总排名第 11，相较上年度退步 1 名

分类问卷调查评估部分：小计排名第 17，相较上年度退步 7 名；其中，在代表委员卷从第 14 名升至第 10 名，但在居民卷从第 2 名降至第 7 名，在企业卷、律师卷从第 7 名、第 8 名都降至第 12 名，在专家学者卷也继续排名第 19 左右。具体而言：在党委依法决策机制、司法服务保障、营商环境总体建设、社会治安与公共安全、四级法治创建、基层自治与治理、公共法律服务、法治宣传教育等方面得分较高，在科学民主立法方面的多数事项和精简行政许可、市场监管综合执法体制改革、政务平台等运行、审计全覆盖、规范司法人员与当事人等接触交往、防止领导干部干预司法、违法办案责任认定与追究机制、检察机关法律监督、产权保护、社会风险管控、整治重点领域不稳定问题等事项也得分较高，但在立法专家顾问作用、政府部门权责清单制度、重大决策合法性审查制度、重大执法决定法制审核等制度、行政问责制度、未成年人司法保护等多个事项得分偏低。

法治运行指标评估部分：小计排名继续第 11；其中，在审理侵犯知识产权案件数指标进步比较明显，但在打击传销工作、审查起诉未成年犯罪嫌疑人数量、生产安全事故死亡人数这三个指标退步比较明显，在群众安全感、禁毒工作这两个指标也有所退步。具体而言：在社会治安重点治理与排查整治、政法机关与政法队伍执法工作满意度、渎职侵权立案数、劳动保障监察案件上网率、水功能区水质达标率、野生动物违法案件查处数、行政处罚裁量基准公布率及环境违法案件查处数等指标得分较高，在群众安全感指标也仍然得分较高，但在行政机关负责人出庭应诉数、行政复议案件数、专利纠纷案件受理数、商标侵权案件查处数等指标得分偏低，在审理侵犯知识产权案件数指标也仍然得分偏低。

12. 云浮：总排名第 12，相较上年度进步 2 名

分类问卷调查评估部分：小计排名第 10，相较上年度进步 2 名；其中，在居民卷继续居于前 3 名，在律师卷从第 19 名升至第 4 名，在专家学者卷也从第 20 名升至第 16 名，但在代表委员卷、企业卷分别从第 1 名、第 4 名降至第 14 名、第 13 名。具体而言：在党委依法决策机制、行政权力制约监督、依法独立公正行使审判权和检察权、司法服务保障、涉港澳台法律事务合作、防范化解管控风险、社会治安与公共安全、四级法治创建、基层自治与治理、公共法律服务、法治宣传教育等方面得分较高，在立法机关与社会公众沟通机制、基层立法联系点

工作机制、精简行政许可、市场监管综合执法体制改革、以审判为中心的刑诉改革、检察机关法律监督、健全市场体系与监管规则、产权保护等事项也得分较高，但在政府部门权责清单制度、重大决策合法性审查制度、行政问责制度、未成年人司法保护等事项得分偏低。

法治运行指标评估部分：小计排名第15，相较上年度进步1名；其中，在审查起诉未成年犯罪嫌疑人数量、行政复议案件数、野生动物违法案件查处数这三个指标进步比较明显，但在社会治安重点治理与排查整治、环境违法案件查处数这两个指标退步比较明显。具体而言：在群众安全感、政法机关与政法队伍执法工作满意度、禁毒工作、审查起诉未成年犯罪嫌疑人数量、劳动保障监察案件上网率、水功能区水质达标率、行政处罚裁量基准公布率及商标侵权案件查处数等指标得分较高，在社会治安重点治理与排查整治指标也仍然得分较高，但在行政机关负责人出庭应诉数、审理侵犯知识产权案件数、环境违法案件查处数、生产安全事故死亡人数、专利纠纷案件受理数等多个指标得分偏低。

13. 湛江：总排名第13，相较上年度进步1名

分类问卷调查评估部分：小计排名第16，相较上年度退步3名；其中，在居民卷继续居于前3名，在律师卷、代表委员卷分别从第20名、第19名升至第10名、第11名，但在专家学者卷从第17名降至第11名，在企业卷继续排名第18左右。具体而言：在党委依法决策机制、行政权力制约监督、司法服务保障、营商环境总体建设、社会治安与公共安全、四级法治创建、基层自治与治理、公共法律服务、青少年法治宣传教育等方面得分较高，在立法机关与社会公众沟通机制、基层立法联系点工作机制、精简行政许可、规范司法人员与当事人等接触交往、司法人员履职保障、联动解决案件"执行难"、违法办案责任认定与追究机制、检察机关法律监督、产权保护、社会风险管控、整治重点领域不稳定问题等事项也得分较高，但在立法专家顾问作用、政府部门权责清单制度、重大决策合法性审查制度、行政问责制度、以审判为中心的刑诉改革、未成年人司法保护等多个事项得分偏低。

法治运行指标评估部分：小计排名第14，相较上年度退步1名；其中，在野生动物违法案件查处数指标进步比较明显，但在打击传销工作、行政复议案件数这两个指标退步比较明显。具体而言：在社会治安重点治理与排查整治、政法机关与政法队伍执法工作满意度、劳动保障监察案件上网率、野生动物违法案件查处数、食品药品方面行政处罚数量、行政处罚裁量基准公布率及群众安全感、禁毒工作、渎职侵权立案数等指标得分较高，但在打击传销工作、行政机关负责人出庭应诉数、审理侵犯知识产权案件数、行政复议案件数、水功能区水质达标率、生产安全事故死亡人数、专利纠纷案件受理数、商标侵权案件查处数等指标得分偏低。

14. 梅州：总排名第14，相较上年度进步2名

分类问卷调查评估部分：小计排名第11，相较上年度进步4名；其中，在居

民卷从第13名升至第5名，在专家学者卷从第18名升至第12名，在企业卷继续排名第6左右，但在律师卷、代表委员卷从第5名分别降至第7名、第9名。具体而言：在党委依法决策机制、重点领域立法、行政权力制约监督、依法独立公正行使审判权和检察权、司法服务保障、营商环境总体建设、社会治安与公共安全、四级法治创建、基层自治与治理、公共法律服务、法治宣传教育等方面得分较高，在精简行政许可、市场监管综合执法体制改革、以审判为中心的刑诉改革、检察机关法律监督、产权保护、社会风险管控、整治重点领域不稳定问题等事项也得分较高，但在立法机制完善、立法专家顾问作用、多元化纠纷解决机制等事项得分偏低。

法治运行指标评估部分：小计排名第17，相较上年度进步1名；其中，在审理侵犯知识产权案件数、行政复议案件数、生产安全事故死亡人数这三个指标进步比较明显，但在渎职侵权立案数指标退步比较明显。具体而言：在群众安全感、社会治安重点治理与排查整治、政法机关与政法队伍执法工作满意度、环境违法案件查处数、水功能区水质达标率、行政处罚裁量基准公布率等指标得分较高，但在行政机关负责人出庭应诉数、渎职侵权立案数、劳动保障监察案件上网率、野生动物违法案件查处数、专利纠纷案件受理数等多个指标得分偏低，在审理侵犯知识产权案件数、生产安全事故死亡人数这两个指标也仍然得分偏低。

15. 揭阳：总排名第15，相较上年度退步6名

分类问卷调查评估部分：小计排名第18，相较上年度退步10名；其中，在律师卷从第12名升至第5名，但在企业卷、代表委员卷分别从第1名、第4名降至第9名、第20名，在专家学者卷排名继续第19左右。具体而言：在行政权力制约监督、司法服务保障、防范化解管控风险、社会治安与公共安全、四级法治创建、公共法律服务、法治宣传教育、青少年法治宣传教育等方面得分较高，在依法独立公正行使审判权和检察权方面的多数事项和立法机关与社会公众沟通机制、基层立法联系点工作机制、精简行政许可、市场监管综合执法体制改革、联动解决案件"执行难"、以审判为中心的刑诉改革、检察机关法律监督、健全市场体系与监管规则、产权保护、公职律师队伍建设等事项也得分较高。不过，这些方面及事项的数量相对有限；与此同时，该市在重大行政决策程序方面和政府部门权责清单制度、重大执法决定法制审核等制度、行政问责制度、未成年人司法保护等事项则得分偏低。

法治运行指标评估部分：小计排名第12，相较上年度退步3名；其中，在政法机关和政法队伍执法工作满意度指标进步比较明显，但在社会治安重点治理与排查整治、打击传销工作这两个指标退步比较明显。具体而言：在群众安全感、政法机关与政法队伍执法工作满意度、审查起诉未成年犯罪嫌疑人数量、环境违法案件查处数、水功能区水质达标率、食品药品方面行政处罚数量、行政处罚裁量基准公布率等指标得分较高，在社会治安重点治理与排查整治指标也仍然得分

较高，但在行政机关负责人出庭应诉数、审理侵犯知识产权案件数、行政复议案件数、专利纠纷案件受理数等指标得分偏低。

16. 韶关：总排名第16，相较上年度退步3名

分类问卷调查评估部分：小计排名第13，相较上年度退步8名；其中，在律师卷继续排名第2，在居民卷继续排名第15左右，而在企业卷、代表委员卷分别从第7名、第9降至第16名、第20名。具体而言：在党委依法决策机制、行政权力制约监督、司法人员履职保障、司法服务保障、司法活动监督、四级法治创建、基层自治与治理、公共法律服务等方面得分较高，在人大主导立法工作、基层立法联系点工作机制、立法科学性、精简行政许可、市场监管综合执法体制改革、规范司法人员与当事人等接触交往、联动解决案件"执行难"、以审判为中心的刑诉改革、健全市场体系与监管规则、社会风险管控、严重精神障碍患者救助救治、普法责任制等事项也得分较高。不过，这些方面及事项的数量相对有限；与此同时，该市在政府部门权责清单制度、涉外法律服务、重点行业防范管控等事项则得分偏低。

法治运行指标评估部分：小计排名第16，相较上年度进步1名；其中，在打击传销工作、审理侵犯知识产权案件数、审查起诉未成年犯罪嫌疑人数量等指标进步比较明显，但在政法机关和政法队伍执法工作满意度、禁毒工作、渎职侵权立案数、行政复议案件数等指标退步比较明显。具体而言：在群众安全感、社会治安重点治理与排查整治、行政机关负责人出庭应诉数、审查起诉未成年犯罪嫌疑人数量、劳动保障监察案件上网率、水功能区水质达标率等指标得分较高，在政法机关和政法队伍执法工作满意度指标也仍然得分较高，但在渎职侵权立案数、野生动物违法案件查处数、生产安全事故死亡人数、专利纠纷案件受理数、商标侵权案件查处数等多个指标得分偏低，在打击传销工作、审理侵犯知识产权案件数这两个指标也仍然得分偏低。

17. 清远：总排名第17，相较上年度进步2名

分类问卷调查评估部分：小计排名第9，相较上年度退步7名；其中，在企业卷、代表委员卷分别从第10名、第8名升至第4名、第5名，但在律师卷、居民卷分别第1名、第6名降至第6名、第12名，在专家学者卷继续排名第14左右。具体而言：在党委依法决策机制、重点领域立法、行政权力制约监督、司法服务保障、营商环境总体建设、创新驱动发展法治保障、涉外法律服务、防范化解管控风险、社会治安与公共安全、四级法治创建、基层自治与治理、公共法律服务、法治宣传教育等方面得分较高，在科学民主立法方面的多数事项、依法独立公正行使审判权和检察权方面的多数事项和精简行政许可、市场监管综合执法体制改革、联动解决案件"执行难"、以审判为中心的刑诉改革、违法办案责任认定与追究机制、检察机关法律监督等事项也得分较高，但在政府部门权责清单制度、行政问责制度、未成年人司法保护等事项得分偏低。

法治运行指标评估部分：小计排名第20，相较上年度进步1名；其中，在禁毒工作、打击传销工作、审理侵犯知识产权案件数、环境违法案件查处数这四个指标进步比较明显，但在渎职侵权立案数、生产安全事故死亡人数、食品药品方面行政处罚数量这三个指标退步比较明显。具体而言：在群众安全感、社会治安重点治理与排查整治、政法机关与政法队伍执法工作满意度、审查起诉未成年犯罪嫌疑人数量、劳动保障监察案件上网率、环境违法案件查处数、禁毒工作、水功能区水质达标率等指标得分较高，但在行政机关负责人出庭应诉数、渎职侵权立案数、野生动物违法案件查处数、生产安全事故死亡人数、专利纠纷案件受理数、食品药品方面行政处罚数量等多个指标得分偏低，在审理侵犯知识产权案件数指标也仍然得分偏低。

18. 潮州：总排名第 18，相较上年度退步 1 名

分类问卷调查评估部分：小计排名第20，相较上年度退步3名；其中，在企业卷从第14名升至第10名，但在代表委员卷、律师卷分别从第5名、第9名降至第18名、第20名，在专家学者卷、居民卷也分别从第11名、第13名降至第21名、第20名。具体而言：在行政权力制约监督、涉外法律服务、四级法治创建、基层自治与治理、公共法律服务、青少年法治宣传教育等方面得分较高，在市场监管综合执法体制改革、违法办案责任认定与追究机制、企业开办等规程、产权保护、整治重点领域不稳定问题、重点行业防范管控、法治公益宣传等事项也得分较高。不过，这些方面及事项的数量相对有限；与此同时，该市在科学民主立法、重点领域立法、政务公开等方面和精简行政许可、政府部门权责清单制度、重大执法决定法制审核等制度、行政问责制度、以审判为中心的刑诉改革、保障律师执业权利、检察机关法律监督、未成年人司法保护、严重精神障碍患者救助救治、普法责任制、公职律师队伍建设等多个事项则得分偏低。

法治运行指标评估部分：小计排名第9，相较上年度进步5名；其中，在禁毒工作、渎职侵权立案数、生产安全事故死亡人数这三个指标进步比较明显，但在审查起诉未成年犯罪嫌疑人数量指标退步比较明显。具体而言：在群众安全感、社会治安重点治理与排查整治、政法机关与政法队伍执法工作满意度、劳动保障监察案件上网率、水功能区水质达标率、专利纠纷案件受理数、食品药品方面行政处罚数量、商标侵权案件查处数、行政处罚裁量基准公布率及渎职侵权立案数、环境违法案件查处数、野生动物违法案件查处数等指标得分较高，但在打击传销工作、行政机关负责人出庭应诉数、审理侵犯知识产权案件数、审查起诉未成年犯罪嫌疑人数量、行政复议案件数等指标得分偏低，在生产安全事故死亡人数指标也仍然得分偏低。

19. 河源：总排名第 19，相较上年度进步 1 名

分类问卷调查评估部分：小计排名第14，相较上年度进步4名；其中，在律师卷从第18名升至第1名，在居民卷从第16名升至第9名，但在代表委员卷从

第 3 名降至第 19 名，在专家学者卷、企业卷也分别从第 11 名、第 14 名降至第 15 名、第 17 名。具体而言：在党委依法决策机制、行政权力制约监督、司法服务保障、营商环境总体建设、社会治安与公共安全、四级法治创建、基层自治与治理、公共法律服务、法治宣传教育等方面得分较高，在精简行政许可、司法人员履职保障、以审判为中心的刑诉改革、违法办案责任认定与追究机制、检察机关法律监督、产权保护、社会风险管控、整治重点领域不稳定问题等事项也得分较高，但在以行政执法体制改革方面和政府部门权责清单制度、重大决策合法性审查制度等事项得分偏低。

法治运行指标评估部分：小计排名继续第 19；其中，在生产安全事故死亡人数指标进步比较明显，但在渎职侵权立案数指标退步比较明显。具体而言：在群众安全感、社会治安重点治理与排查整治、政法机关与政法队伍执法工作满意度、劳动保障监察案件上网率、水功能区水质达标率、行政处罚裁量基准公布率及审查起诉未成年犯罪嫌疑人数量、商标侵权案件查处数等指标得分较高，但在行政机关负责人出庭应诉数、审理侵犯知识产权案件数、渎职侵权立案数、野生动物违法案件查处数、专利纠纷案件受理数等多个指标得分偏低，在生产安全事故死亡人数指标也仍然得分偏低。

20. 中山：总体排名第 20，相较上年度退步 15 名

分类问卷调查评估部分：小计排名第 5，相较上年度进步 2 名；其中，在企业卷从第 10 名升至第 1 名，在专家学者卷继续排名第 7，在律师卷从第 14 名升至第 11 名，但在代表委员卷从第 2 名降至第 8 名，在居民卷也从第 9 名降至第 11 名。具体而言：在科学民主立法、重点领域立法、政务公开、依法独立公正行使审判权和检察权、司法服务保障、创新驱动发展法治保障、涉外法律服务、涉港澳台法律事务合作、公共法律服务、法治宣传教育等方面得分较高，在联动解决案件"执行难"、检察机关法律监督等事项也得分较高，但在以审判为中心的刑诉改革、多元化纠纷解决机制等事项得分偏低。

法治运行指标评估部分：小计排名第 21，相较上年度退步 18 名；其中，在群众安全感、社会治安重点治理与排查整治、政法机关与政法队伍执法工作满意度、打击传销工作、渎职侵权立案数、审查起诉未成年犯罪嫌疑人数量、环境违法案件查处数、野生动物违法案件查处数、行政处罚裁量基准公布率等指标退步比较明显。具体而言：仅在禁毒工作、劳动保障监察案件上网率、水功能区水质达标率、食品药品方面行政处罚数量、商标侵权案件查处数等指标得分较高，但在群众安全感、社会治安重点治理与排查整治、政法机关与政法队伍执法工作满意度等指标得分较低，在行政机关负责人出庭应诉数、渎职侵权立案数、审查起诉未成年犯罪嫌疑人数量、专利纠纷案件受理数、行政处罚裁量基准公布率等指标也得分偏低。

21. 汕尾：总排名第 21，与上年度保持一致

分类问卷调查评估部分：小计排名继续第 21；其中，在代表委员卷从第 9 名

降至最后一名，在专家学者卷也从第 15 名降至第 18 名，在居民卷、企业卷、律师卷则继续处于最后两名。具体而言：在违法办案责任认定与追究机制、重点行业防范管控等少数事项得分较高，但在科学民主立法、重点领域立法、依法独立公正行使审判权和检察权、司法体制改革、司法服务保障、创新驱动发展法治保障、涉外法律服务、涉港澳台法律事务合作、四级法治创建、基层自治与治理、公共法律服务、法治宣传教育等方面和重大执法决定法制审核等制度、行政与刑事"两法衔接"、行政问责制度、行政机关配合法院审判活动、未成年人司法保护、企业开办等规程、社会风险管控、多元化纠纷解决机制、严重精神障碍患者救助救治、公职律师队伍建设等事项得分都偏低。

法治运行指标评估部分：小计排名第17，相较上年度进步 3 名；其中，在禁毒工作、环境违法案件查处数这两个指标进步比较明显，但在渎职侵权立案数、野生动物违法案件查处数这两个指标退步比较明显。具体而言：在群众安全感、社会治安重点治理与排查整治、政法机关与政法队伍执法工作满意度、禁毒工作、劳动保障监察案件上网率、环境违法案件查处数、水功能区水质达标率、行政处罚裁量基准公布率及食品药品方面行政处罚数量等指标得分较高，但在行政机关负责人出庭应诉数、审理侵犯知识产权案件数、渎职侵权立案数、行政复议案件数、生产安全事故死亡人数、专利纠纷案件受理数等多个指标得分偏低。

第三节　2017 年度法治广东建设第三方评估的建议

根据上述本年度第三方评估的结果及分析，我们提出以下六个方面的建议，以期进一步推进法治广东建设。

1. 切实发挥党对法治建设的领导作用，进一步提高依法执政水平

问卷调查的结果显示，各个地市的党政领导履行推进法治建设职责和党委决策前合法合规性审查情况普遍获得肯定，但不容忽视的是，部分主体对一些地市的评价相对偏低，更有少数地市总体所获评价相对偏低。因此，建议站在十九大报告提出的加强党对法治中国建设统一领导的高度上，深入贯彻省第十二次党代会和省委十二届二次全会关于推进法治广东建设的精神，切实发挥各地市党委对本地法治建设的领导作用，从实行党委决策前合法合规性审查、执行党内法规及公职律师队伍建设等入手，抓好法治广东建设规划各项任务的落实，使依法执政水平不断得到提高。

2. 着力增强立法的科学性，进一步实现以良法促进发展、保障善治

问卷调查的结果显示多数地市的立法民主性、重点领域立法、地方立法权或者经济特区立法权运用情况获得肯定，但也显示，部分地市的立法科学性尚有不足，并有少数地市的立法工作机制所获评价偏低。因此，建议立足于发挥立法的

引领、推动作用和人大在立法工作中的主导作用，重视立法本身的精准程度、其与改革的衔接和各类立法专家顾问的作用，进一步尊重客观规律和立法工作规律，同时体现立法内容的先进性与立法工作的专业性，实现以良法促进发展与保障善治。

3. 着力促进行政权力运行的公开化、程序化，进一步推动法治政府建设

问卷调查和指标评估的结果显示，不少地市在行政权力制约监督方面以及具体的政务平台运行、精简行政许可、推进市场监管综合执法、执行重大行政决策程序、行政与刑事"两法衔接"等事项获得较高评价；但也显示，大多数地市在行政机关负责人出庭应诉数指标所获评价偏低，部分地市的政务公开和执行政府部门权责清单制度、重大决策合法性审查制度、重大执法决定法制审核等制度的情况未尽如人意。因此，建议重点围绕法治政府应有的职能科学、权责法定、执法严明、公开公正等基本特征，着力改进上述存在不足之处，借由增强行政权力运行的公开化、程序化，推动法治政府建设达到更高的水平。

4. 着力深化体制改革，进一步保证司法的独立与公正

问卷调查的结果显示不少地市在依法独立公正行使审判权和检察权、司法活动监督等方面以及规范司法人员与当事人等接触交往、违法办案责任认定与追究、规范处置涉案财物的程序等事项获得较高评价，但也显示，仅少数地市的司法体制改革总体获得较高评价，却有部分地市防止领导干部干预司法活动、插手具体案件的机制依然不够健全，并有部分主体对一些地市的联动解决案件"执行难"、以审判为中心的刑诉改革情况等评价偏低。因此，建议继续重点围绕深化司法体制改革工作，从上述存在不足之处入手，着力消除内外各种影响司法独立性、公正性的体制与机制障碍，使"让人民群众在每一个司法案件中感受到公平正义"的要求更充分地得以实现。

5. 着力巩固改善社会治安、提升群众安全感的成果，进一步营造安全的社会环境

问卷调查和指标评估的结果显示各界普遍肯定社会治安状况，群众安全感较高，但也显示不少地市在打击传销工作、渎职侵权立案数、生产安全事故死亡人数等指标所获评价偏低，部分地市在整治涉金融、涉劳资等领域不稳定问题和防控重点行业公共安全隐患等事项稍有不足，少数地市的惩治"村霸"势力、宗族恶势力和基层组织自治尚待加强。因此，建议着眼于"全面"与"深化"，结合当前扫黑除恶专项斗争和社会治理法治化的推进，切实巩固既有的改善社会治安、提升群众安全感的成果，使广大人民群众的人身、财产等各方面安全在更广范围内和更大程度上获得保障。

6. 着力突破重点、难点，进一步创造法治建设的新增长点

问卷调查和指标评估显示，各地市还存在着若干具有一定共性的问题。比如，在创新驱动发展法治保障方面，不少地市所获评价偏低，并在审理侵犯知识

产权案件数、专利纠纷案件受理数、商标侵权案件查处数等指标所获评价也相对偏低；又如，各地市的涉外法律服务总体得到发展，但不少地市的涉港澳台法律事务合作相对落后，与大湾区建设的要求存在差距；再如，各地市的律师依法依规执业总体得到保障，但部分地市的司法人员公正履职保障尚有不足。因此，建议有针对性地从上述问题入手，着力加以突破，使之从当前阶段的重难点转化为未来法治广东建设的新增长点。

第六章 2018年度法治广东建设第三方评估报告

受中共广东省委依法治省办的委托，我们第三次对广东全省21个地市的法治建设情况开展了第三方评估，即2018年度法治广东建设第三方评估。本年度评估的分值仍为30分，由分类问卷调查评估（15分）、法治运行指标评估（10分）和法治负面舆情评估（5分）三部分构成。本年度评估结果已经十二届广东省委常委会第125次会议审议通过，获得采纳。

第一节 2018年度法治广东建设第三方评估结果

表6-1 全省各地市在2018年度第三方评估的总分及排名表

地市名称	分类问卷调查评估小计（15分）		法治运行指标评估小计（10分）		法治负面舆情评估小计（5分）		第三方评估总分	第三方评估总排名
	得分	排名	得分	排名	得分	排名		
广州	12.21	5	8.66	1	4.49	4	25.36	1
深圳	12.29	4	8.12	5	4.42	6	24.83	2
珠海	12.41	3	8.20	3	4.18	11	24.79	3
佛山	11.97	7	8.36	2	4.24	9	24.57	4
惠州	11.93	8	8.20	3	3.76	16	23.89	5
肇庆	11.34	18	7.58	8	4.46	5	23.38	6
东莞	11.70	13	7.50	9	4.18	11	23.38	6
梅州	11.64	15	7.33	11	4.33	8	23.30	8
河源	11.78	11	7.25	14	4.24	9	23.27	9
揭阳	11.88	9	7.33	11	4.01	15	23.22	10
中山	12.43	2	7.79	7	2.97	20	23.19	11

（续上表）

地市名称	分类问卷调查评估小计（15 分）		法治运行指标评估小计（10 分）		法治负面舆情评估小计（5 分）		第三方评估总分	第三方评估总排名
	得分	排名	得分	排名	得分	排名		
潮州	11.66	14	7.31	13	4.12	14	23.09	12
汕头	11.79	10	7.47	10	3.75	17	23.01	13
云浮	12.01	6	6.23	21	4.69	1	22.93	14
韶关	11.60	16	7.18	15	4.14	13	22.92	15
汕尾	12.61	1	7.15	16	3.13	19	22.89	16
阳江	11.10	20	7.04	17	4.62	2	22.76	17
江门	11.36	17	7.92	6	3.46	18	22.74	18
茂名	11.21	19	6.96	19	4.55	3	22.72	19
湛江	11.06	21	6.78	20	4.42	6	22.26	20
清远	11.78	11	6.97	18	2.81	21	21.56	21
平均	11.80		7.49		4.05		23.34	

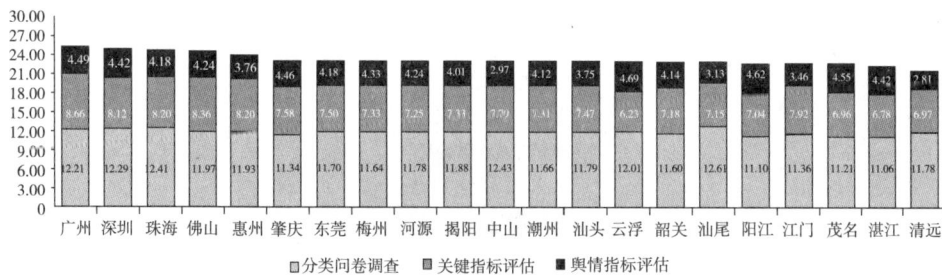

图 6-1　全省各地市在 2018 年度第三方评估的总体得分示意图

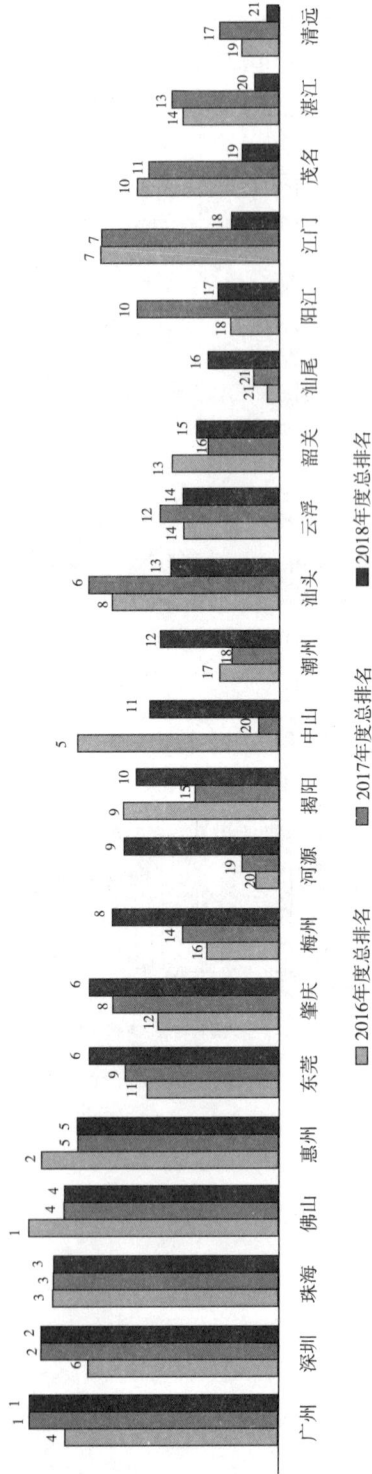

图6-2 全省各地市在近三年度第三方评估的总排名对比示意图

如表 6 - 1 和图 6 - 1 所示：总体来看，各地市的总分以及分类问卷调查评估、法治运行指标评估、法治负面舆情评估三部分的得分大多处于中上水平，并且相互具有一定区分度；总分的得分率在 71.83% ～ 84.53% 之间，平均得分率和中位得分率也均为 77% 左右，显示全省的法治建设情况总体较好，但地市之间有所分化：广州、深圳、珠海、佛山位居前 4 名，总分得分率均超过 80%，珠三角区域的惠州、肇庆、东莞、中山、粤北、粤东区域的梅州、河源、揭阳也都排在中前部；之后依次是潮州、汕头、云浮、韶关、汕尾、阳江、江门、茂名、湛江；清远排名处在末位，相较排名首位的广州落后超过 3.8 分。

表 6 - 2　全省各地市 2017 年度和 2018 年度第三方评估的总体结果对比表

地市名称	2018 年度		2017 年度		总分得分水平升降情况	总排名升降情况
	总分	总排名	总分	总排名		
广州	25.36	1	24.83	1	1.17	0
深圳	24.83	2	24.66	2	− 0.26	0
珠海	24.79	3	24.41	3	0.60	0
佛山	24.57	4	24.23	4	0.45	0
惠州	23.89	5	23.89	5	− 0.90	0
东莞	23.38	6	23.19	9	− 0.13	↑3
肇庆	23.38	6	23.23	8	− 0.30	↑2
梅州	23.30	8	22.46	14	2.76	↑6
河源	23.27	9	22.22	19	3.74	↑10
揭阳	23.22	10	22.41	15	2.64	↑5
中山	23.19	11	20.90	20	13.16	↑11
潮州	23.09	12	22.28	18	2.61	↑6
汕头	23.01	13	23.67	6	− 3.75	↓7
云浮	22.93	14	22.65	12	0.28	↓2
韶关	22.92	15	22.40	16	1.36	↑1
汕尾	22.89	16	20.72	21	9.43	↑5
阳江	22.76	17	23.11	10	− 2.44	↓7
江门	22.74	18	23.62	7	− 4.68	↓11
茂名	22.72	19	22.72	11	− 0.99	↓8
湛江	22.26	20	22.48	13	− 1.47	↓7
清远	21.56	21	22.30	17	− 4.32	↓4
平均	23.34		22.97			

如表 6－2 所示，与 2017 年度评估总体结果对比：一方面，中山和汕尾的进步较为明显，总体得分水平升幅均明显超过其他地市，故排名分别从第 20、第 21 升至第 11、第 16；① 揭阳、潮州、河源、梅州分别由于在分类问卷调查评估、法治运行指标评估的排名升幅较大，总体得分水平都略有上升，故排名相应也有所提升。广州、深圳、珠海、佛山、惠州的总体得分水平升降幅度均在 1% 左右，排名稳居前列，继续包揽总分前 5 名；肇庆、东莞的总体得分水平亦基本没有变化，排名继续居于前部。另一方面，江门、清远的退步较为明显，总体得分水平均降低 4% 左右，排名分别从第 7、第 17 降至第 18、第 21；② 汕头、茂名也分别在分类问卷调查评估、法治运行指标评估的排名降幅较大，阳江、湛江则在两部分的排名降幅均较大，故四地市的总体得分水平都有所下降，排名分别从第 6、第 11、第 10、第 13 降至第 13、第 19、第 17、第 20。而云浮、韶关的总体得分水平没有明显变化，排名依然处于中后部。

表 6－3　全省各地市在近三年度第三方评估的总体排名对比表

地市名称	2018 年度		2017 年度		2016 年度
	总排名	相较上年度升降情况	总排名	相较上年度升降情况	总排名
广州	1	0	1	↑3	4
深圳	2	0	2	↑4	6
珠海	3	0	3	0	3
佛山	4	0	4	↓3	1
惠州	5	0	5	↓3	2
东莞	6	↑3	9	↑2	11
肇庆	6	↑2	8	↑4	12
梅州	8	↑6	14	↑2	16
河源	9	↑10	19	↑1	20
揭阳	10	↑5	15	↓6	9
中山	11	↑9	20	↓15	5
潮州	12	↑6	18	↓1	17
汕头	13	↓7	6	↑2	8

① 主要原因是中山、汕尾均在分类问卷调查得分较高，排名居于该部分前两位；其中，中山在居民卷排名第 1，汕尾在企业卷、律师卷都排名第 1。

② 主要原因是江门、清远均在舆情指标评估扣分较多，排名居于该部分中后部；此外，两市还分别在分类问卷调查、法治运行指标评估的排名靠后（均为第 18）。

（续上表）

地市名称	2018 年度		2017 年度		2016 年度
	总排名	相较上年度升降情况	总排名	相较上年度升降情况	总排名
云浮	14	↓2	12	↑2	14
韶关	15	↑1	16	↓3	13
汕尾	16	↑5	21	0	21
阳江	17	↓7	10	↑8	18
江门	18	↓11	7	0	7
茂名	19	↓8	11	↓1	10
湛江	20	↓7	13	↑1	14
清远	21	↓4	17	↑2	19

如表 6 - 3 及图 6 - 2 所示，综合来看：一方面，不少地市在过去三个年度的排名都比较稳定，其中，广州、深圳、珠海总体有所进步或者没有明显变化，排名稳居前列；佛山、惠州、东莞、肇庆、揭阳的排名有所升降或者略有下降，但是总体尚处于中前部；梅州、河源则持续有所进步，排名现已跻身前部。另一方面，较为明显的排名下降主要出现在 2018 年度与 2017 年度的对比，汕头和江门、茂名分别在分类问卷调查评估、法治运行指标评估的排名显著下降，阳江、湛江则在这两部分的排名都显著下降，故四市的最终排名降幅均超过 5 名；相反，中山、潮州则在两部分的排名都有较为显著上升，故最终排名升幅均超过 5 名；而云浮、清远和汕尾尽管总排名有所升降甚至持续上升，但由于在法治运行指标评估的排名始终靠后，故总体仍处于中后部。

总体来看，本次评估的结果表明：

1. 党的领导得到强化，宪法宣传活动扎实开展

分类问卷调查评估显示：①大多数地市包括主要负责人在内的党政领导干部能够做到带头厉行法治、依法办事，自觉运用法治思维和法治方式深化改革、推动发展、化解矛盾、维护稳定，切实履行推进法治建设的职责（见图 6 - 3）；②多数地市的党内法规制度执行情况得到专家学者的肯定；③多数地市的居民、企业负责人、律师均了解 2018 年修宪涉及的"中国共产党领导是中国特色社会主义最本质的特征"等条文。

题目基本内容：据您所知，本市在保障民营经济发展方面的立法情况如何？
（超过7分，表示受访者给出"还可以"以上评价）

地市	企业卷	律师卷
广州	7.78	8.25
深圳	7.80	8.54
珠海	8.33	9.30
汕头	7.31	8.98
佛山	7.77	8.00
韶关	7.70	8.38
河源	8.03	8.61
梅州	6.67	8.35
惠州	6.41	8.72
汕尾	9.30	9.77
东莞	7.03	8.74
中山	7.67	8.50
江门	7.75	8.54
阳江	6.29	7.72
湛江	7.21	7.35
茂名	7.38	8.58
肇庆	7.27	8.00
清远	7.23	8.72
潮州	7.69	8.83
揭阳	7.86	8.44
云浮	7.23	9.80

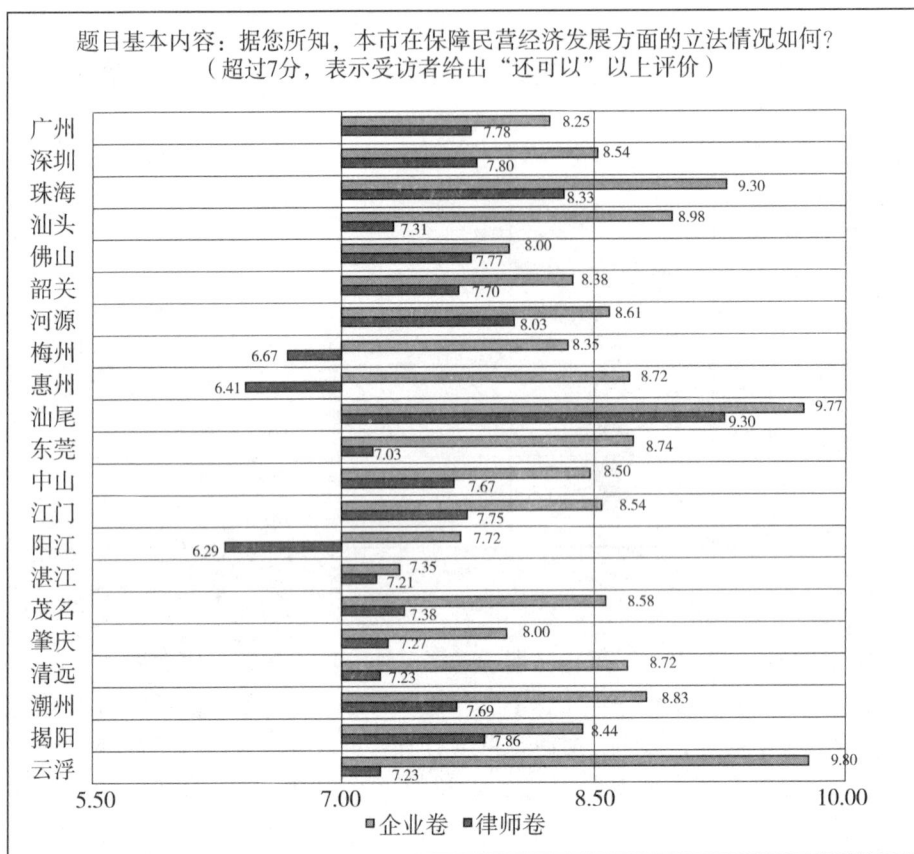

图6-3　全省各地市在律师卷第9题的得分（十分制显示）示意图

2. 地方立法能力和水平得到提升，重点领域立法仍需加强

分类问卷调查评估显示：①除了原有立法权的四个地市之外，新获得立法权的地市的加强立法工作队伍建设、提高立法工作能力情况和各地市健全地方立法中重要事项引入第三方评估工作规范的情况也普遍得到专家学者的肯定；②对于立法保障民营经济发展的情况，大多数地市企业负责人均表示肯定，但部分地市的律师所作评价不高（见图6-4）；③对于环境保护、防治污染领域的立法情况，亦有部分地市的居民认为未尽如人意。

题目：您认为，本市党政领导带头厉行法治、依法办事，自觉运用法治思维和法治方式深化改革、推动发展、化解矛盾、维护稳定，切实履行推进法治建设职责的情况如何？（超过7分，表示受访者给出"还可以"以上评价）

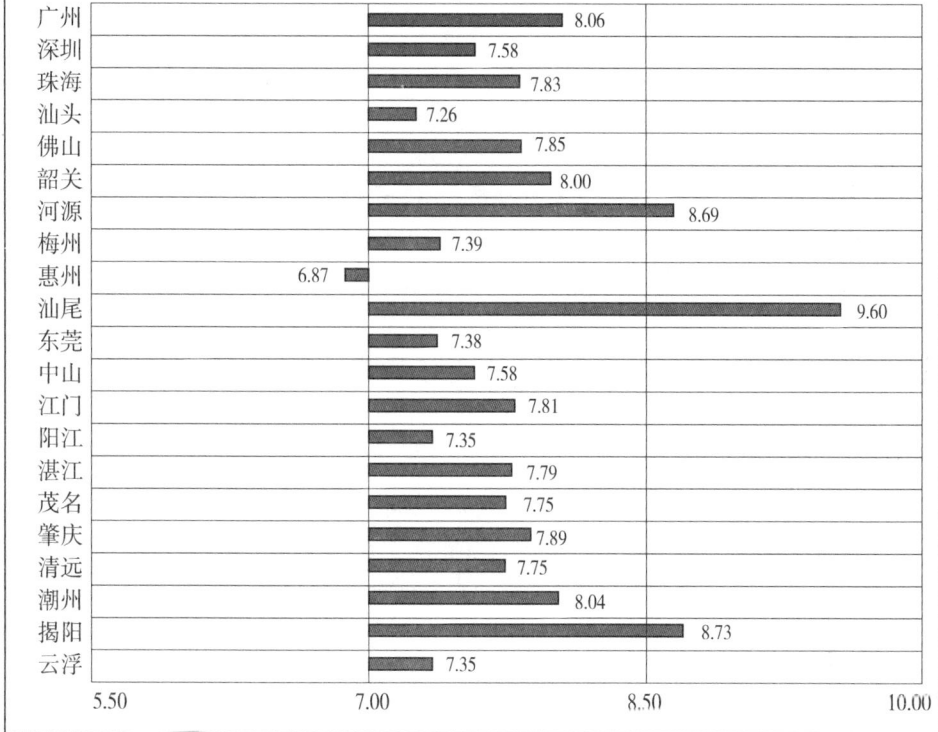

地市	得分
广州	8.06
深圳	7.58
珠海	7.83
汕头	7.26
佛山	7.85
韶关	8.00
河源	8.69
梅州	7.39
惠州	6.87
汕尾	9.60
东莞	7.38
中山	7.58
江门	7.81
阳江	7.35
湛江	7.79
茂名	7.75
肇庆	7.89
清远	7.75
潮州	8.04
揭阳	8.73
云浮	7.35

图 6-4　全省各地市在企业卷第 1 题和律师卷第 1 题的得分（十分制显示）示意图

3. 依法行政得到推进，全面建成法治政府仍有距离

分类问卷调查评估显示：①大多数地市的居民认为本市公安、交通、工商、城管等部门的执法工作能基本做到公正文明，律师也普遍对于推行行政执法公示、执法全过程记录、重大执法决定法制审核制度的情况表示肯定；②企业负责人亦认为当地能够深入推进"放管服"改革，持续开展"减证便民"行动，全面清理烦扰企业的各类无谓证明。然而，与此同时，问卷调查也显示，专家学者普遍认为非珠三角区域地市健全支持改革创新容错机制的情况未尽如人意，部分地市行政机关对司法建议、检察建议的办理、反馈以及据此纠偏的情况亦有不足；而法治运行指标评估同样显示，大多数地市在"行政机关负责人出庭应诉数"指标的得分偏低（见图 6-5），不少地市在"野生动物违法案件查处数""食药方面行政处罚数量"及"行政复议案件数"等指标的得分也相对偏低。

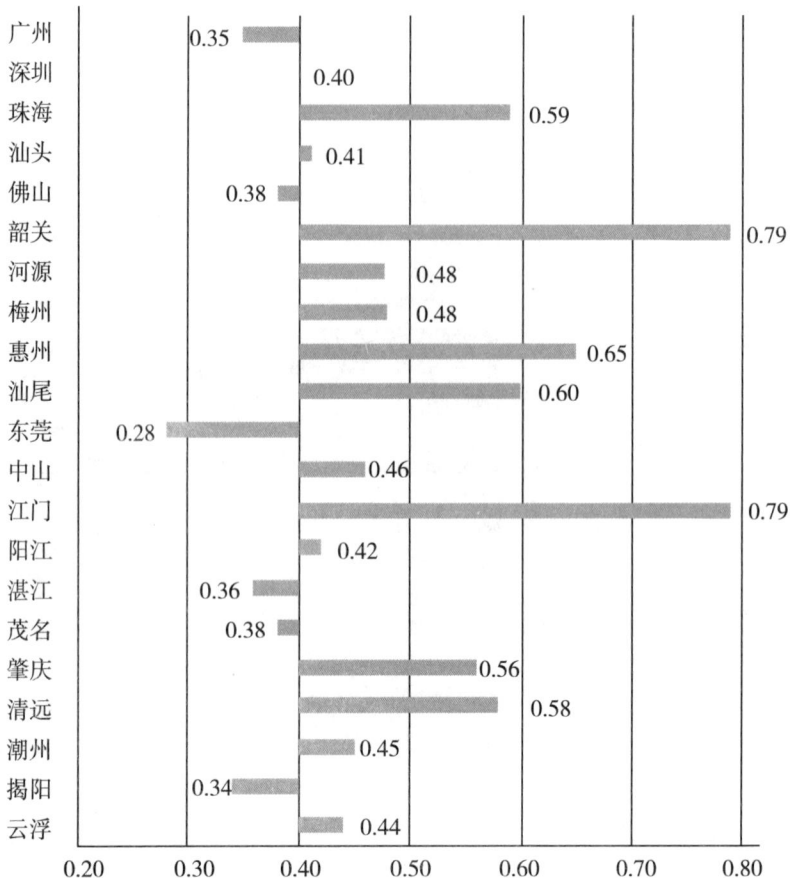

图 6-5　全省各地市在"行政机关负责人出庭应诉数"指标的得分示意图

4. 司法体制改革取得进展，进一步改革和提升独立、公正仍有空间

问卷调查显示：①大多数地市企业负责人对于当地深化执行制度改革、推动形成综合治理"执行难"工作格局的情况表示肯定；②近半数地市的律师认为当地切实提高审限内结案率的情况和通过建立案件质量评查机制、强化错案责任追究等途径加强对司法活动监督的情况均未尽如人意；③不少地市居民对当地司法机关依法独立公正行使权力的情况和律师对当地防止领导干部干预司法活动的情况均评价不高（见图 6-6）；④专家学者亦认为，半数以上地市在加大生态环境和资源保护等重点领域提起公益诉讼力度的情况尚有不足。

题目：你认为，本市法院、检察院是否能够依法独立公正行使权力/据您所知，本市目前是否存在领导干部干预司法活动、插手具体案件处理的现象？（低于7分，表示受访者认为司法机关不够依法独立公正行使权力或者部分受到领导干部干预）

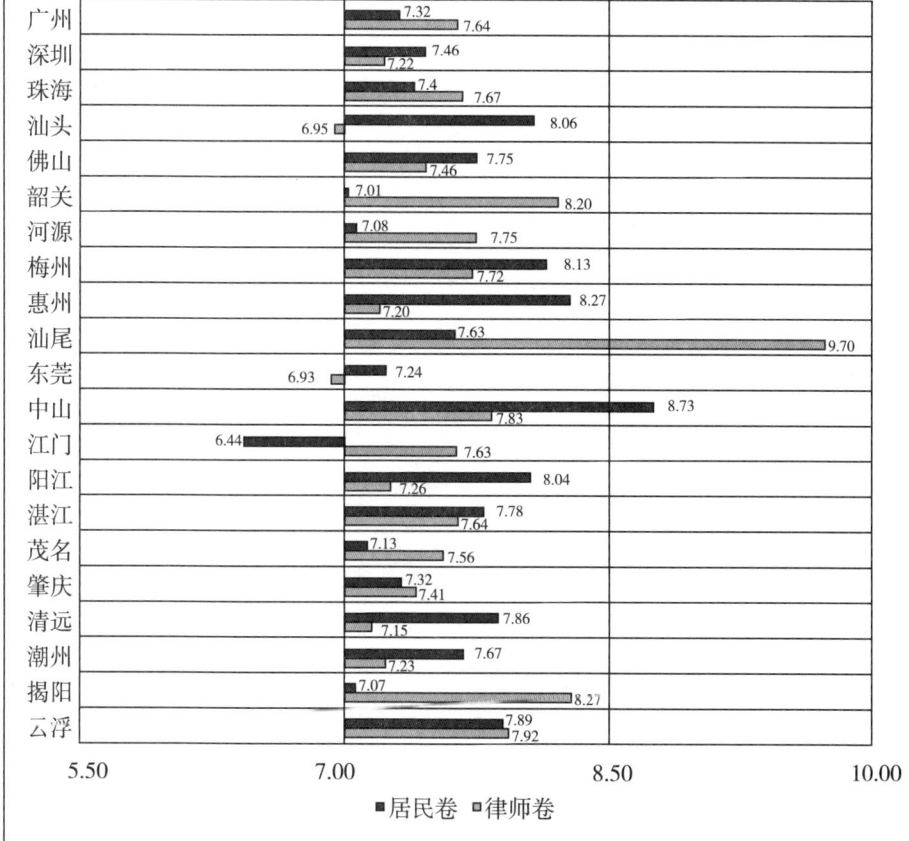

图 6 - 6　全省各地市在居民卷第 3 题和律师卷第 3 题的得分（十分制显示）示意图

5. 营商环境建设成效显著,部分"短板"仍待补强

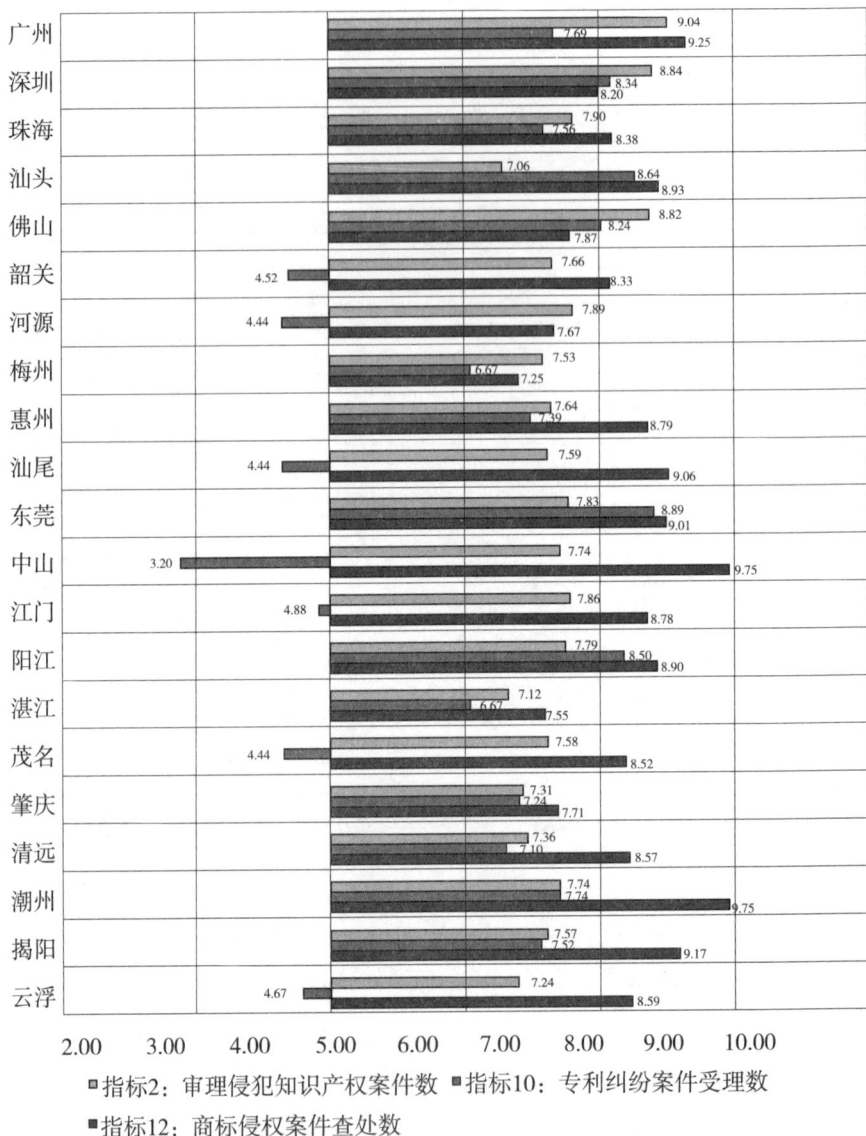

■指标2:审理侵犯知识产权案件数 ■指标10:专利纠纷案件受理数
■指标12:商标侵权案件查处数

图6-7 全省各地市在法治运行指标2、10、12的得分(十分制显示)示意图

分类问卷调查评估显示:①企业负责人普遍肯定深化商事制度改革,通过推进"证照分离""多证合一"以及全程电子化商事登记等途径破解企业"办照容易办证难""准入不准营"问题的成效,也对多数地市优化升级拓宽公共法律服务、更好满足民营企业法律服务需求的情况表示肯定。②多数地市的企业负责人和律师都认为当地基本能够做到依法、全面、平等保护各类市场主体产权,并且

司法机关能够落实涉财产保全、网络司法拍卖、司法救助等方面的制度规定。但与此同时，分类问卷调查和法治运行指标（包括"专利纠纷案件受理数""商标侵权案件查处数""审理侵犯知识产权案件数"等）的评估也显示，不少地市对于知识产权的保护力度依然不足，违法案件查处数与当地经济发展水平不相适应（见图 6-7）；此外，部分地市在发展涉外法律服务业和健全商事纠纷解决机制等方面的情况亦未尽如人意，少数地市在舆情方面也出现了办证"跑断腿"等营商环境建设的负面事例。

6. 社会治理成果得到巩固，形成共建共治共享的格局仍需努力

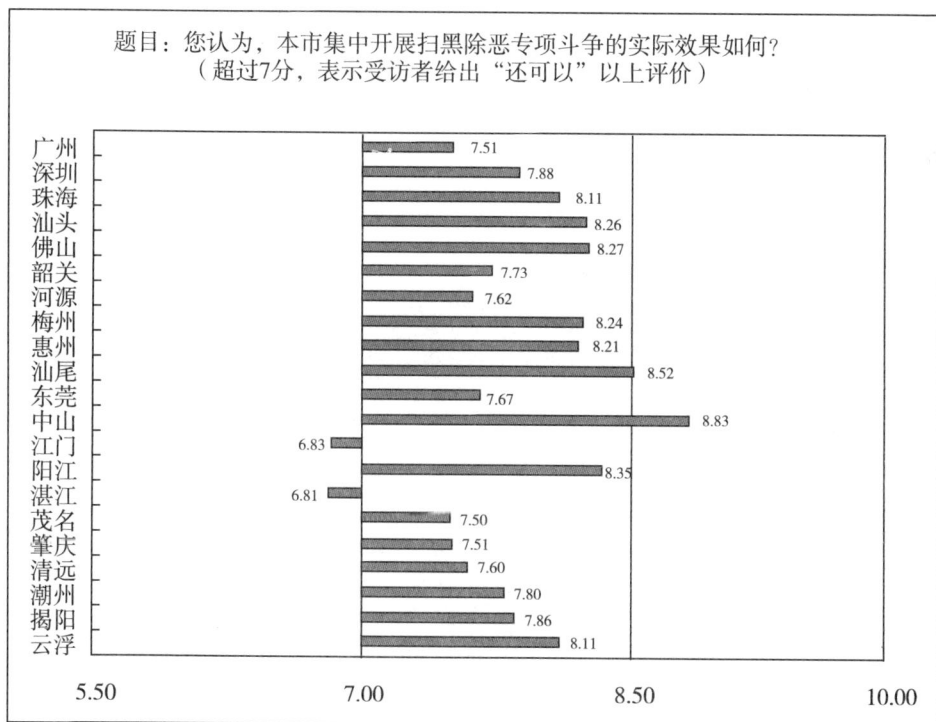

题目：您认为，本市集中开展扫黑除恶专项斗争的实际效果如何？
（超过7分，表示受访者给出"还可以"以上评价）

图 6-8 全省各地市在居民卷第 9 题的得分（十分制显示）示意图

分类问卷调查评估显示：①大多数地市的居民对于当地开展扫黑除恶专项斗争（见图 6-8）和全民禁毒宣传教育活动的成效均表示肯定，专家学者也普遍肯定各地市落实"谁执法谁普法"普法责任制的成效；②不少地市的居民认为，外来人员还不能有效参与本地社区的自治管理，其中外来务工人员的民主法治意识和依法维权意识更是存在明显不足；③多数地市居民认为，在当地获得"找律师、办公证、求法援、寻调解、做鉴定"等公共法律服务也还不够便利。此外，部分地市出现了扶贫领域腐败事件、恶性社会事件等与社会治理相关的负面舆情。

7. 区域、地市间法治建设水平差距缩小，但不平衡、不协调问题仍待解决

2018 年度全省各地市总分的平均得分率、中位得分率和最高得分率、最低得分率相较 2017 年度均有所提升，并且后两者的差额减少，反映出不仅整体法治建设水平得到提升，地市间的差距也在缩小。然而，三部分的评估结果显示，珠三角区域地市在公正文明执法、执行党内法规制度、健全支持改革创新容错机制、健全商事纠纷解决机制、根据过往考评结果改进依法治市工作等方面（见图 6 - 9）和审查起诉未成年犯罪嫌疑人数量、生产安全事故死亡人数、生态环境负面事件、扶贫领域腐败事件等指标的平均得分都高于非珠三角区域地市，但在综合解决案件"执行难"问题、构建信用联合奖惩机制、防止领导干部干预司法、实施案件质量评查机制等方面（见图 6 - 10）和水功能区水质达标率、市级领导干部违纪违法等指标则是非珠三角区域地市平均得分较高，这又反映出省内不同区域、地市的具体法治建设情况仍然存在不平衡、不协调的问题。

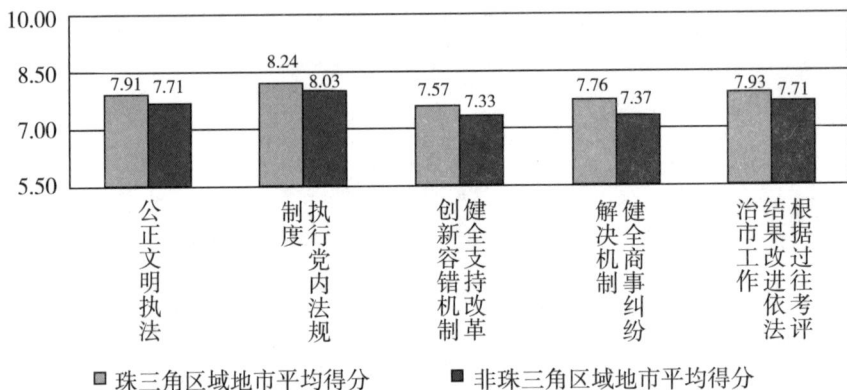

图 6 - 9　两大区域地市在部分题目的平均得分（十分制显示）示意图

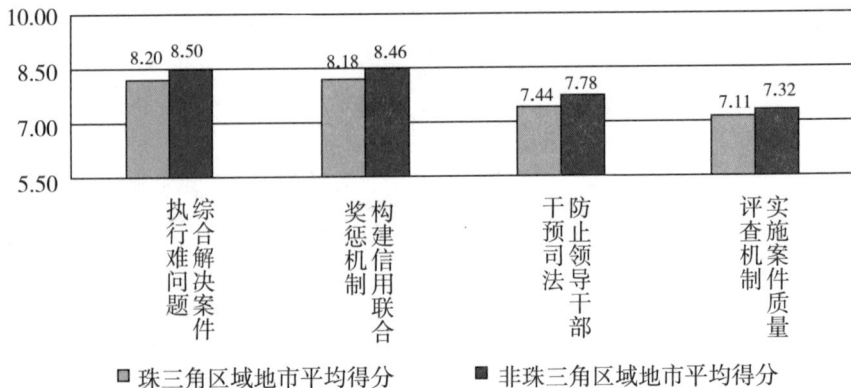

图 6 - 10　两大区域地市在部分题目的平均得分（十分制显示）示意图

第二节　2018 年度法治广东建设第三方评估分析

1. 广州：总排名第 1，继续居于榜首

分类问卷调查评估部分：小计排名第 5，相较上年度下降了 2 名；其中，在律师卷、居民卷均从第 16 分别升至第 8、第 15，但在专家学者卷、企业卷分别从第 1、第 11 降至第 2、第 17。具体而言：在便利获得公共法律服务、外来人员参与社区自治管理、宪法宣传效果、立法保障民营经济发展、推行行政执法公示等三项制度、防止领导干部干预司法、实施案件质量评查机制、落实涉财产保全等方面制度、加快发展涉外法律服务业、党政领导干部履行推进法治建设职责、执行党内法规制度、健全重大决策第三方评估规范、加强立法工作队伍建设、健全支持改革创新容错机制、行政机关办理司法建议和检察建议、加大环境资源等重点领域公益诉讼力度、健全商事纠纷解决机制、加强基层调解组织规范化建设、落实"谁执法谁普法"普法责任制、根据过往考评结果改进依法治市工作等多数事项均获得较高评价，仅在提高审限内结案率这一事项所获评价相对偏低。

法治运行指标评估部分：小计排名继续第 1。具体而言：在审理侵犯知识产权案件数、审查起诉未成年犯罪嫌疑人数量、行政复议案件数、劳动保障监察案件上网率、环境违法案件查处数、野生动物违法案件查处数、生产安全事故死亡人数、专利纠纷案件受理数、食药方面行政处罚数量、商标侵权案件查处数等多数指标均获得较高评价，仅在行政机关负责人出庭应诉数、水功能区水质达标率这两个指标所获评价相对偏低。

法治负面舆情评估部分：小计排名第 4。具体而言：在营商环境建设负面事例指标未扣分，但在生态环境事件、安全责任事故、扶贫领域腐败事件、食品药品安全事件、恶性社会事件等指标因发生"7·22"塔吊坍塌等事故和存在省纪委通报的扶贫领域形式主义官僚主义典型问题、涉黑涉恶腐败"保护伞"问题而有所扣分，市委原常委、政法委原书记的案件宣判也造成在市级领导干部违纪违法相关指标的扣分。

2. 深圳：总排名第 2，与上年度保持一致

分类问卷调查评估部分：小计排名第 4，相较上年度下降了 3 名；其中，在居民卷继续排名第 8，在专家学者卷从第 2 升至第 1，但在律师卷、企业卷分别从第 2、第 6 降至第 10、第 15。具体而言：在环境保护领域立法成效、公正文明执法、全面公开社会救助相关政策、便利获得公共法律服务、外来人员参与社区自治管理、外来务工人员民主法治和依法维权意识、全民禁毒宣传教育效果、扫黑除恶斗争效果、宪法宣传效果、推行行政执法公示等三项制度、实施案件质量

评查机制、加快发展涉外法律服务业、执行党内法规制度、健全重大决策第三方评估规范、加强立法工作队伍建设、健全支持改革创新容错机制、行政机关办理司法建议和检察建议、加大环境资源等重点领域公益诉讼力度、健全商事纠纷解决机制、加强基层调解组织规范化建设、落实"谁执法谁普法"普法责任制、根据过往考评结果改进依法治市工作等事项均获得较高评价，仅在提高审限内结案率这一事项所获评价相对偏低。

法治运行指标评估部分：小计排名继续第5。具体而言：在审理侵犯知识产权案件数、审查起诉未成年犯罪嫌疑人数量、行政复议案件数、劳动保障监察案件上网率、环境违法案件查处数、生产安全事故死亡人数、专利纠纷案件受理数、食药方面行政处罚数量等指标获得较高评价，但在行政机关负责人出庭应诉数、水功能区水质达标率、野生动物违法案件查处数等指标所获评价相对偏低。

法治负面舆情评估部分：小计排名第6。具体而言：在扶贫领域腐败事件、食品药品安全事件、恶性社会事件、营商环境建设负面事例等指标均未扣分，但在生态环境事件、安全责任事故指标因发生茅洲河水质严重污染、平安金融中心南塔项目安全事故而有所扣分，市委副书记、政法委书记被查处和原副市长被追加起诉也造成在市级领导干部违纪违法相关指标的扣分。

3. 珠海：总排名第3，与上年度保持一致

分类问卷调查评估部分：小计排名第3，相较上年度上升了3名；其中，在专家学者卷继续排名第3，在律师卷、企业卷分别从第9、第16升至4、第3，但在居民卷从第6降至第10。具体而言：在环境保护领域立法成效、公正文明执法、外来务工人员民主法治和依法维权意识、全民禁毒宣传教育效果、扫黑除恶斗争效果、立法保障民营经济发展、推进"放管服"改革、优化公共法律服务、综合解决案件"执行难"问题、深化商事制度改革、构建信用联合奖惩机制、依法全面平等保护产权、加大知识产权保护力度、加快发展涉外法律服务业、防止领导干部干预司法、提高审限内结案率、实施案件质量评查机制、基层人民调解组织建设、党政领导干部履行推进法治建设职责、执行党内法规制度、健全重大决策第三方评估规范、加强立法工作队伍建设、健全支持改革创新容错机制、行政机关办理司法建议和检察建议、加大环境资源等重点领域公益诉讼力度、健全商事纠纷解决机制、加强基层调解组织规范化建设、落实"谁执法谁普法"普法责任制、根据过往考评结果改进依法治市工作等多数事项均获得较高评价。

法治运行指标评估部分：小计排名第3，相较上年度下降了1名。具体而言：在行政机关负责人出庭应诉数、审理侵犯知识产权案件数、审查起诉未成年犯罪嫌疑人数量、行政复议案件数、劳动保障监察案件上网率、水功能区水质达标率、生产安全事故死亡人数、专利纠纷案件受理数、食药方面行政处罚数量、商标侵权案件查处数等指标均获得较高评价。

法治负面舆情评估部分：小计排名第11。具体而言：在生态环境事件、安

全责任事故、扶贫领域腐败事件、食品药品安全事件、营商环境建设负面事例等指标均未扣分，但市委原书记、原市长、市政协原主席的案件在本年度进行起诉或者宣判，造成在市级领导干部违纪违法相关指标的扣分，存在省纪委通报的工商质监管理所原所长充当恶势力"保护伞"问题，也造成在恶性社会事件指标有所扣分。

4. 佛山：总排名第 4，与上年度保持一致

分类问卷调查评估部分：小计排名第 7，与上年度保持一致；其中，在专家学者卷、律师卷、居民卷分别从第 6、第 12、第 18 升至第 4、第 7、第 5，但在企业卷从第 5 降至第 18。具体而言：在环境保护领域立法成效、公正文明执法、司法机关独立公正行使权力、全面公开社会救助相关政策、便利获得公共法律服务、全民禁毒宣传教育效果、扫黑除恶斗争效果、推行行政执法公示等三项制度、提高审限内结案率、实施案件质量评查机制、落实涉财产保全等方面制度、基层人民调解组织建设、党政领导干部履行推进法治建设职责、执行党内法规制度、健全重大决策第三方评估规范、加强立法工作队伍建设、健全支持改革创新容错机制、行政机关办理司法建议和检察建议、加大环境资源等重点领域公益诉讼力度、健全商事纠纷解决机制、落实"谁执法谁普法"普法责任制、根据过往考评结果改进依法治市工作等事项获得了较高评价。

法治运行指标评估部分：小计排名第 2，相较上年度上升了 2 名。具体而言：在审理侵犯知识产权案件数、审查起诉未成年犯罪嫌疑人数量、行政复议案件数、劳动保障监察案件上网率、环境违法案件查处数、水功能区水质达标率、野生动物违法案件查处数、生产安全事故死亡人数、专利纠纷案件受理数、食药方面行政处罚数量等指标获得较高评价，仅在行政机关负责人出庭应诉数、商标侵权案件查处数这两个指标所获评价相对偏低。

法治负面舆情评估部分：小计排名第 9。具体而言：在市级领导干部违纪违法、扶贫领域腐败事件、营商环境建设负面事例等指标均未扣分，但在生态环境事件、安全责任事故、食品药品安全事件、恶性社会事件指标因漫水河污染、"2·7"地铁 2 号线工地透水坍塌重大事故和省纪委通报的南海区桂城街道原党工委副书记涉恶问题等而有所扣分。

5. 惠州：总排名第 5，与上年度保持一致

分类问卷调查评估部分：小计排名第 8，相较上年下降了 1 名；其中，在企业卷、居民卷分别从第 14、第 19 升至第 7、第 2，但在律师卷从第 8 降至第 20，在专家学者卷从第 4 降至第 5。具体而言：在环境保护领域立法成效、公正文明执法、司法机关独立公正行使权力、全面公开社会救助相关政策、便利获得公共法律服务、外来人员参与社区自治管理、外来务工人员民主法治和依法维权意识、全民禁毒宣传教育效果、扫黑除恶斗争效果、宪法宣传效果、推进"放管服"改革、优化公共法律服务、综合解决案件"执行难"问题、深化商事制度

改革、构建信用联合奖惩机制、依法全面平等保护产权、加快发展涉外法律服务业、执行党内法规制度、健全重大决策第三方评估规范、加强立法工作队伍建设、健全支持改革创新容错机制、行政机关办理司法建议和检察建议、加大环境资源等重点领域公益诉讼力度、健全商事纠纷解决机制、落实"谁执法谁普法"普法责任制、根据过往考评结果改进依法治市工作等事项获得较高评价，但在实施案件质量评查机制及提高审限内结案率、加快发展涉外法律服务业、基层人民调解组织建设、党政领导干部履行推进法治建设职责等事项所获评价相对偏低。

法治运行指标评估部分：小计排名第3，相较上年度上升了3名。具体而言，主要在行政机关负责人出庭应诉数、审理侵犯知识产权案件数、行政复议案件数、劳动保障监察案件上网率、环境违法案件查处数、生产安全事故死亡人数、食药方面行政处罚数量、商标侵权案件查处数等指标获得较高评价。

法治负面舆情评估部分：小计排名第16。具体而言：在安全责任事故、扶贫领域腐败事件、食品药品安全事件、营商环境建设负面事例等指标均未扣分，但在生态环境事件、恶性社会事件指标因发生惠东莲花山白盆珠省级自然保护区被占用破坏事件和省纪委通报的市公安局部分民警充当涉黑犯罪团伙"保护伞"问题而有所扣分，市委常委、宣传部长和市检察院检察长被查处以及市人大常委会原常务副主任被起诉也造成在市级领导干部违纪违法相关指标的扣分。

6. 肇庆：总排名并列第6，相较上年度上升3名

分类问卷调查评估部分：小计排名第18，相较上年度下降了16名；其中，在专家学者卷从第14升至第9，但在居民卷、企业卷、律师卷分别从第1、第2、第3降至第13、第13、第19。具体而言：在外来人员参与社区自治管理、宪法宣传效果、落实涉财产保全等方面制度、加快发展涉外法律服务业、党政领导干部履行推进法治建设职责、执行党内法规制度等不多的事项获得较高评价，但在实施案件质量评查机制等事项所获评价相对偏低。

法治运行指标评估部分：小计排名第8，相较上年度上升了5名。具体而言：在审查起诉未成年犯罪嫌疑人数量、环境违法案件查处数、水功能区水质达标率、野生动物违法案件查处数、专利纠纷案件受理数等指标获得了较高评价，但在生产安全事故死亡人数、食药方面行政处罚数量、商标侵权案件查处数等指标所获评价相对偏低。

法治负面舆情评估部分：小计排名第5。具体而言：在生态环境事件、扶贫领域腐败事件、食品药品安全事件、恶性社会事件、营商环境建设负面事例等指标均未扣分，但在安全责任事故指标因发生广宁县石涧镇某纸业公司的沼气泄漏事故而有所扣分，市委原常委、原常务副市长的案件宣判也造成在市级领导干部违纪违法相关指标的扣分。

7. 东莞：总排名并列第6，相较上年度上升3名

分类问卷调查评估部分：小计排名第13，相较上年度下降了2名；其中，在

专家学者卷从第8升至第7，但在企业卷、律师卷、居民卷分别从第8、第15、第15降至第11、第16、第17。具体而言：在立法保障民营经济发展、优化公共法律服务、综合解决案件"执行难"问题、深化商事制度改革、构建信用联合奖惩机制、加大知识产权保护力度、执行党内法规制度、健全重大决策第三方评估规范、加强立法工作队伍建设、健全支持改革创新容错机制、行政机关办理司法建议和检察建议、健全商事纠纷解决机制、落实"谁执法谁普法"普法责任制、根据过往考评结果改进依法治市工作等事项获得较高评价，但在防止领导干部干预司法、提高审限内结案率、加快发展涉外法律服务业等事项所获评价相对偏低。

法治运行指标评估部分：小计排名第9，相较上年度进步了1名。具体而言：在审理侵犯知识产权案件数、劳动保障监察案件上网率、生产安全事故死亡人数、专利纠纷案件受理数、食药方面行政处罚数量、商标侵权案件查处数等指标获得了较高评价，但在行政机关负责人出庭应诉数、水功能区水质达标率等指标所获评价相对偏低。

法治负面舆情评估部分：小计排名第11。具体而言：在扶贫领域腐败事件、食品药品安全事件、恶性社会事件、营商环境建设负面事例等指标均未扣分，但在生态环境事件、安全责任事故指标因发生石马河东莞段水质严重恶化和高埗镇三联村某钢结构构筑物坍塌、大岭山大沙村某鞋材公司气体中毒事故而有所扣分，市委原常委、统战部原部长被起诉和市政府原党组成员、市政协原副主席两人被"双开"也造成在市级领导干部违纪违法相关指标的扣分。

8．梅州：总排名第8，相较上年度上升6名

分类问卷调查评估部分：小计排名第15，相较上年度下降了4名；其中，在居民卷继续排名第5，但在企业卷、律师卷、专家学者卷分别从第7、第7、第12降至第12、第17、第15。具体而言：在环境保护领域立法成效、公正文明执法、司法机关独立公正行使权力、全面公开社会救助相关政策、便利获得公共法律服务、外来人员参与社区自治管理、外来务工人员民主法治和依法维权意识、全民禁毒宣传教育效果、扫黑除恶斗争效果、宪法宣传效果、构建信用联合奖惩机制、防止领导干部干预司法、提高审限内结案率等事项获得较高评价，但在立法保障民营经济发展、实施案件质量评查机制、加快发展涉外法律服务业、健全支持改革创新容错机制、健全商事纠纷解决机制等事项所获评价相对偏低。

法治运行指标评估部分：小计排名第11，相较上年度上升了6名。具体而言：在行政复议案件数、环境违法案件查处数、水功能区水质达标率、生产安全事故死亡人数等指标获得了较高评价，但在审查起诉未成年犯罪嫌疑人数量、野生动物违法案件查处数、商标侵权案件查处数等指标所获评价相对偏低。

法治负面舆情评估部分：小计排名第8。具体而言：在生态环境事件、安全责任事故、食品药品安全事件、恶性社会事件、营商环境建设负面事例等指标均

未扣分，但在扶贫领域腐败事件指标因发生对兴宁市水口镇洋槐村扶贫项目监管失职而有所扣分，市人大常委会原副主任、市公安局原副局长被查处也造成在领导干部违纪违法相关指标的扣分。

9. 河源：总排名第9，相较上年度上升10名

分类问卷调查评估部分：小计排名第11，相较上年度上升了3名；其中，在专家学者卷、企业卷分别从第15、第17升至第9、第8，但在律师卷、居民卷分别从第1、第9降至第3、第20。具体而言：在立法保障民营经济发展、优化公共法律服务、综合解决案件"执行难"问题、深化商事制度改革、依法全面平等保护产权、加大知识产权保护力度、加快发展涉外法律服务业、推行行政执法公示等三项制度、防止领导干部干预司法、实施案件质量评查机制、基层人民调解组织建设、党政领导干部履行推进法治建设职责、加强立法工作队伍建设、加大环境资源等重点领域公益诉讼力度等事项获得了较高评价，但在全面公开社会救助相关政策、便利获得公共法律服务、外来务工人员民主法治和依法维权意识、提高审限内结案率等事项所获评价相对偏低。

法治运行指标评估部分：小计排名第14，相较上年度上升了5名。具体而言：在审理侵犯知识产权案件数、劳动保障监察案件上网率、野生动物违法案件查处数等指标获得了较高评价，但在审查起诉未成年犯罪嫌疑人数量、生产安全事故死亡人数、专利纠纷案件受理数等指标所获评价相对偏低。

法治负面舆情评估部分：小计排名第9。具体而言：在安全责任事故、食品药品安全事件、恶性社会事件、营商环境建设负面事例等指标均未扣分，但在生态环境事件、扶贫领域腐败事件指标因发生了和平黄石坳省级自然保护区被占用、破坏和连平县内莞镇塘兴村党支部书记、村委会主任等骗取私分危房改造补助资金案件而有所扣分，原副市长被查处、市政协原副主席被"双开"和市人大常委会原副主任被起诉也造成在市级领导干部违纪违法相关指标的扣分。

10. 揭阳：总排名第10，相较上年度上升5名

分类问卷调查评估部分：小计排名第9，相较上年度上升了9名；其中，在律师卷、企业卷、居民卷分别从第5、第9、第10升至第2、第8、第8，在专家学者卷继续排名第20。具体而言：在环境保护领域立法成效、全面公开社会救助相关政策、便利获得公共法律服务、外来人员参与社区自治管理、外来务工人员民主法治和依法维权意识、全民禁毒宣传教育效果、推进"放管服"改革、依法全面平等保护产权、加大知识产权保护力度、加快发展涉外法律服务业、推行行政执法公示等三项制度、提高审限内结案率、实施案件质量评查机制、落实涉财产保全等方面制度、基层人民调解组织建设、党政领导干部履行推进法治建设职责等事项获得较高评价，但在健全支持改革创新容错机制、加大环境资源等重点领域公益诉讼力度、健全商事纠纷解决机制等事项所获评价相对偏低。

法治运行指标评估部分：小计排名第11，相较上年度上升了1名。具体而

言：在环境违法案件查处数、水功能区水质达标率、生产安全事故死亡人数、专利纠纷案件受理数、食药方面行政处罚数量、商标侵权案件查处数等指标获得了较高评价，但在行政机关负责人出庭应诉数、审查起诉未成年犯罪嫌疑人数量、野生动物违法案件查处数等指标所获评价相对偏低。

法治负面舆情评估部分：小计排名第15。具体而言：在市级领导干部违纪违法、食品药品安全事件、营商环境建设负面事例等指标均未扣分，但在生态环境事件、安全责任事故、扶贫领域腐败事件、恶性社会事件指标因发生练江水质长期重度污染、榕城区梅云街道夏桥工业区某工厂火灾事故、揭西县上砂镇上林村扶贫资金监管失职、惠来县岐石镇览表村原党总支书记、村委会主任涉嫌恶势力犯罪而有所扣分。

11．中山：总体排名第11，相较上年度上升10名

分类问卷调查评估部分：小计排名第2，相较上年度上升了3名；其中，在居民卷从第11升至第1，在专家学者卷、律师卷也分别从第7、第16都升至第6，但在企业卷从第1降至第10。具体而言：在环境保护领域立法成效、公正文明执法、司法机关独立公正行使权力、全面公开社会救助相关政策、便利获得公共法律服务、外来人员参与社区自治管理、外来务工人员民主法治和依法维权意识、全民禁毒宣传教育效果、扫黑除恶斗争效果、推进"放管服"改革、深化商事制度改革、构建信用联合奖惩机制、加快发展涉外法律服务业、推行行政执法公示等三项制度、防止领导干部干预司法、提高审限内结案率、实施案件质量评查机制、落实涉财产保全等方面制度、基层人民调解组织建设、执行党内法规制度、健全重大决策第三方评估规范、加强立法工作队伍建设、健全支持改革创新容错机制、行政机关办理司法建议和检察建议、加大环境资源等重点领域公益诉讼力度、健全商事纠纷解决机制、落实"谁执法谁普法"普法责任制、根据过往考评结果改进依法治市工作等事项获得较高评价。

法治运行指标评估部分：小计排名第7，相较上年度上升了14名。具体而言：在行政复议案件数、劳动保障监察案件上网率、环境违法案件查处数、食药方面行政处罚数量、商标侵权案件查处数等指标获得较高评价，但在行政机关负责人出庭应诉数、专利纠纷案件受理数等指标所获评价相对偏低。

法治负面舆情评估部分：小计排名第20。具体而言：在扶贫领域腐败事件、恶性社会事件、营商环境建设负面事例指标均未扣分，但在生态环境事件、安全责任事故、食品药品安全事件指标因发生城市污水管网和部分污水处理厂建设问题、古镇镇二村较大爆燃事故、本地产榴莲饼样品霉菌超标1732倍而有所扣分，市委常委、宣传部部长被查处和市政协原副主席被"双开"以及早前出现的数百名公职人员和民警窝案也造成在市级领导干部违纪违法相关指标的扣分。

12．潮州：总排名并列第12，相较上年度上升6名

分类问卷调查评估部分：小计排名第14，相较上年度上升了6名；其中，在

企业卷、居民卷分别从第10、第20升至第4、第15，在律师卷、专家学者卷也分别从第20、第21升至第18、第17。具体而言：在司法机关依法独立公正行使权力、全民禁毒宣传教育效果、立法保障民营经济发展、推进"放管服"改革、优化公共法律服务、综合解决案件"执行难"问题、深化商事制度改革、构建信用联合奖惩机制、依法全面平等保护产权、加大知识产权保护力度、加快发展涉外法律服务业、党政领导干部履行推进法治建设职责等事项获得较高评价，但在提高审限内结案率、实施案件质量评查机制、加快发展涉外法律服务业、加大环境资源等重点领域公益诉讼力度等事项所获评价相对偏低。

法治运行指标评估部分：小计排名第13，相较上年度下降了5名。具体而言：在审理侵犯知识产权案件数、劳动保障监察案件上网率、野生动物违法案件查处数等指标获得了较高评价，但在审查起诉未成年犯罪嫌疑人数量、生产安全事故死亡人数、专利纠纷案件受理数、食药方面行政处罚数量等指标所获评价相对偏低。

法治负面舆情评估部分：小计排名第14。具体而言：在食品药品安全事件、恶性社会事件、营商环境建设负面事例指标均未扣分，但在生态环境事件、安全责任事故、扶贫领域腐败事件指标因发生枫江潮州段水质持续恶化、潮安区古巷镇枫洋三村围顶某工厂脚手架坍塌事故、饶平县浮山镇岭湾村干部骗取危房改造补助资金问题而有所扣分，原市长的案件宣判也造成在市级领导干部违纪违法相关指标的扣分。

13. 汕头：总体排名第13，相较上年度下降7名

分类问卷调查评估部分：小计排名第10，相较上年度下降了7名；其中，在企业卷、居民卷分别从第15、第17升至第5、第3，但在专家学者卷、律师卷分别从第5、第17降至第13、第19。具体而言：在环境保护领域立法成效、公正文明执法、全面公开社会救助相关政策、便利获得公共法律服务、外来人员参与社区自治管理、外来务工人员民主法治和依法维权意识、全民禁毒宣传教育效果、扫黑除恶斗争效果、推进"放管服"改革、优化公共法律服务、综合解决案件"执行难"问题、深化商事制度改革、构建信用联合奖惩机制、依法全面平等保护产权、加大知识产权保护力度等事项获得了较高评价，但在提高审限内结案率、实施案件质量评查机制等事项所获评价相对偏低。

法治运行指标评估部分：小计排名第10，相较上年度下降了3名。具体而言：在环境违法案件查处数、水功能区水质达标率、生产安全事故死亡人数、专利纠纷案件受理数、食药方面行政处罚数量、商标侵权案件查处数等指标获得了较高评价，但在行政机关负责人出庭应诉数、审查起诉未成年犯罪嫌疑人数量、野生动物违法案件查处数等指标所获评价相对偏低。

法治负面舆情评估部分：小计排名第17。具体而言：在食品药品安全事件、营商环境建设负面事例指标均未扣分，但在生态环境事件、安全责任事故、扶贫

领域腐败事件、恶性社会事件指标因发生练江水质长期重度污染问题、濠江区马滘街道中海信工地升降机坠落事故、潮南区扶贫办原主任在扶贫信息采集工作中失职失责、潮南某民居纵火造成较大伤亡而有所扣分，市委原副书记和市长被查处也造成在市级领导干部违纪违法相关指标的扣分。

14. 云浮：总排名第 14，相较上年度下降 2 名

分类问卷调查评估部分：小计排名第 6，相较上年度上升了 4 名；其中，在企业卷从第 13 升至第 2，在专家学者卷继续排名第 16，但在居民卷、律师卷从第 2、第 4 都降至第 12。具体而言：在公正文明执法、司法机关依法独立公正行使权力、便利获得公共法律服务、全民禁毒宣传教育效果、扫黑除恶斗争效果、立法保障民营经济发展、推进"放管服"改革、优化公共法律服务、综合解决案件"执行难"问题、深化商事制度改革、构建信用联合奖惩机制、依法全面平等保护产权、加大知识产权保护力度、加快发展涉外法律服务业、防止领导干部干预司法等事项获得较高评价，但在提高审限内结案率、健全支持改革创新容错机制、加大环境资源等重点领域公益诉讼力度、健全商事纠纷解决机制等事项所获评价相对偏低。

法治运行指标评估部分：小计排名第 21，相较上年度下降了 6 名。具体而言：在劳动保障监察案件上网率、水功能区水质达标率等少数指标获得了较高评价，但在行政机关负责人出庭应诉数、审查起诉未成年犯罪嫌疑人数量、野生动物违法案件查处数、生产安全事故死亡人数、专利纠纷案件受理数、食药方面行政处罚数量等指标所获评价相对偏低。

法治负面舆情评估部分：小计排名第 1。具体而言：在市级领导干部违纪违法相关指标和安全责任事故、扶贫领域腐败事件、食品药品安全事件、营商环境建设负面事例指标均未扣分，仅在生态环境事件、恶性社会事件指标因发生新兴江新兴县段水质逐年恶化和水务、公安等部门对打击盗采河砂乱象存在失职失责问题而有所扣分。

15. 韶关：总排名第 15，相较上年度上升 1 名

分类问卷调查评估部分：小计排名第 16，相较上年度下降了 3 名；其中，在企业卷从第 19 升至第 14，但在律师卷、专家学者卷、居民卷分别从第 2、第 9、第 14 降至第 5、第 11、第 18。具体而言：在综合解决案件"执行难"问题、构建信用联合奖惩机制、推行行政执法公示等三项制度、防止领导干部干预司法、提高审限内结案率、实施案件质量评查机制、落实涉财产保全等方面制度、党政领导干部履行推进法治建设职责、执行党内法规制度、健全重大决策第三方评估规范等数量相对有限事项获得较高评价，但在便利获得公共法律服务、外来务工人员民主法治和依法维权意识等事项所获评价相对偏低。

法治运行指标评估部分：小计排名第 15，相较上年度上升了 1 名。具体而言：在行政机关负责人出庭应诉数、行政复议案件数、水功能区水质达标率等少

数指标获得较高评价，但在审查起诉未成年犯罪嫌疑人数量、野生动物违法案件查处数、生产安全事故死亡人数、专利纠纷案件受理数等指标所获评价相对偏低。

法治负面舆情评估部分：小计排名第 13。具体而言：在食品药品安全事件、恶性社会事件、营商环境建设负面事例指标均未扣分，但在生态环境事件、安全责任事故、扶贫领域腐败事件指标因发生乐昌杨东山十二度水省级自然保护区被占用破坏、韶钢松山股份有限公司"2·5"煤气中毒较大事故和"2·9"高温灼烫一般事故、翁源县江尾镇监管不严导致扶贫资金被侵占、翁源县龙仙镇新尧村村委会委员挪用扶贫资金赚取利息分红、乳源县扶贫办违规挪用扶贫资金等问题而有所扣分。

16. 汕尾：总排名第 16，相较上年度上升 5 名

分类问卷调查评估部分：小计排名从第 21 升至第 1；其中，在企业卷、律师卷、居民卷都从第 21 分别升至第 1、第 1、第 11，但在专家学者卷从第 18 降至第 21。具体而言：在司法机关独立公正行使权力、全面公开社会救助相关政策、全民禁毒宣传教育效果、扫黑除恶斗争效果、立法保障民营经济发展、推进"放管服"改革、优化公共法律服务、综合解决案件"执行难"问题、深化商事制度改革、构建信用联合奖惩机制、依法全面平等保护产权、加大知识产权保护力度、加快发展涉外法律服务业、推行行政执法公示等三项制度、防止领导干部干预司法、提高审限内结案率、实施案件质量评查机制、落实涉财产保全等方面制度、党政领导干部履行推进法治建设职责等事项获得较高评价，但在外来务工人员民主法治和依法维权意识、健全支持改革创新容错机制、行政机关办理司法建议和检察建议、加大环境资源等重点领域公益诉讼力度、健全商事纠纷解决机制等事项所获评价相对偏低。

法治运行指标评估部分：小计排名第 16，相较上年度上升了 1 名。具体而言：在行政机关负责人出庭应诉数、审理侵犯知识产权案件数、劳动保障监察案件上网率、环境违法案件查处数、水功能区水质达标率、食药方面行政处罚数量、商标侵权案件查处数等指标获得较高评价，但在审查起诉未成年犯罪嫌疑人数量、野生动物违法案件查处数、生产安全事故死亡人数、专利纠纷案件受理数等指标所获评价相对偏低。

法治负面舆情评估部分：小计排名第 19。具体而言：在安全责任事故指标未扣分，但在生态环境事件、扶贫领域腐败事件、食品药品安全事件、恶性社会事件、营商环境建设负面事例等指标因发生陆丰市和海丰县大量生活垃圾简易焚烧、海丰县赤石镇新里村干部骗取危房改造补助资金、陆丰市甲东镇大茂村原党支部书记、村委会主任多次故意伤人并致人死亡、陆丰市东海镇洪厝围某民宅持刀杀人事件、移动通信营业厅业务办理让市民"跑断腿"等而有所扣分。

17. 阳江：总排名第 17，相较上年度下降 7 名

分类问卷调查评估部分：小计排名第 20，相较上年度下降了 5 名；其中，在

居民卷继续排名第 4，但在专家学者卷、律师卷、企业卷分别从第 11、第 14、第 18 降至第 18、第 21、第 20。具体而言：在环境保护领域立法成效、公正文明执法、司法机关依法独立公正行使权力、全面公开社会救助相关政策、便利获得公共法律服务、外来人员参与社区自治管理、外来务工人员民主法治和依法维权意识、全民禁毒宣传教育效果、扫黑除恶斗争效果等少数事项获得较高评价，但在立法保障民营经济发展、推行行政执法公示等三项制度、提高审限内结案率、实施案件质量评查机制、落实涉财产保全等方面制度、加快发展涉外法律服务业、基层人民调解组织建设、健全支持改革创新容错机制、加大环境资源等重点领域公益诉讼力度、健全商事纠纷解决机制等事项所获评价相对偏低。

法治运行指标评估部分：小计排名第 17，相较上年度下降了 9 名。具体而言：在环境违法案件查处数、专利纠纷案件受理数、食药方面行政处罚数量、商标侵权案件查处数等指标获得较高评价，但在行政机关负责人出庭应诉数、审查起诉未成年犯罪嫌疑人数量、劳动保障监察案件上网率、水功能区水质达标率、生产安全事故死亡人数等指标所获评价相对偏低。

法治负面舆情评估部分：小计排名第 2。具体而言：在生态环境事件、安全责任事故、扶贫领域腐败事件、食品药品安全事件、营商环境建设负面事例指标未扣分，但在恶性社会事件指标因发生阳西县公安局部分公安民警充当涉黑团伙"保护伞"问题而有所扣分，市委原常委、统战部原部长被"双开"和市委原常委、政法委原书记被起诉也造成在市级领导干部违纪违法相关指标的扣分。

18. 江门：总排名第 18，相较上年度下降 11 名

分类问卷调查评估部分：小计排名第 17，相较上年度上升了 2 名；其中，在专家学者卷、律师卷分别从第 10、第 19 升至第 8、第 9，但在企业卷、居民卷分别从第 3、第 13 降至第 13、第 21。具体而言：在推行行政执法公示等三项制度、提高审限内结案率、落实涉财产保全等方面制度、加强立法工作队伍建设、加大环境资源等重点领域公益诉讼力度、健全商事纠纷解决机制等事项获得了较高评价，但在环境保护领域立法成效、公正文明执法、司法机关独立公正行使权力、全面公开社会救助相关政策、便利获得公共法律服务、外来人员参与社区自治管理、外来务工人员民主法治和依法维权意识、全民禁毒宣传教育效果、扫黑除恶斗争效果等事项所获评价相对偏低。

法治运行指标评估部分：小计排名第 6，相较上年度下降了 3 名。具体而言：在行政机关负责人出庭应诉数、审理侵犯知识产权案件数、行政复议案件数、劳动保障监察案件上网率、环境违法案件查处数、水功能区水质达标率、生产安全事故死亡人数、食药方面行政处罚数量、商标侵权案件查处数等指标获得了较高评价，但在野生动物违法案件查处数、专利纠纷案件受理数等指标所获评价相对偏低。

法治负面舆情评估部分：小计排名第 18。具体而言：在生态环境事件、扶

贫领域腐败事件、食品药品安全事件、营商环境建设负面事例指标未扣分，但在安全责任事故、恶性社会事件指标因发生蓬江区某建筑工地吊装材料滑落事故和市公安局原常务副局长充当赌博团伙的"保护伞"问题而有所扣分，市人大常委会副主任被查处和原市长被起诉、市委原书记案件宣判也造成在市级领导干部违纪违法相关指标的扣分。

19. 茂名：总排名第19，相较上年度下降8名

分类问卷调查评估部分：小计排名第19，相较上年度下降了2名；其中，在专家学者卷继续排名第19，在居民卷、企业卷、律师卷分别从第7、第12、第12降至第19、第16、第14。具体而言：没有事项获得较高评价，但在全面公开社会救助相关政策、便利获得公共法律服务、外来务工人员民主法治和依法维权意识、提高审限内结案率、加快发展涉外法律服务业、健全支持改革创新容错机制、健全商事纠纷解决机制等事项所获评价相对偏低。

法治运行指标评估部分：小计排名第19，相较上年度下降了8名。具体而言：在劳动保障监察案件上网率、水功能区水质达标率、生产安全事故死亡人数等少数指标获得较高评价，但在行政机关负责人出庭应诉数、审查起诉未成年犯罪嫌疑人数量、野生动物违法案件查处数、专利纠纷案件受理数等指标所获评价相对偏低。

法治负面舆情评估部分：小计排名第3。具体而言：在市级领导干部违纪违法相关指标、安全责任事故、扶贫领域腐败事件、营商环境建设负面事例指标未扣分，但在生态环境事件、食品药品安全事件、恶性社会事件等指标因发生茂南、电白多间企业排污被中央环保督察组抓"现行"、高州等地药店被检出不合规药品、化州市东山街道上街社区原党支部书记、居委会主任组织领导黑社会性质组织问题而有所扣分。

20. 湛江：总排名第20，相较上年度下降7名

分类问卷调查评估部分：小计排名第21，相较上年度下降了5名；其中，在专家学者卷从第17升至第14，但在居民卷、律师卷、企业卷分别从第3、第10、第19降至第16、第15、第21。具体而言：在司法机关依法独立公正行使权力、外来人员参与社区自治管理、外来务工人员民主法治和依法维权意识、加大环境资源等重点领域公益诉讼力度等少数事项获得较高评价，但在全民禁毒宣传教育效果、扫黑除恶斗争效果、提高审限内结案率、实施案件质量评查机制、加快发展涉外法律服务业等事项所获评价相对偏低。

法治运行指标评估部分：小计排名第20，相较上年度下降了6名。具体而言：在食药方面行政处罚数量等少数指标获得较高评价，但在行政机关负责人出庭应诉数、审查起诉未成年犯罪嫌疑人数量、行政复议案件数、野生动物违法案件查处数、商标侵权案件查处数等指标所获评价相对偏低。

法治负面舆情评估部分：小计排名第6。具体而言：在安全责任事故、食品

药品安全事件、恶性社会事件、营商环境建设负面事例指标未扣分，但在生态环境事件、扶贫领域腐败事件指标因发生违规侵占红树林国家级自然保护区、吴川市王村港镇覃寮村原党支部书记、村委会主任在发放扶贫资金工作中不作为、廉江市石角镇蕉坡村党支部书记骗取五保补助金等问题而有所扣分，市委原常委、政法委原书记被查处也造成市级领导干部违纪违法相关指标的扣分。

21. 清远：总排名第 21，相较上年度下降 4 名

分类问卷调查评估部分：小计排名第 11，相较上年度下降了 2 名；其中，在居民卷、专家学者卷分别从第 12、第 13 升至第 7、第 12，但在企业卷、律师卷分别从第 4、第 6 降至第 6、第 11。具体而言：主要在环境保护领域立法成效、公正文明执法、司法机关独立公正行使权力、全面公开社会救助相关政策、便利获得公共法律服务、外来人员参与社区自治管理、外来务工人员民主法治和依法维权意识、宪法宣传效果、立法保障民营经济发展、推进"放管服"改革、综合解决案件"执行难"问题、深化商事制度改革、依法全面平等保护产权、加大知识产权保护力度、提高审限内结案率、实施案件质量评查机制、基层人民调解组织建设等数量相对有限的事项获得较高评价。

法治运行指标评估部分：小计排名第 18，相较上年度上升了 2 名。具体而言：在行政复议案件数、劳动保障监察案件上网率、环境违法案件查处数、水功能区水质达标率等指标获得较高评价，但在审查起诉未成年犯罪嫌疑人数量、野生动物违法案件查处数、生产安全事故死亡人数、食药方面行政处罚数量等指标所获评价相对偏低。

法治负面舆情评估部分：小计排名第 21。具体而言：在扶贫领域腐败事件、食品药品安全事件指标未扣分，但在生态环境事件、安全责任事故、恶性社会事件、营商环境建设负面事例指标因发生石门台国家级自然保护区被占用破坏、广州花都（清新）产业转移工业园环境突出、清城区住宅小区某垃圾清运点重大火灾事故、英德市某 KTV 纵火造成重大伤亡事件、市水务局水政监察支队原支队长等人充当涉黑团伙"保护伞"、英德市公安局森林分局连江口林业派出所原所长等人为涉黑团伙非法开采稀土矿充当"保护伞"等问题而有所扣分，市委常委、纪委书记、监委主任和市人大常委会原副主任、原副市长三人被查处以及市委原书记案件宣判也造成市级领导干部违纪违法相关指标的扣分。

第三节　2018 年度法治广东建设第三方评估的建议

根据上述本年度第三方评估的结果及分析，我们提出以下七个方面的建议，以期进一步推进法治广东建设。

1. 切实发挥党对法治建设的领导作用，进一步提高依宪执政、依规治党的水平

在总体肯定党的领导得到强化、宪法宣传活动扎实开展的同时，也要看到，部分地市在党政领导干部履行推进法治建设职责、执行党内法规制度、宣传宪法等方面依然存在一定差距。因此，建议站在党的十九大报告提出加强党对法治中国建设的统一领导和十九届二中全会强调依法治国首先要依宪治国、依法治国要与依规治党有机统一的高度上，重点贯彻省委十二届三次全会以来关于推进法治广东建设的部署精神，从强化党政主要负责人的法治建设第一责任人职责、加强党内法规制度建设、深入学习宣传贯彻实施宪法等方面入手，抓好法治广东建设各项目标任务在全省各地市的具体落实，使依宪执政、依规治党水平不断得到提高。

2. 着力加强重点领域立法，进一步实现以良法促进发展、保障善治

在总体肯定立法能力以及立法水平得到提升的同时，也要看到，部分地市在立法保障民营经济发展和保护环境、防治污染等方面依然存在一定差距。因此，建议深入贯彻中央关于"大力支持民营企业发展壮大"和"坚决打好污染防治攻坚战"等重要精神，引导各地市（特别是新获得立法权的市）在认真总结2015年以来的经验的基础上，正确把握立法范围与权限，突出加强经济发展、生态文明、社会民生等重点领域的立法和强化立法的科学性、民主性、特色性、精细性，从而通过高质量的立法实现以良法促进发展、保障善治。

3. 着力推进依法行政，进一步推动法治政府建设

在总体肯定公正文明执法、推行行政执法公示等三项制度和推进"放管服"改革等方面成效的同时，也要看到，有不少地市在分类问卷调查评估和法治运行指标评估的相关事项或者指标的得分相对偏低，表明这些方面的情况尚未尽如人意。因此，建议深入领会中央关于法治政府建设是"三位一体"建设的重点、对于法治国家和法治社会建设都具有示范带动作用的精神，从健全支持改革创新容错机制、加强行政机关对司法机关建议的办理、增加行政机关负责人出庭应诉数量和实现行政违法案件查处数与当地经济发展水平大体适应等方面入手，使依法行政朝着纵深方向推进，推动广东在全国率先基本建成法治政府。

4. 着力深化体制改革，进一步保证司法的独立公正

在较大范围内肯定推动形成综合治理"执行难"工作格局等司法体制改革措施取得成效的同时，也要看到，不少地市在提高审限内结案率、建立案件质量评查机制、防止领导干部干预司法活动、加大重点领域提起公益诉讼力度等其他司法体制改革措施的实施方面依然未尽如人意，司法机关依法、独立、公正行使权力的整体印象尚未普遍形成。因此，建议进一步对标中央关于新时代全面深化司法体制改革的任务要求，以切实解决"案多人少"问题、强化错案责任追究、严防领导干部插手具体案件处理等作为重点突破口，消除各类型影响制约司法体

制改革推进和司法独立性、公正性发挥的体制与机制障碍，使"让人民群众在每一个司法案件中感受到公平正义"的要求得以全面实现。

5. 着力补强营商环境"短板"，建设法治环境最好的地区

在总体肯定营商环境建设成效显著的同时，一方面要看到，在深化商事制度改革、优化升级拓宽公共法律服务、依法全面平等保护各类主体的产权、落实涉财产保全等方面制度规定等方面的成绩来之不易；另一方面更要看到，部分地市在加大知识产权保护力度、发展涉外法律服务业、健全商事纠纷解决机制等方面依然存在较为明显的不足。因此，建议着眼于"守成"与"补短板"相结合，将精益求精地进一步深化商事制度改革等与有的放矢地努力加大知识产权保护力度等并举，加快把广东建设成为全国法治环境最好的地区之一。

6. 着力突破重点、难点，进一步创造法治建设的新增长点

在总体肯定社会治理成果得到巩固的同时，一方面要看到，在开展扫黑除恶专项斗争和全民禁毒宣传教育活动、落实"谁执法谁普法"普法责任制等方面取得的成果；另一方面也要看到，部分地市在推动外来人员有效参与本地社区自治管理、外来务工人员民主法治意识和依法维权意识提高、公共法律服务获得便利化等方面依然存在较为明显的不足。因此，建议有针对性地突破上述当前阶段的重点、难点，使之转化为未来法治广东建设的新增长点，有效推动营造共建、共治、共享社会治理格局，加快把广东建设成为全国最安全稳定、最公平公正的地区之一。

7. 着力缩小地市乃至区域间的法治建设差距，实现平衡、协调发展

在总体肯定区域、地市之间法治建设水平差距缩小的同时，一方面要看到，珠三角区域与非珠三角区域在具体法治建设情况上其实互有短长，并非珠三角区域完全领先于非珠三角区域；另一方面还要看到，非珠三角区域内的粤东西北各区域又互有短长，其中部分地市更在部分方面或者指标上不逊于珠三角区域的地市。因此，建议更加深刻理解习近平总书记关于广东要提高发展平衡性和协调性的重要指示，把握不平衡、不协调问题在法治建设领域的实际表现，使珠三角区域与非珠三角区域、次区域以及各区域内不同地市之间都能在具体法治建设中互学互鉴、扬长补短，进而推动法治广东建设实现平衡、协调发展，达到新的高度。

分类评估分析篇

第七章 分类问卷调查评估分析

第一节 2016—2018 年度分类问卷调查评估结果对比分析

一、本类型评估总体结果的对比分析

表 7-1 三年度全省各地市在分类问卷调查评估的结果对比表

地市名称	2017 与 2016 年度对比		2018 与 2017 年度对比		累计对比	
	得分水平（%）	排名	得分水平（%）	排名	得分水平（%）	排名
广州	2.73	↑6	0.28	↓2	3.01	↑4
深圳	4.92	↑5	−1.69	↓3	3.23	↑2
珠海	0.25	↓2	2.83	↑3	3.09	↑1
汕头	5.51	↑17	−3.28	↓7	2.23	↑10
佛山	−1.52	↓6	−0.82	0	−2.34	↓6
韶关	−1.16	↓8	−1.69	↓3	−2.85	↓11
河源	1.46	↑4	0.30	↑3	1.76	↑7
梅州	1.09	↑4	−2.14	↓4	−1.05	0
惠州	−0.05	↓5	−1.16	0	−1.21	↓5
汕尾	−6.76	0	19.65	↑20	12.88	↑20
东莞	1.01	↑3	−1.63	↓2	−0.62	↑1
中山	2.04	↑2	2.46	↑3	4.49	↑5
江门	−3.11	↓9	−1.00	↑2	−4.11	↓7
阳江	1.30	↑4	−5.00	↓5	−3.69	↓1
湛江	−1.33	↓3	−4.71	↓5	−6.04	↓8

（续上表）

地市名称	2017 与 2016 年度对比		2018 与 2017 年度对比		累计对比	
	得分水平	排名	得分水平	排名	得分水平	排名
茂名	-2.33	↓7	-3.05	↓2	-5.39	↓9
肇庆	4.98	↑14	-8.11	↓16	-3.13	↓2
清远	-1.60	↓7	-1.88	↓3	-3.49	↓10
潮州	-5.39	↓3	5.83	↑6	0.43	↑3
揭阳	-3.11	↓10	3.25	↑9	0.14	↓1
云浮	0.94	↑2	0.53	↑4	1.47	↑6

如表 7-1 所示，对比三个年度分类问卷调查评估的结果：一方面，河源、中山、云浮的得分水平和排名都持续有所上升，广州、珠海尽管排名升降互现，但得分水平也在接连上升；深圳、汕头在 2017 年度的得分水平升幅都相对明显，所以尽管在 2018 年度有所下降，累计依然相较 2016 年度上升；潮州、揭阳则是得分水平的升降幅度都比较明显，但最终 2018 年度的得分水平和排名依然相较 2016 年度略有上升。另一方面，佛山、韶关、惠州、江门、湛江、茂名、清远的得分水平和排名都持续有所下降，其中湛江、茂名的得分水平降幅累计都超过 5%，而韶关、清远排名下降累计超过 10 名；肇庆及阳江、梅州在 2018 年度的得分水平降幅都相对明显，所以尽管在 2017 年度有所上升，依然相较 2016 年度有所下降。此外，汕尾的得分水平升降幅度都相当明显，在 2017 年度下降超过 6%，在 2018 年度则上升接近 20%，故排名也出现大幅波动。

二、各类问卷得分水平的对比分析

三个年度评估连续设置了居民卷、企业卷、律师卷、专家学者卷，可以进行对比。如表 7-2 所示：首先，在居民卷，一方面是梅州、阳江、广州、揭阳的得分水平都持续有所上升（其中前两个地市主要在 2017 年度有相对明显上升），汕头、惠州、汕尾、中山则得分水平升降互现（其中的上升集中在 2018 年度，相较 2017 年度的升幅都超过 10%），深圳、珠海、佛山、韶关、东莞、潮州的得分水平也都升降互现；另一方面是江门、湛江、茂名的得分水平持续出现比较明显的下降（并且 2018 年度相较 2016 年度的累计降幅超过 15%），肇庆、云浮、河源、清远的得分水平也升降互现，并且最终累计都有下降。接着，在企业卷，一方面是汕头、潮州的得分水平都接连上升，汕尾则主要在 2018 年度出现明显上升，珠海、云浮、河源、中山、清远的得分水平升降互现，其中前两个地市也主要在 2018 年度出现明显上升，升幅都超过 10%；另一方面是湛江、揭阳、阳江、茂名的得分水平都持续有所下降（其中前两个地市的累计降幅接近10%），而佛山、肇庆、韶关、梅州、惠州、江门等地市的得分水平是升降互现，并且最终都有所下降（其中前两个地市的累计降幅也都接近 10%）。然后，在律师卷，一方面是中山、揭阳的得分水平接连上升（其中后者的累计升幅超过13%），而河源、汕尾、江门、肇庆、云浮是得分水平升降互现（其中前两个地市分别在 2017 年度、2018 年度出现明显上升）；另一方面是清远、阳江、汕头、梅州、东莞、茂名的得分水平都接连下降（其中前两个地市的降幅分别达到25.94%、11.23%），佛山、韶关、惠州等地市的得分水平也是升降互现，并且最终累计都有所下降。最后，在专家学者卷，一方面是深圳、广州、珠海、中山、江门的得分水平持续提升（其中前两个地市累计分别提升 11.17%、8.58%），佛山、河源、梅州、惠州、东莞、清远的得分水平则升降互现，但累计也有所上升；另一方面是汕尾、韶关、茂名、揭阳、云浮的得分水平持续有所下降，汕头、阳江、湛江、潮州等地市的得分水平同样升降互现，并且累计有所下降。

结合起来看，中山在四类调查问卷（尤其是居民卷）的累计得分水平都有所上升，广州、珠海、河源、汕尾则都各在三类问卷的累计得分水平有所上升，分别仅在企业卷、律师卷、居民卷、专家学者卷的累计得分水平有所下降。而茂名在四类调查问卷（尤其是居民卷）的累计得分水平都有所下降，韶关、阳江、湛江、肇庆则都在三类问卷的累计得分水平有所下降，分别仅在某一类问卷的累计得分水平有所上升。此外，在各有两类问卷的累计得分水平升降的地市中，深圳、汕头分别在专家学者卷、居民卷的累计得分水平升幅超过 10%，江门、清远分别在居民卷、律师卷的累计得分水平降幅超过 10%。

表 7 - 2　三年度全省各地市在各类问卷的得分水平对比表

地市名称	居民卷			企业卷			律师卷			专家学者卷		
	2017与2016年度对比(%)	2018与2017年度对比(%)	累计对比(%)	2017与2016年度对比(%)	2018与2017年度对比(%)	累计对比(%)	2017与2016年度对比(%)	2018与2017年度对比(%)	累计对比(%)	2017与2016年度对比(%)	2018与2017年度对比(%)	累计对比(%)
广州	1.11	2.32	3.43	2.57	-4.56	-1.99	-5.58	7.55	1.98	7.07	1.51	8.58
深圳	6.51	-0.20	6.31	5.38	-5.95	-0.57	-7.34	7.30	-0.04	5.84	5.33	11.17
珠海	3.52	-2.73	0.79	-3.25	10.33	7.08	-3.99	1.89	-2.10	3.45	1.17	4.63
汕头	-0.40	10.43	10.03	3.70	5.67	9.37	-2.24	-0.24	-2.48	5.77	-9.65	-3.88
佛山	-5.65	6.88	1.24	0.68	-9.56	-8.88	-8.44	4.14	-4.30	-0.67	3.10	2.43
韶关	1.73	-1.05	0.68	-7.95	4.16	-3.78	6.46	-15.23	-8.77	-1.65	-0.81	-2.45
河源	6.26	-7.80	-1.54	-3.32	5.80	2.49	24.90	-13.58	11.32	-2.41	3.52	1.11
梅州	7.27	0.80	8.07	0.00	-3.32	-3.32	-0.17	-7.89	-8.06	1.77	-1.23	0.54
惠州	-8.78	11.57	2.79	-6.64	3.65	-2.99	6.89	-12.66	-5.77	4.20	-1.05	3.15
汕尾	-5.94	12.19	6.25	0.52	26.25	26.76	-16.23	49.55	33.31	-2.11	-5.08	-7.18
东莞	5.23	-0.67	4.56	0.94	-1.77	-0.84	-5.48	-0.51	-5.99	-3.91	5.25	1.34
中山	-1.13	15.27	14.14	9.51	-9.04	0.47	3.21	3.14	6.35	2.99	0.65	3.64
江门	-5.26	-10.59	-15.85	1.25	-7.89	-6.65	-7.96	11.84	3.88	0.75	0.62	1.37
阳江	5.53	0.23	5.76	-0.31	-3.88	-4.19	-1.13	-10.11	-11.23	1.87	-4.28	-2.40
湛江	-7.21	-11.85	-19.06	-3.19	-6.10	-9.28	10.13	-3.17	6.96	-3.10	1.63	-1.47
茂名	-6.99	-8.04	-15.03	-0.19	-4.07	-4.26	-2.03	-1.13	-3.16	-1.67	-0.63	-2.30
肇庆	11.58	-16.90	-5.32	6.63	-15.83	-9.20	14.75	-13.01	1.74	-2.99	2.19	-0.80
清远	-4.26	3.98	-0.28	4.51	-2.15	2.36	-16.88	-9.06	-25.94	0.23	-0.18	0.05
潮州	-5.55	7.20	1.65	2.69	5.22	7.91	-12.03	8.83	-3.20	-5.30	2.02	-3.28
揭阳	2.12	1.29	3.41	-7.52	-1.18	-8.70	10.30	2.94	13.24	-2.63	-1.48	-4.11
云浮	6.80	-10.68	-3.88	-4.32	13.96	9.64	16.55	-11.98	4.57	-0.02	-0.21	-0.23

三、各类问卷排名的对比分析

如表 7-3 所示：首先，在居民卷，一方面是揭阳的排名持续有所上升，汕头、汕尾、中山、佛山、惠州、东莞的排名尽管升降互现，但累计排名依然有所上升（其中前三个地市升幅都超过 5 名），广州、深圳、梅州、阳江则分别在 2017 年度和 2018 年度相较各自上一年度的排名保持不变，但累计排名也都有所上升；另一方面是江门、湛江、茂名的排名接连下降（尤其是 2018 年度），并且累计降幅都达到 15 名，而河源、肇庆、云浮的排名尽管是升降互现，但都由于在 2018 年度的降幅超过 10 名，故累计排名有比较明显的下降。接着，在企业卷，一方面是汕头、清远的排名持续有所上升（累计排名上升都超过 10 名），珠海、河源、深圳、清远、云浮的排名尽管升降互现，但累计排名依然有所上升（其中前两个地市升幅都超过 5 名），汕尾则在 2017 年度的排名保持不变，但在 2018 年度的排名大幅上升；另一方面，佛山、江门、梅州、东莞、湛江、茂名、揭阳的排名持续有所下降（其中前两个地市在 2018 年度的降幅就超过 10 名），而广州、韶关、惠州、阳江、肇庆的排名尽管升降互现，但累计也都有所下降。然后，在律师卷，一方面是揭阳的排名持续有所上升，河源、汕尾、中山、江门、湛江、肇庆、云浮的排名尽管升降互现，但累计排名依然有所上升（其中前两个地市的累计升幅都超过 15 名）；另一方面是梅州、东莞、阳江、清远、汕头、韶关、茂名的排名持续有所下降（其中前四个地市的累计降幅都超过 10 名），而佛山、惠州、潮州、广州、深圳尽管是排名升降互现，但累计排名也都有所下降。最后，在专家学者卷，一方面是江门、云浮的排名持续有所上升，河源、梅州、清远的排名尽管是升降互现，但累计排名依然有所上升；另一方面是韶关的排名持续略有下降，汕头、佛山、东莞、阳江、湛江、潮州的排名尽管升降互现，但累计排名也都有所下降；此外，广州、深圳、珠海、惠州、肇庆的排名基本保持不变。

结合起来看，中山在居民卷、律师卷、专家学者卷的累计排名都有所上升，在企业卷的累计排名保持不变，河源、汕尾、云浮也都各在三类调查问卷的累计排名有所上升；深圳、汕头、梅州、江门、清远、揭阳则各在两类问卷的累计排名有所上升，在另两类问卷的排名有所下降。而韶关在四类调查问卷的累计排名都有所下降，佛山、东莞、阳江、湛江、茂名、潮州等地市也各在三类问卷的排名有所下降。而如表 7-4 所示，从所处位置来看，中山在三类调查问卷的平均排名居于前部，在另一类问卷的平均排名也处于中部；珠海、佛山、清远各在两类调查问卷的平均排名居于前部，在另两类问卷的平均排名处于中部，揭阳、云浮则各在两类问卷的平均排名居于前部，但在另两类问卷的平均排名分别处于中部和后部。而广州、深圳、韶关、河源、惠州、东莞、江门、阳江、湛江、肇庆各在一类问卷的平均排名居于前部，在其余问卷的平均排名处于中部或者后部，汕头、梅州、汕尾、茂名、潮州则在四类问卷的平均排名都处于中部或者后部。

表 7 – 3　三年度全省各地市在各类问卷的排名对比表

地市名称	居民卷			企业卷			律师卷			专家学者卷		
	2017与2016年度对比	2018与2017年度对比	累计对比	2017与2016年度对比	2018与2017年度对比	累计对比	2017与2016年度对比	2018与2017年度对比	累计对比	2017与2016年度对比	2018与2017年度对比	累计对比
广州	0	↑3	↑3	↑3	↓6	↓3	↓9	↑8	↓1	0	↓1	↓1
深圳	↑8	0	↑8	↑11	↓9	↓2	↓9	↑8	↓1	↓1	↑1	0
珠海	↑4	↓5	↓1	↓6	↓13	↓7	↓5	↑5	0	0	0	0
汕头	↓4	↑14	↑10	↑4	↑10	↑14	↓3	↓2	↓5	↑3	↑8	↓5
佛山	↓10	↑12	↑2	↑1	↓13	↓14	↓9	↑5	↓4	↑3	↑2	↓1
韶关	↑2	↓4	↓2	↓12	↑5	↓7	0	↓3	↓3	↓1	↓2	↑2
河源	↑7	↑11	↓4	↑3	↓9	↓6	↑17	↓2	↑15	↓4	↑6	↑3
梅州	↑8	0	↓8	↓1	↓5	↓6	↓2	↓10	↓12	↓6	↓3	↑3
惠州	↓16	↑17	↓1	↓12	↑7	↓5	↓6	↓12	↓6	↓1	↓1	0
汕尾	↓1	↑10	↑9	0	↑20	↑20	↓1	↑20	↑19	↓3	↑3	↓6
东莞	↑6	↓2	↓4	↓1	↓3	↓4	↓9	↑1	↑10	↓3	↑1	↓2
中山	↓2	↑10	↓8	↓9	↓9	0	↓3	↑5	↓8	0	↑1	↑1
江门	↓7	↑8	15	↓1	↓10	11	↑7	↑10	↑3	↑1	↑2	↑3
阳江	↑5	0	↑5	↑1	↓2	↓1	↑5	↓7	↓5	↑4	↓7	↑3
湛江	↑2	↓13	↓15	↑1	↓2	↓3	↓10	↓5	↓5	↓6	↑3	↓3
茂名	↓5	↓12	↓17	↓5	↓4	↓9	↑4	↑2	↓6	↑1	0	↑1
肇庆	↑2	↓12	↓10	↑8	↓17	↓9	↑11	↓10	↑1	↓4	↑4	0
清远	↑6	↑5	↑1	↑6	↓2	↑4	↓5	↓5	↓10	↑2	↑1	↑3
潮州	↑7	↑5	↓2	↓4	~6	↑10	↓11	↑2	↓9	↓10	↑4	↓6
揭阳	↓2	↑1	↓3	↓8	0	↓8	↑7	↓3	↓10	↓2	0	↓2
云浮	↑1	↓10	↓9	↓9	↑11	↑2	↑15	↓8	↑7	↑4	0	↑4

表7-4 全省各地市在各类问卷的三年度平均排名表

地市名称	居民卷	企业卷	律师卷	专家学者卷
广州	15	14	10	1
深圳	11	13	12	1
珠海	8	10	6	3
汕头	11	13	17	9
佛山	11	9	7	4
韶关	16	13	3	9
河源	15	13	7	12
梅州	8	8	10	15
惠州	8	8	14	5
汕尾	17	14	14	18
东莞	18	9	12	7
中山	7	7	10	7
江门	13	6	13	10
阳江	6	19	15	15
湛江	7	19	15	14
茂名	9	12	11	19
肇庆	6	10	10	11
清远	8	7	6	13
潮州	16	9	16	16
揭阳	10	6	6	19
云浮	6	6	12	17

第二节 2016年度分类问卷调查评估分析

在2016年度法治广东建设第三方评估中，分类问卷调查评估共设有居民卷、代表委员卷、企业卷、律师卷、专家学者卷五类问卷。基于随机抽样确定的调查对象或者对象范围，相应函寄问卷进行无记名调查。表7-5为这部分的概要结果①：

表7-5 2016年度全省各地市在各卷的得分及排名表

地市名称	居民卷	代表委员卷	企业卷	律师卷	专家学者卷	小计得分	小计排名
佛山	2.58	1.78	2.72	1.79	4.16	13.45	1
清远	2.57	1.89	2.66	1.77	4.19	13.39	2
惠州	2.72	1.84	2.75	1.87	4.04	13.26	3
珠海	2.61	1.91	2.59	1.73	3.83	13.23	4
韶关	2.76	1.94	2.83	1.90	4.02	13.11	5
深圳	2.58	1.91	2.78	2.01	3.83	13.08	6
中山	2.57	2.00	2.72	1.69	3.74	13.07	7
揭阳	2.63	1.95	2.81	1.86	3.66	13.03	8
广州	2.83	1.91	2.87	1.71	3.95	13.02	9
茂名	2.54	1.90	2.43	1.61	3.70	13.01	10
江门	2.49	1.88	2.77	1.85	3.94	13.01	10
云浮	2.71	2.01	2.74	1.72	3.89	13.00	12
湛江	2.77	1.87	2.86	1.75	3.76	12.93	13
东莞	2.71	1.90	2.58	1.78	3.70	12.93	14
梅州	3.12	1.80	2.63	1.61	3.75	12.92	15
肇庆	2.94	1.87	2.79	1.78	3.64	12.86	16
潮州	2.81	1.80	2.74	1.73	3.78	12.75	17
河源	2.79	1.94	2.75	2.23	3.69	12.71	18
阳江	2.61	1.94	2.70	1.76	3.74	12.67	19
汕头	2.65	1.96	3.00	1.75	3.66	12.66	20
汕尾	2.83	2.05	2.82	1.67	3.63	12.18	21
平均	2.71	1.91	2.74	1.79	3.82	12.96	

① 确定各卷分值比例的步骤：第一步，设定总分值由"分类"和"分组"两部分构成，各占50%；第二步，根据各卷的有效问卷率（依次为94%、39%、88%、44%、100%）确定其在分类部分中的比例；第三步，将各卷分为三组（居民卷和代表委员卷为民众组，企业卷和律师卷为专业组，专家学者卷为中立第三方组），在分组部分中所占比例均为三分之一；第四步，通过前述步骤，最终确定分值比例为：居民卷占21.21%（3.39分），代表委员卷占13.68%（2.19分），企业卷占20.39%（3.26分），律师卷占14.35%（2.30分），专家学者卷占30.37%（4.86分）。

一、居民卷评估分析

本卷共 10 道题的得分情况（转化为十分制显示，下同），详见表 7 - 6。总体来看：平均分最高的是第 8 题，绝大多数地市在此题均超过 8 分，显示居民普遍肯定当前治安状况；平均分紧随其后的是第 3 题，显示多数地市的居民认为行政执法做到了公正文明。而平均分最低的是第 7 题（关于乡村和社区法律顾问）以及第 4 题（关于政府信息公开），均有近 10 个地市低于 7.5 分，显示不少居民认为这两方面工作未尽如人意。

具体来看：湛江各题得分均在 9 分以上，茂名有 9 道题目超过 8.5 分，惠州、云浮、肇庆、清远各题也都达到 8 分以上。而排名靠后的地市，除了多在前述第 4 题和第 7 题得分偏低，重要失分点还包括：东莞、广州、深圳、汕尾在第 1 题（关于立法民主），东莞、汕尾、广州、河源在第 6 题（关于法律援助），广州、汕尾、东莞在第 9 题（关于正风反腐），东莞、深圳在第 5 题（关于司法公正权威）。尤需指出，东莞在本卷的总体得分低于 7.5 分（排名最末），并且多数题目均得分偏低，显示居民在相当范围内对于当地法治建设情况不甚满意。

二、代表委员卷评估分析

本卷共 15 道题的得分情况，详见表 7 - 7。总体来看：平均分最高的是第 6 题，各地市在此题的得分均超过 8.5 分（多达 20 个地市在 9 分以上），显示代表委员普遍认为行政执法做到了公正文明；平均分紧随其后的是第 12 题、第 7 题、第 5 题，显示代表委员多认为当地在促进各类主体公平竞争方面成效比较明显，同时，行政机关能够积极配合人大及其常委会工作，并在作出重大行政决策之前能够依法组织听证和民意调查。而平均分最低的是第 9 题，有 9 个地市得分在 7.5 分以下，显示部分代表委员认为当地行政机关未能充分做到自觉接受政协和社会各界的民主监督以及审计机关、监察机关的监督。

具体来看：云浮、中山、潮州各题得分均超过 8.5 分，梅州、佛山有 12 道以上题目达到 8.5 分，河源、揭阳、清远等市也实现了多数题目得分在 8 分以上。而排名靠后的地市，除了多在前述第 9 题得分偏低（尤其是肇庆、广州），重要失分点还包括：广州、江门在第 8 题（关于办理代表建议和委员提案），以及广州、江门、珠海在第 14 题（关于改善市场环境和创新市场监管）和清远、肇庆在第 15 题（关于正风反腐），显示一些代表委员认为当地在这三方面的工作未尽如人意。

三、企业卷评估分析

本卷共 15 道题的得分情况，详见表 7 - 8。总体来看：平均分最高的是第 2 题，绝大多数地市在此题均超过 8 分，显示企业普遍肯定近年精简与规范工商注册登记制度的成效；平均分紧随其后的是第 11 题、第 13 题以及第 14 题，显示企业多认为当地党政领导具备法治思维，并且正风反腐和区域性法治创建活动取得比较明显的成效。而平均分最低的是第 10 题（关于领导干部干预司法）、第 7 题（关于商事纠纷解决机制）、第 3 题（关于公共资源交易信息发布），显示部分企业认为这三方面工作尚有改进空间。

具体来看：揭阳各题得分均达在 8.5 分以上，惠州、江门、云浮、茂名、韶关、东莞各题也都超过 8 分，佛山、梅州、清远亦多达 14 道题目得分超过 8 分。而排名靠后的地市，问题主要集中在前述第 3 题、第 7 题（尤其是阳江）和第 10 题（尤其是珠海、广州、汕头）；此外，阳江在第 12 题（关于防控经济违法犯罪和各类安全事故）也得分偏低。尤需指出，汕尾在本卷的总体得分低于 7.5 分（排名最末），并且多数题目均得分偏低，显示居民在相当范围内对于当地法治建设情况不甚满意。

四、律师卷评估分析

本卷共 15 道题的得分情况，详见表 7 - 9。总体来看：平均分最高的是第 6 题，绝大多数地市得分在 8 分以上，显示律师普遍肯定公开生效法律文书的工作；平均分紧随其后的是第 3 题和第 2 题，显示律师多认为当地行政机关能够做到权责清晰、依法履职，并配合法院的审判活动。而平均分最低的是第 4 题，多达 17 个地市在 7.5 分以下（有 8 个地市低于 7 分），显示相当多律师认为当地存在领导干部干预司法的现象。此外，第 13 题（关于促进各类主体公平竞争）和第 14 题（关于改善市场环境和创新市场监管）也得分偏低，显示部分律师认为这两方面工作未尽如人意。

具体来看：除了清远各题得分均超过 9 分，韶关、佛山、珠海、梅州、东莞都不同程度存在低于 8 分的题目。需要注意，在前述得分偏低的第 4 题、第 13 题、第 14 题之外，重要失分点还包括：河源、云浮、惠州、肇庆、梅州、阳江、潮州、汕头、湛江、汕尾、深圳、广州、中山在第 9 题（关于公安执法中的违法违纪），云浮、中山、惠州、汕头、河源、湛江、汕尾、东莞、肇庆、广州、茂名、深圳在第 8 题（关于加强对检察机关查办职务犯罪过程的监督），显示一些律师对于当地这两方面工作不甚满意。

五、专家学者卷评估分析

本卷共 15 道题的得分情况，详见表 7 – 10。总体来看：平均分最高的是第 14 题，多数地市超过 8 分，显示专家学者普遍肯定近年改善市场环境和创新市场监管机制的工作成效；平均分紧随其后的是第 3 题（关于立法质量）、第 4 题（关于政府部门等依法科学设置与调整）、第 10 题（关于公共法律服务），显示这三方面工作也在较大程度上得到肯定。而平均分最低的是第 8 题（关于公安机关工作规范化）、第 5 题（关于执行行政裁量基准）、第 7 题（关于司法职权优化配置），显示不少专家学者认为执法和司法方面的一些工作未尽如人意。

具体来看：没有地市在各题都取得 8 分以上分数，前 4 名的深圳、广州、珠海、佛山皆有一道题目未能超过 8 分，其后的惠州、东莞、中山则有二至三道题目低于 8 分。而排名靠后的地市，除了多在前述第 8 题、第 5 题得分偏低，重要失分点还包括：肇庆、阳江、梅州、潮州、清远在第 11 题（关于诉讼与非诉讼纠纷解决衔接机制），梅州、清远、阳江、揭阳在第 6 题（关于政府信息公开）。尤需指出，茂名和云浮少题目得分偏低，在本卷的总体得分低于 7.5 分（排名最末两位），显示居民在相当范围内对于当地法治建设情况不甚满意。

表7-6　2016年度全省各地市在居民卷的得分情况（十分制显示）及排名表

地市	题目										本卷平均分	本卷得分排名
	1	2	3	4	5	6	7	8	9	10		
湛江	9.3	9.2	9.2	9.2	9.2	9.1	9.0	9.1	9.2	9.4	9.2	1
茂名	8.8	8.7	8.9	8.7	8.9	8.7	8.6	8.8	8.7	7.7	8.7	2
惠州	8.4	8.3	8.6	8.2	8.3	8.1	8.1	8.7	8.3	8.4	8.3	4
云浮	8.4	8.3	8.6	8.2	8.5	8.2	8.2	8.6	8.3	8.2	8.4	3
肇庆	8.3	8.3	8.5	8.1	8.3	8.2	8.2	8.6	8.3	8.0	8.3	4
清远	8.3	8.1	8.3	8.1	8.4	8.1	8.0	8.3	8.3	8.1	8.2	6
江门	8.1	8.3	8.4	7.9	8.2	8.1	8.0	8.3	8.2	8.1	8.2	6
佛山	8.1	8.1	8.4	7.9	8.0	8.1	7.9	8.7	8.1	8.0	8.1	8
珠海	8.0	8.0	8.7	7.7	7.9	8.1	7.9	8.5	7.8	7.6	8.0	9
阳江	8.0	8.1	8.3	7.8	8.1	7.8	7.9	8.4	7.9	7.7	8.0	9
中山	8.0	8.0	8.3	7.8	7.9	7.9	7.7	8.5	7.9	7.9	8.0	9
揭阳	7.9	7.7	8.0	7.6	7.9	7.8	7.4	8.1	7.8	7.8	7.8	12
梅州	7.5	7.7	8.0	7.6	7.7	7.7	7.4	8.2	7.8	7.8	7.7	13
潮州	7.7	7.5	7.8	7.3	7.7	7.6	7.5	8.2	7.9	7.9	7.7	13
汕头	7.5	7.6	7.9	7.4	7.6	7.6	7.4	8.4	7.7	7.7	7.7	13
广州	7.4	7.7	7.9	7.3	7.6	7.4	7.2	8.2	7.6	7.8	7.6	16
韶关	7.5	7.7	8.0	7.3	7.5	7.6	7.3	8.2	7.4	7.4	7.6	16
河源	7.5	7.5	7.9	7.4	7.5	7.4	7.2	8.1	7.5	7.6	7.6	16
深圳	7.4	7.5	7.8	7.3	7.3	7.5	7.1	8.3	7.5	7.6	7.5	19
汕尾	7.4	7.5	7.7	7.2	7.7	7.3	7.2	8.0	7.4	7.6	7.5	19
东莞	7.1	7.2	7.7	7.1	7.2	7.1	6.9	7.8	7.4	7.6	7.3	21
平均	7.9	8.0	8.2	7.8	8.0	7.9	7.7	8.4	8.0	7.9	8.0	

表7-7 2016年度全省各地市在任代表委员卷的得分情况（十分制显示）及排名表

地市	题目															本卷平均分	本卷得分排名
	1	2	3	4	5	6	7	8	9	10	11	12	13	14	15		
云浮	9.4	9.1	9.5	9.7	9.6	9.6	9.5	9.2	8.5	9.1	8.9	9.7	9.7	9.4	9.4	9.4	1
中山	9.1	9.4	9.5	9.4	9.2	9.6	9.5	9.0	8.8	9.3	9.0	9.5	8.5	9.4	8.8	9.2	2
河源	9.7	9.7	9.4	9.8	9.9	9.7	9.7	8.5	7.5	9.1	9.2	9.3	9.4	8.3	7.9	9.1	3
揭阳	8.7	9.3	9.0	8.8	9.5	9.5	9.5	8.8	7.6	8.9	8.8	9.2	9.5	8.9	8.4	9.0	4
梅州	8.4	9.0	9.1	9.3	8.7	9.5	9.1	8.5	8.4	8.9	9.1	9.2	9.0	8.9	8.9	8.9	5
佛山	8.9	8.8	9.1	9.0	9.1	9.2	9.2	8.7	8.1	8.9	8.9	9.1	8.8	8.8	8.5	8.9	5
潮州	8.5	8.9	8.9	8.9	9.4	9.3	9.0	8.6	8.5	8.5	9.1	9.3	8.8	8.6	8.8	8.9	5
清远	9.0	9.2	8.9	8.8	9.4	9.4	9.3	8.6	7.5	8.8	8.9	9.1	9.2	8.8	7.7	8.8	8
韶关	9.1	9.1	9.1	8.6	9.2	9.4	9.1	8.4	7.2	8.1	8.3	9.5	8.7	8.4	9.0	8.7	9
汕头	8.8	9.0	8.6	9.3	9.3	9.2	9.0	8.4	7.8	8.7	8.4	9.3	8.6	8.5	8.2	8.7	9
惠州	8.6	9.2	8.6	9.1	9.1	9.3	9.3	8.3	7.2	8.3	8.9	9.1	9.2	8.6	8.3	8.7	9
阳江	8.6	8.9	8.8	8.7	8.8	9.4	8.9	8.3	7.8	8.8	8.5	9.1	8.9	8.7	8.2	8.7	9
汕尾	8.6	8.8	8.7	8.3	8.9	9.1	9.0	8.0	8.2	8.5	8.8	9.0	9.3	8.4	8.8	8.7	9
深圳	8.7	8.9	8.8	8.9	9.1	9.0	9.0	8.5	7.1	8.6	8.4	9.0	8.8	7.9	8.6	8.6	14
东莞	8.7	8.4	8.9	8.8	8.7	9.2	9.0	8.1	7.1	8.7	8.5	9.1	8.6	8.5	8.5	8.6	14
茂名	8.5	8.2	9.3	8.7	8.6	9.3	9.0	8.0	7.4	8.3	8.5	9.2	9.3	8.4	7.9	8.6	14
江门	8.5	8.5	8.8	9.3	8.6	9.3	9.1	7.4	7.0	8.8	8.4	9.2	8.7	7.7	8.8	8.5	17
珠海	7.8	8.2	8.3	8.6	8.9	9.3	8.9	8.0	7.9	8.3	7.8	9.1	9.1	7.7	8.4	8.4	18
湛江	7.9	8.2	8.3	8.9	8.5	8.6	8.5	8.1	7.1	8.3	8.1	8.5	9.0	8.1	7.9	8.3	19
广州	8.2	8.1	8.6	8.7	8.6	8.8	8.6	8.0	6.7	8.0	8.0	8.4	7.7	7.5	8.6	8.1	20
肇庆	8.6	7.7	9.2	8.6	8.5	9.0	8.5	7.6	6.0	8.1	7.6	8.2	7.7	7.8	7.7	8.1	20
平均	8.7	8.8	8.9	9.0	9.0	9.3	9.1	8.3	7.6	8.6	8.6	9.1	8.9	8.4	8.4	8.7	

表7-8 2016年度全省各地市在企业卷的得分情况（十分制显示）及排名表

地市	题目															本卷平均分	本卷得分排名
	1	2	3	4	5	6	7	8	9	10	11	12	13	14	15		
揭阳	9.3	9.3	9.0	8.8	9.1	9.1	9.2	9.5	9.3	9.3	9.3	9.2	9.4	9.3	8.7	9.2	1
惠州	8.8	9.5	8.7	8.3	8.8	9.1	8.6	8.8	8.9	8.2	8.8	8.7	8.9	9.1	8.4	8.8	2
江门	8.8	9.3	8.7	8.6	8.7	8.7	8.5	8.5	8.9	8.5	8.9	8.7	8.8	8.9	8.9	8.8	2
佛山	8.6	9.2	8.4	8.5	8.7	8.7	8.5	9.0	8.8	9.0	8.9	8.8	8.8	9.0	7.6	8.7	4
云浮	8.9	9.1	8.5	8.7	8.3	8.3	8.4	8.7	9.0	8.2	8.9	8.7	8.5	8.7	9.0	8.7	4
梅州	8.4	9.2	8.7	8.3	8.8	8.9	8.3	8.7	8.8	8.4	8.8	8.8	8.8	8.7	7.9	8.6	6
茂名	8.5	8.8	8.3	8.4	8.6	8.7	3.2	8.6	8.5	8.6	8.6	8.6	8.7	8.6	8.5	8.5	7
韶关	8.2	9.0	8.4	8.5	8.3	8.6	8.0	8.5	8.6	8.0	8.7	8.5	8.8	8.9	8.8	8.5	7
东莞	8.5	8.9	8.4	8.5	8.4	8.6	8.4	8.5	8.3	8.2	8.7	8.3	8.3	8.5	8.7	8.5	7
清远	8.8	9.0	8.2	8.3	8.8	8.4	8.2	8.2	8.5	8.1	8.7	8.4	8.9	8.6	7.6	8.4	10
珠海	8.2	8.1	8.3	8.6	8.8	8.9	8.2	8.3	8.4	7.2	8.5	8.5	8.9	8.8	9.0	8.4	10
肇庆	8.7	9.1	8.1	8.1	7.9	8.3	8.1	8.5	8.7	8.2	8.4	8.4	8.5	8.5	8.3	8.4	10
中山	8.1	8.8	7.9	8.4	8.4	8.6	8.2	8.5	8.5	8.1	8.6	8.3	8.5	8.6	8.4	8.4	10
广州	8.6	8.8	8.3	8.2	8.5	8.5	8.2	8.3	8.4	7.1	8.5	8.4	8.5	7.8	8.9	8.3	14
河源	8.4	8.6	8.2	8.3	8.3	8.4	8.1	8.4	8.6	7.8	8.3	8.3	8.5	8.5	8.2	8.3	14
潮州	8.3	8.3	8.1	8.3	8.3	8.3	8.1	8.2	8.3	8.4	8.3	8.3	8.2	8.3	8.4	8.3	14
深圳	7.9	8.8	8.1	8.3	8.0	8.3	8.1	8.1	8.1	7.8	8.3	7.7	8.1	8.3	8.2	8.2	17
湛江	8.2	8.6	7.9	7.9	8.0	8.0	8.0	8.2	8.3	7.9	8.3	8.1	8.2	8.0	7.5	8.1	18
汕头	7.9	8.1	8.0	7.7	8.3	8.6	7.9	7.8	7.8	7.3	7.9	7.6	7.7	7.5	9.0	7.9	19
阳江	8.1	8.7	7.4	7.8	8.0	8.0	7.0	8.1	7.7	8.1	8.4	7.3	8.2	8.4	7.6	7.9	19
汕尾	7.3	7.8	7.4	7.3	7.2	7.4	7.1	7.4	7.2	7.4	7.8	7.5	7.8	7.2	7.8	7.4	21
平均	8.4	8.8	8.2	8.3	8.4	8.5	8.2	8.4	8.5	8.1	8.6	8.3	8.5	8.5	8.4	8.4	

表7-9 2016年度全省各地市在律师卷的得分情况（十分制显示）及排名表

地市	题目 1	2	3	4	5	6	7	8	9	10	11	12	13	14	15	本卷平均分	本卷得分排名
清远	9.5	10.0	9.5	10.0	9.5	10.0	9.5	10.0	10.0	10.0	10.0	10.0	9.5	9.0	9.0	9.7	1
韶关	8.5	8.8	9.0	7.8	9.3	8.8	9.0	8.8	9.0	8.3	8.8	8.8	8.8	8.8	9.0	8.8	2
佛山	8.3	8.7	8.7	7.4	8.1	8.8	8.4	8.1	7.8	8.4	7.9	8.6	8.1	8.1	8.5	8.3	3
珠海	8.7	8.7	8.8	7.2	8.4	8.4	8.2	7.7	8.1	8.2	8.1	8.6	7.6	7.6	8.1	8.2	4
梅州	8.0	8.7	8.7	6.3	9.0	9.0	9.0	7.7	7.0	8.0	7.0	8.3	8.0	8.3	8.7	8.1	5
东莞	8.1	8.5	8.5	7.2	7.9	8.6	8.3	7.1	7.7	8.3	7.8	8.4	8.2	7.9	8.3	8.1	6
广州	7.9	8.2	8.4	7.0	7.5	8.4	8.0	7.3	7.3	7.9	7.4	8.2	7.7	7.7	7.8	7.8	7
茂名	7.5	8.2	8.2	6.7	8.8	8.0	8.3	7.3	7.8	7.8	7.3	8.0	6.8	7.2	8.3	7.7	8
阳江	8.0	8.0	7.0	7.0	9.0	8.0	8.0	8.0	7.0	7.0	8.0	7.0	8.0	8.0	8.0	7.7	9
深圳	7.9	8.1	7.8	6.9	7.3	8.4	7.7	7.3	7.2	8.0	7.4	8.4	7.5	7.5	7.9	7.7	9
潮州	8.0	8.0	8.0	7.3	7.5	8.3	7.8	7.8	7.0	7.8	7.3	7.5	7.8	7.3	7.8	7.7	9
揭阳	7.5	8.0	8.4	7.3	7.6	7.6	7.7	7.8	7.5	7.2	8.0	7.5	7.4	7.3	7.6	7.6	12
江门	7.4	8.0	8.5	6.5	7.0	8.3	7.3	7.5	7.7	8.2	7.5	7.6	7.5	7.4	8.0	7.6	12
汕头	7.5	8.5	8.5	7.5	7.5	8.5	8.0	7.0	7.0	7.0	7.5	7.0	6.5	7.5	7.5	7.5	14
肇庆	7.7	8.3	8.0	7.5	7.0	8.5	7.2	7.2	6.8	7.8	7.5	7.7	7.0	7.2	7.7	7.5	14
中山	8.0	8.3	8.3	6.6	6.4	8.3	7.4	6.4	7.3	8.0	6.7	8.3	7.6	7.2	7.4	7.5	14
惠州	7.4	7.6	8.1	6.5	7.1	8.9	6.8	6.9	6.6	8.5	7.5	8.1	6.6	6.9	8.3	7.5	14
河源	8.3	8.5	8.5	6.5	7.0	7.5	7.3	7.0	6.5	7.0	8.5	7.3	6.5	6.5	7.5	7.4	18
云浮	6.5	8.5	8.5	5.5	7.0	8.5	9.0	6.0	6.5	8.5	8.0	8.0	5.5	5.5	7.5	7.3	19
湛江	6.0	7.0	7.0	7.0	7.0	7.0	7.0	7.0	7.0	7.5	7.5	7.5	7.0	7.0	7.0	7.0	20
汕尾	6.5	7.0	7.5	7.0	6.0	8.0	7.5	6.0	7.0	7.9	7.7	8.0	8.0	7.5	5.5	7.0	20
平均	7.8	8.3	8.3	7.1	7.7	8.4	8.0	7.5	7.4	7.9	7.7	8.0	7.5	7.5	7.9	7.8	

表7-10 2016年度全省各地市在专家学者卷的得分情况（十分制显示）及排名表

地市	题目															本卷平均分	本卷得分排名
	1	2	3	4	5	6	7	8	9	10	11	12	13	14	15		
深圳	8.9	8.8	9.1	8.9	8.2	8.7	7.9	7.8	8.7	8.9	8.3	8.4	8.2	9.6	8.9	8.6	1
广州	9.1	8.5	8.9	9.0	8.7	9.2	7.5	8.0	8.8	8.9	8.1	8.3	8.1	8.7	8.6	8.6	1
珠海	8.1	8.9	8.8	8.0	8.2	7.9	8.2	8.1	8.2	8.6	8.0	8.2	8.5	9.0	8.1	8.3	3
佛山	8.5	8.5	8.5	8.7	8.0	8.0	8.0	7.9	8.0	8.4	8.0	8.5	8.1	8.9	8.1	8.3	3
惠州	8.3	7.8	8.3	8.1	7.5	8.1	7.6	7.8	8.3	8.4	8.1	8.5	8.0	8.4	8.6	8.1	5
东莞	8.3	8.4	8.1	8.5	8.0	7.6	8.1	7.6	8.1	8.2	8.0	7.9	8.0	8.6	8.3	8.1	5
中山	8.1	8.3	8.4	8.5	7.2	8.0	7.4	8.0	8.3	8.3	7.7	8.0	7.6	8.3	8.1	8.0	7
韶关	8.1	8.1	8.4	8.0	7.4	7.7	7.8	7.6	8.0	8.2	7.9	8.0	7.8	7.9	7.4	7.9	8
汕头	7.7	8.1	8.4	8.2	7.7	7.8	7.6	7.6	7.8	7.6	7.9	7.9	8.0	8.1	7.7	7.9	8
肇庆	8.1	7.3	8.1	7.9	7.8	7.7	7.6	7.4	7.7	8.0	7.2	7.7	8.1	8.2	7.8	7.8	10
江门	8.2	7.9	8.2	7.9	7.4	7.6	7.5	7.5	7.3	8.1	7.5	7.6	7.5	8.0	7.7	7.7	11
湛江	8.2	7.7	7.7	7.6	7.2	7.8	7.5	7.3	7.9	7.6	7.5	7.6	8.1	8.3	7.8	7.7	11
潮州	7.6	7.5	8.1	8.1	7.6	7.6	7.8	7.3	7.3	7.8	7.4	7.7	8.0	7.9	7.6	7.7	11
河源	7.7	7.9	8.1	8.0	7.4	7.8	7.4	7.4	7.8	7.3	7.7	8.0	7.5	7.8	7.5	7.7	11
汕尾	7.5	7.5	8.0	8.2	7.3	7.7	7.3	6.6	7.6	7.7	7.8	8.0	7.7	7.6	7.7	7.6	15
阳江	7.6	7.2	7.9	7.9	7.4	7.4	7.4	7.2	7.5	8.0	7.3	7.7	7.8	8.2	7.7	7.6	15
清远	8.0	7.7	7.6	7.8	6.9	7.3	7.5	7.4	7.4	7.9	7.4	7.6	7.8	8.0	7.7	7.6	15
梅州	7.7	7.8	8.1	7.7	7.8	7.1	7.1	7.6	7.4	7.8	7.3	7.4	7.1	7.6	7.6	7.5	18
揭阳	7.5	7.4	7.8	7.8	7.1	7.4	7.6	7.2	7.3	7.7	7.6	7.7	8.0	7.7	7.4	7.5	18
茂名	8.0	7.8	8.0	7.8	6.9	7.3	7.6	7.2	7.5	7.8	7.8	6.5	7.4	7.4	7.3	7.5	18
云浮	7.7	7.6	7.6	7.8	7.2	7.3	7.6	7.0	7.5	7.7	7.2	7.4	7.7	7.5	7.4	7.5	18
平均	8.0	7.9	8.2	8.1	7.6	7.8	7.6	7.5	7.8	8.0	7.7	7.8	7.9	8.2	7.9	7.9	

表7-11 2016年度分类调查问卷考点一览表

考点	同卷题号与考点				
	居民卷（共10题）	两代表一委员卷（共15题）	专家学者卷（共15题）	律师卷（共15题）	企业卷（共15题）
一、科学民主立法 指标一：立法机制完善	第1题（综合）	第1题（标准3），第2题（标准4）			
指标二：立法科学民主			第1题（综合），第2题（综合）		
指标三：立法质量提高			第3题（综合）	第1题（综合）	
二、法治政府建设 指标一：政府职能依法全面履行	第2题（标准2）	第3题（标准1），第4题（标准3,4,5）	第4题（标准1）	第2题（标准2,3）	第8题（标准4）
指标二：政府依法决策机制健全	第3题（综合）				
指标三：行政执法严格规范公正文明	第4题（综合）	第5题（标准1），第6题（标准2,3），第7题（标准4）	第5题（标准2）	第3题（标准6）	第9题（综合）
指标四：行政权力制约监督					
指标五：政务公开全面推进			第6题（综合）		

（续上表）

		问卷题号与考点				
		居民卷（共10题）	两代表一委员卷（共15题）	专家学者卷（共15题）	律师卷（共15题）	企业卷（共15题）
三、公正司法	指标一：审判执行公正权威	第5题（综合）	第8题（标准3）	第7题（标准3）	第4题（标准1），第3题（标准2），第5题（标准4），第6题（标准5）	第10题（标准1）
	指标二：法律监督公正严格		第8题（标准3,4）	第7题（标准3,4）	第4题（标准1,2），第6题（标准13,14），第7至8题（标准5至10），第8题（标准12）	
	指标三：公安执法严明公正	第3题（综合）		第8题（标准1,2），第9题（标准3）	第9题（标准5）	
	指标四：司法行政工作依法规范	第6题（标准4）	第9题（标准2,3）		第10题（标准5），第11题（标准1,6,7）	

（续上表）

		问卷题号与考点				
		居民卷（共10题）	两代表一委员卷（共15题）	专家学者卷（共15题）	律师卷（共15题）	企业卷（共15题）
四、法治社会建设	指标一:普法教育全面深化	第10题（综合）	第15题（综合）			第15题（综合）
	指标二:依法治理多层次多领域推进	第7题（标准2）	第10题（标准2）			第11题（标准1）
	指标三:法律服务体系建设完备			第10题（标准1）		
	指标四:依法维权化解纠纷机制健全	第8题（标准2）		第11题（标准1），第12题（标准3）	第12题（标准1,标准2）	
	指标五:社会治安综合治理绩效明显					第12题（标准1）
五、法治化营商环境	指标一:市场准入规范便利				第13题（标准1）	第1题（标准1），第2题（标准2）
	指标二:创新创业商务环境优化		第11题（标准4）	第14题（标准6）	第14题（标准6）	第3题（标准1），第4题（标准2），第5题（标准3），第6题（标准5），第7题（标准7）

（续上表）

		问卷题号与考点				
		居民卷（共10题）	两代表一委员卷（共15题）	专家学者卷（共15题）	律师卷（共15题）	企业卷（共15题）
六、法治建设组织领导	指标一：依法执政水平不断提高		第12题（标准1）	第13题（标准1）		
	指标二：党内法规制度建设推进有力	第9题（标准2）	第13题（标准1）			第13题（标准2）
	指标三：基层治理法治化进程加快		第14题（标准3）		第15题（标准1）	
	指标四：法治思维和依法办事能力不断提高			第15题（综合）		第14题（综合）

2016 年度法治广东建设第三方评估调查问卷
（居民）

　　为了贯彻依法治国方略、推进法治广东建设，暨南大学接受中共广东省委全面依法治省工作领导小组办公室的委托，现对全省各地级及以上市的法治建设情况进行第三方评估。这份调查问卷是本次第三方评估的组成部分，目的在于收集和分析广大居民对本人所居城市的法治建设情况的看法。问卷采用匿名形式（仅需获取宽泛的背景信息），所以请您放心勾选和填写想法，这对于我们的评价工作具有重要意义。谢谢合作！

暨南大学法治广东智库

第一部分　问卷

所评估城市：

以下都是单选题，请在所选答案后面的括号内画上"√"。

　　1. 据您所知，本市在制定地方性法规、规章和政策的过程中，群众表达意见是否充分？

A. 表达意见非常充分（　　　）　　　　B. 表达意见相当充分（　　　）

C. 表达意见基本充分（　　　）　　　　D. 表达意见不够充分（　　　）

E. 表达意见很不充分（　　　）　　　　F. 我不了解情况（　　　）

　　2. 据您所知，本市政府机关在作出涉及教育、医疗等关系民生的决策之前，是否事先听取群众的意见？

A. 一律事先听取意见（　　　）　　　　B. 经常事先听取意见（　　　）

C. 有时事先听取意见（　　　）　　　　D. 较少事先听取意见（　　　）

E. 从不事先听取意见（　　　）　　　　F. 我不了解情况（　　　）

　　3. 您认为，本市行政人员的执法工作是否公正、文明？

A. 执法非常公正、文明（　　　）　　　　B. 执法相当公正、文明（　　　）

C. 执法基本公正、文明（　　　）　　　　D. 执法不够公正、文明（　　　）

E. 执法很不公正、文明（　　　）　　　　F. 我不了解情况（　　　）

　　4. 据您所知，群众向本市政府机关申请公开相关信息，是否能够及时得到答复？

A. 一律及时得到答复（　　　）　　　　　B. 往往及时得到答复（　　　）

C. 基本及时得到答复（　　　）　　　　　D. 较少及时得到答复（　　　）

E. 不能及时得到答复（　　　）　　　　　F. 我不了解情况（　　　）

5. 您认为，本市法院的审判和执行工作是否做到公正、权威？

A. 审判和执行非常公正、权威（　　　）

B. 审判和执行相当公正、权威（　　　）

C. 审判和执行基本公正、权威（　　　）

D. 审判和执行不够公正、权威（　　　）

E. 审判和执行很不公正、权威（　　　）

F. 我不了解情况（　　　）

6. 据您所知，本市的法律援助工作者是否能够有效帮助群众解决各种法律问题？

A. 效果非常好（　　　）　　　　　　　　B. 效果相当好（　　　）

C. 效果还可以（　　　）　　　　　　　　D. 效果不够好（　　　）

E. 效果比较差（　　　）　　　　　　　　F. 我不了解情况（　　　）

7. 您认为，本村或者社区的法律顾问是否能够有效帮助群众解决各种法律问题？

A. 效果非常好（　　　）　　　　　　　　B. 效果相当好（　　　）

C. 效果还可以（　　　）　　　　　　　　D. 效果不够好（　　　）

E. 效果比较差（　　　）　　　　　　　　F. 我不了解情况（　　　）

8. 您认为本市的治安情况如何，特别是毒品、黑恶、盗抢等严重违法犯罪活动的数量是否减少？

A. 治安情况非常好（　　　）　　　　　　B. 治安情况相当好（　　　）

C. 治安情况还可以（　　　）　　　　　　D. 治安情况不够好（　　　）

E. 治安情况比较差（　　　）　　　　　　F. 我不了解情况（　　　）

9. 您认为，本市在正风肃纪、反腐倡廉方面的工作成效如何？

A. 成效非常好（　　　）　　　　　　　　B. 成效相当好（　　　）

C. 成效还可以（　　　）　　　　　　　　D. 成效不够好（　　　）

E. 成效比较差（　　　）　　　　　　　　F. 我不了解情况（　　　）

10. 据您所知，依照《广东省信访条例》，以下哪些事项可以通过信访寻求解决？

①认为法官在审判过程中徇私枉法

②不服法院作出的一审生效判决、裁定

③不服法院作出的二审生效判决、裁定

A. ①（　　　）　　　　　　　　　　　　B. ③（　　　）

C. ①②（　　　）　　　　　　　　　　　D. ①③（　　　）

E. ②③（　　　）　　　　　　　　　　　F. ①②③（　　　）

第二部分 您的背景信息

以下根据情况，请分别填写或者勾选。

所在城市：　　　　　　　职业：

性别：女 ／ 男　　学历：小学及以下；初中；高中（含中职）；大学（含专科）；研究生

年龄段（周岁）：18～21；22～26；27～36；37～46；47～56；57～66；67～76；77及以上

如果您对本市法治建设情况还有其他看法，请在下面填写：（可以写至背面以及另附页）

_____

_____

_____

_____

_____

_____

_____

_____

_____

_____

_____

_____

_____

_____

_____

_____

_____

_____

_____

2016 年度法治广东建设第三方评估调查问卷
（代表、委员）

为了贯彻依法治国方略、推进法治广东建设，暨南大学接受中共广东省委全面依法治省工作领导小组办公室的委托，现对全省各地级及以上市的法治建设情况进行第三方评估。这份调查问卷是本次第三方评估的组成部分，目的是收集和分析省人大代表、省政协委员对本人所在城市法治建设情况的看法。

所评价城市的确定，省人大代表原则上为代表团所属市，省政协委员原则上为本人常居城市或者企业主要经营地。问卷采用匿名形式，所以请您放心勾选和填写想法，这对于我们的评价工作具有重要意义。谢谢合作！

暨南大学法治广东智库

第一部分　问卷

所评估城市：

以下都是单选题，请在所选答案后面的括号内画上"√"。

1. 据您所知，本市法规、规章在起草和审议过程中是否充分征求了人大代表、政协委员的意见？

 A. 征求意见非常充分（　　　） B. 征求意见相当充分（　　　）

 C. 征求意见基本充分（　　　） D. 征求意见不够充分（　　　）

 E. 征求意见很不充分（　　　） F. 我不了解情况（　　　）

2. 您认为，本市人大及其常委会是否在立法工作中充分发挥了主导作用，特别是有效地防止部门、行业利益和地方保护？

 A. 作用发挥非常充分（　　　） B. 作用发挥相当充分（　　　）

 C. 作用发挥基本充分（　　　） D. 作用发挥不够充分（　　　）

 E. 作用发挥很不充分（　　　） F. 我不了解情况（　　　）

3. 您认为，该市地方性立法的质量如何，是否科学、系统和富有针对性？

 A. 质量非常好（　　　） B. 质量相当好（　　　）

 C. 质量还可以（　　　） D. 质量不够好（　　　）

 E. 质量比较差（　　　） F. 我不了解情况（　　　）

4. 您认为，聘请专家学者、律师等担任法律顾问是否有效保证了本市政府的依法决策？

    A. 效果非常好（　　）   B. 效果相当好（　　）

    C. 效果还可以（　　）   D. 效果不够好（　　）

    E. 效果比较差（　　）   F. 我不了解情况（　　）

5. 据您所知，本市政府机关在作出涉及民生的重大行政决策之前，是否组织听证和民意调查？

    A. 一律如此（　　）   B. 经常如此（　　）

    C. 有时如此（　　）   D. 较少如此（　　）

    E. 从不如此（　　）   F. 我不了解情况（　　）

6. 您认为，本市行政人员的执法工作是否公正、文明？

    A. 执法非常公正、文明（　　）   B. 执法相当公正、文明（　　）

    C. 执法基本公正、文明（　　）   D. 执法不够公正、文明（　　）

    E. 执法很不公正、文明（　　）   F. 我不了解情况（　　）

7. 据您所知，本市政府机关是否积极配合人大及其常委会的工作，比如进行专项工作报告和接受执法检查、询问、质询等？

    A. 态度非常积极（　　）   B. 态度相当积极（　　）

    C. 态度还算积极（　　）   D. 态度不够积极（　　）

    E. 态度比较消极（　　）   F. 我不了解情况（　　）

8. 您认为，本市政府机关是否认真办理人大代表建议和政协委员提案？

    A. 态度非常认真（　　）   B. 态度相当认真（　　）

    C. 态度还算认真（　　）   D. 态度不够认真（　　）

    E. 态度比较马虎（　　）   F. 我不了解情况（　　）

9. 据您所知，本市政府机关是否自觉接受政协和社会各界的民主监督以及审计机关、监察机关的监督？

    A. 态度非常自觉（　　）   B. 态度相当自觉（　　）

    C. 态度还算自觉（　　）   D. 态度不够自觉（　　）

    E. 态度比较抗拒（　　）   F. 我不了解情况（　　）

10. 据您所知，本市司法体制改革是否推进司法职权的优化配置，特别是有效解决"案多人少"的问题？

    A. 职权配置显著优化（　　）   B. 职权配置逐步优化（　　）

    C. 职权配置略有优化（　　）   D. 职权配置没有优化（　　）

    E. 职权配置有所恶化（　　）   F. 我不了解情况（　　）

11. 您认为本市的治安情况如何，特别是毒品、黑恶、盗抢等严重违法犯罪活动的数量是否减少？

    A. 治安情况非常好（　　）   B. 治安情况相当好（　　）

    C. 治安情况还可以（　　）   D. 治安情况不够好（　　）

E. 治安情况比较差（　　　）　　　　　F. 我不了解情况（　　　）

12. 您认为，本市在依法降低市场准入门槛、促进各类主体公平竞争方面的工作成效如何？

A. 成效非常好（　　　）　　　　　　B. 成效相当好（　　　）

C. 成效还可以（　　　）　　　　　　D. 成效不够好（　　　）

E. 成效比较差（　　　）　　　　　　F. 我不了解情况（　　　）

13. 您认为，本市的社会信用体系建设是否实现了激励守信、惩戒失信的效果？

A. 完全实现（　　　）　　　　　　　B. 大体实现（　　　）

C. 基本实现（　　　）　　　　　　　D. 有待实现（　　　）

E. 远未实现（　　　）　　　　　　　F. 我不了解情况（　　　）

14. 据您所知，该市在构建统一开放、竞争有序的市场环境和创新市场监管机制等方面的工作成效如何？

A. 成效非常好（　　　）　　　　　　B. 成效相当好（　　　）

C. 成效还可以（　　　）　　　　　　D. 成效不够好（　　　）

E. 成效比较差（　　　）　　　　　　F. 我不了解情况（　　　）

15. 您认为，本市在正风肃纪、反腐倡廉方面的工作成效如何？

A. 成效非常好（　　　）　　　　　　B. 成效相当好（　　　）

C. 成效还可以（　　　）　　　　　　D. 成效不够好（　　　）

E. 成效比较差（　　　）　　　　　　F. 我不了解情况（　　　）

如果您对本市法治建设情况还有其他看法，请在下面填写：（并可另附页）

_____

_____

_____

_____

_____

_____

_____

_____

_____

_____

_____

_____

2016 年度法治广东建设第三方评估调查问卷
（企业）

为了贯彻依法治国方略，推进法治广东建设，暨南大学接受中共广东省委全面依法治省工作领导小组办公室的委托，现对全省各地级及以上市的法治建设情况进行第三方评估。这份调查问卷是本次第三方评估的组成部分，目的在于收集和分析各企业对所在城市的法治建设情况的看法。问卷采用匿名形式（仅需获取宽泛的背景信息），所以请您放心勾选和填写想法，这对于我们的评价工作具有重要意义。谢谢合作！

暨南大学法治广东智库

第一部分　问卷

所评估城市：

以下都是单选题，请在所选答案后面的括号内画上"√"。

1－1.【请自贸区内企业回答本题】您认为，本自贸区在促进外商投资便利化方面的工作成效如何？

A. 成效非常好（　　　）　　　　　　B. 成效相当好（　　　）

C. 成效还可以（　　　）　　　　　　D. 成效不够好（　　　）

E. 成效比较差（　　　）　　　　　　F. 我不了解情况（　　　）

1－2.【请非自贸区内企业回答本题】您认为，本市在依法降低市场准入门槛、促进各类主体公平竞争方面的工作成效如何？

A. 成效非常好（　　　）　　　　　　B. 成效相当好（　　　）

C. 成效还可以（　　　）　　　　　　D. 成效不够好（　　　）

E. 成效比较差（　　　）　　　　　　F. 我不了解情况（　　　）

2. 据您所知，本市在精简和规范工商注册登记制度方面的工作成效如何？

A. 成效非常好（　　　）　　　　　　B. 成效相当好（　　　）

C. 成效还可以（　　　）　　　　　　D. 成效不够好（　　　）

E. 成效比较差（　　　）　　　　　　F. 我不了解情况（　　　）

3. 据您所知，本市的公共资源交易平台是否实现了信息大范围集中发布？

A. 完全实现（　　　）　　　　　　　B. 大体实现（　　　）

C. 基本实现 （　　　） D. 有待实现 （　　　）

E. 远未实现 （　　　） F. 我不了解情况 （　　　）

4. 您认为，本市的社会信用体系建设是否实现了激励守信、惩戒失信的效果？

A. 完全实现 （　　　） B. 大体实现 （　　　）

C. 基本实现 （　　　） D. 有待实现 （　　　）

E. 远未实现 （　　　） F. 我不了解情况 （　　　）

5. 据您所知，本市的专利保护水平如何，比如发明专利拥有量、专利侵权案件查处量、专利金融服务量等是否增加？

A. 水平显著提升 （　　　） B. 水平逐步提升 （　　　）

C. 水平略有提升 （　　　） D. 水平没有提升 （　　　）

E. 水平有所下降 （　　　） F. 我不了解情况 （　　　）

6. 据您所知，本市的商标保护水平如何，比如品牌扶持政策、专项执法行动、案件信息公示等是否落实？

A. 水平显著提升 （　　　） B. 水平逐步提升 （　　　）

C. 水平略有提升 （　　　） D. 水平没有提升 （　　　）

E. 水平有所下降 （　　　） F. 我不了解情况 （　　　）

7. 您认为，本市的商事纠纷非诉讼及仲裁机制是否健全，从而能够及时解决纠纷和保护各类主体的合法权益？

A. 机制非常健全 （　　　） B. 机制相当健全 （　　　）

C. 机制基本健全 （　　　） D. 机制不够健全 （　　　）

E. 机制很不健全 （　　　） F. 我不了解情况 （　　　）

8. 据您所知，本市各级政府机关是否能够相互协调，及时有效解决执法争议？

A. 完全能够相互协调 （　　　） B. 大体能够相互协调 （　　　）

C. 基本能够相互协调 （　　　） D. 不太能够相互协调 （　　　）

E. 未能相互协调 （　　　） F. 我不了解情况 （　　　）

9. 您认为，本市行政人员的执法工作是否公正、文明？

A. 执法非常公正、文明 （　　　） B. 执法相当公正、文明 （　　　）

C. 执法基本公正、文明 （　　　） D. 执法不够公正、文明 （　　　）

E. 执法很不公正、文明 （　　　） F. 我不了解情况 （　　　）

10. 据您所知，本市是否存在领导干部干预司法活动、插手具体案件处理的现象？

A. 完全不存在这种现象 （　　　） B. 大体不存在这种现象 （　　　）

C. 基本不存在这种现象 （　　　） D. 一定范围存在这种现象 （　　　）

E. 普遍存在这种现象 （　　　） F. 我不了解情况 （　　　）

11. 您认为，本市各级政府开展的"法治城市/县/区/乡镇/街道/村/社区"创建活动是否产生了良好的经济社会效果？

    A. 效果非常好（　　）   B. 效果相当好（　　）

    C. 效果还可以（　　）   D. 效果不够好（　　）

    E. 效果比较差（　　）   F. 我不了解情况（　　）

12. 您认为，本市在防控各类经济违法犯罪和生产安全事故、食品药品安全事故、网络安全事件等方面的工作成效如何？

    A. 成效非常好（　　）   B. 成效相当好（　　）

    C. 成效还可以（　　）   D. 成效不够好（　　）

    E. 成效比较差（　　）   F. 我不了解情况（　　）

13. 您认为，本市在正风肃纪、反腐倡廉方面的工作成效如何？

    A. 成效非常好（　　）   B. 成效相当好（　　）

    C. 成效还可以（　　）   D. 成效不够好（　　）

    E. 成效比较差（　　）   F. 我不了解情况（　　）

14. 您认为，本市党政领导班子和各级领导干部是否具备法治思维，特别是能够依法处理经济发展过程中的各种矛盾纠纷？

    A. 完全具备法治思维（　　）   B. 大体具备法治思维（　　）

    C. 基本具备法治思维（　　）   D. 不够具备法治思维（　　）

    E. 严重缺乏法治思维（　　）   F. 我不了解情况（　　）

15. 据您所知，以下哪些语句是正确的？

①企业必须普遍设立公司律师

②公司以法人财产权依法自主经营、自负盈亏

③贿赂犯罪的对象包括财物和其他财产性利益

    A. ①（　　）   B. ②（　　）

    C. ①②（　　）   D. ①③（　　）

    E. ②③（　　）   F. ①②③（　　）

第二部分　您和企业的背景信息

以下根据情况，请分别填写或者勾选。

性别：女 / 男　　　　最高学历：　　　　　　政治面貌：

年龄段（周岁）：18 ~ 26；27 ~ 36；37 ~ 46；47 ~ 56；57 ~ 66；67 ~ 76；77 及以上

所在城市：　　　　　　所属行业：　　　　　　规模：

如果您对本市法治建设情况还有其他看法，请在下面填写：（可以另附页）

_____

_____

法治广东建设第三方评估调查问卷
（律师）

　　为了贯彻依法治国方略，推进法治广东建设，暨南大学接受中共广东省委全面依法治省工作领导小组办公室的委托，现对全省各地级及以上市的法治建设情况进行第三方评估。这份调查问卷是本次第三方评估的组成部分，目的在于收集和分析律师对本人注册执业城市的法治建设情况的看法。问卷采用匿名形式（仅需获取宽泛的背景信息），所以请您放心勾选和填写想法，这对于我们的评价工作具有重要意义。谢谢合作！

暨南大学法治广东智库

第一部分　问卷

所评估城市：

以下都是单选题，请在所选答案后面的括号内画上"√"。

1. 您认为，本市制定的地方性决规和地方政府规章的质量如何，是否科学、系统和富有针对性？

　　A. 质量非常好（　　　）　　　　　　B. 质量相当好（　　　）
　　C. 质量还可以（　　　）　　　　　　D. 质量不够好（　　　）
　　E. 质量比较差（　　　）　　　　　　F. 我不了解情况（　　　）

2. 据您所知，本市各级政府机关是否做到权责清晰、依法履职？

　　A. 完全做到（　　　）　　　　　　　B. 大体做到（　　　）
　　C. 基本做到（　　　）　　　　　　　D. 不太做到（　　　）
　　E. 未能做到（　　　）　　　　　　　F. 我不了解情况（　　　）

3. 据您所知，本市政府机关是否配合法院的审判活动，按规定答辩、出庭应诉和尊重生效裁判？

　　A. 非常配合法院（　　　）　　　　　B. 相当配合法院（　　　）
　　C. 基本配合法院（　　　）　　　　　D. 不够配合法院（　　　）
　　E. 很不配合法院（　　　）　　　　　F. 我不了解情况（　　　）

4. 据您所知，本市是否存在领导干部干预司法活动、插手具体案件处理的现象？

A. 完全不存在这种现象（　　　）　　　　　B. 大体不存在这种现象（　　　）
C. 基本不存在这种现象（　　　）　　　　　D. 一定范围存在这种现象（　　　）
E. 普遍存在这种现象（　　　）　　　　　　F. 我不了解情况（　　　）

5. 据您所知，本市人民陪审员是否更大范围地参与各类案件（特别是有较大社会影响案件）的审理？

A. 参审范围显著扩大（　　　）　　　　　B. 参审范围逐步扩大（　　　）
C. 参审范围略有扩大（　　　）　　　　　D. 参审范围没有扩大（　　　）
E. 参审范围有所缩小（　　　）　　　　　F. 我不了解情况（　　　）

6. 据您所知，本市按规定应予公开的生效法律文书是否能够公开查询？

A. 全部能够公开查询（　　　）　　　　　B. 大多能够公开查询（　　　）
C. 基本能够公开查询（　　　）　　　　　D. 大多不能公开查询（　　　）
E. 完全不能公开查询（　　　）　　　　　F. 我不了解情况（　　　）

7. 据您所知，本市检察机关对侦查、刑事审判、民行诉讼、监所等方面的监督是否得到加强？

A. 监督显著加强（　　　）　　　　　　　B. 监督逐步加强（　　　）
C. 监督略有加强（　　　）　　　　　　　D. 监督没有加强（　　　）
E. 监督有所减弱（　　　）　　　　　　　F. 我不了解情况（　　　）

8. 据您所知，本市检察机关查办职务犯罪案件的过程中，在立案、羁押、扣押冻结财产、起诉等环节所受的监督是否得到加强？

A. 监督显著加强（　　　）　　　　　　　B. 监督逐步加强（　　　）
C. 监督略有加强（　　　）　　　　　　　D. 监督没有加强（　　　）
E. 监督有所减弱（　　　）　　　　　　　F. 我不了解情况（　　　）

9. 据您所知，本市公安机关在执法过程中是否存在玩忽职守、滥用职权、徇私舞弊、违反程序等违法违纪情形？

A. 完全不存在这些情形（　　　）　　　　B. 大体不存在这些情形（　　　）
C. 基本不存在这些情形（　　　）　　　　D. 一定范围存在这些情形（　　　）
E. 普遍存在这些情形（　　　）　　　　　F. 我不了解情况（　　　）

10. 您认为，律师在本市执业时的会见权、阅卷权、调查取证权等是否得到充分保障？

A. 保障非常充分（　　　）　　　　　　　B. 保障相当充分（　　　）
C. 保障基本充分（　　　）　　　　　　　D. 保障不够充分（　　　）
E. 保障很不充分（　　　）　　　　　　　F. 我不了解情况（　　　）

11. 您认为，本市司法行政机关对监狱、强制戒毒以及公证、鉴定等业务的管理成效如何？

A. 成效非常好（　　　）　　　　　　　　B. 成效相当好（　　　）
C. 成效还可以（　　　）　　　　　　　　D. 成效不够好（　　　）

E. 成效比较差（　　　）　　　　　　　F. 我不了解情况（　　　）

12. 您认为，本市在建立诉讼服务、立案登记、诉调对接等集于一体的综合服务平台方面的成效如何？

A. 成效非常好（　　　）　　　　　　　B. 成效相当好（　　　）

C. 成效还可以（　　　）　　　　　　　D. 成效不够好（　　　）

E. 成效比较差（　　　）　　　　　　　F. 我不了解情况（　　　）

13. 您认为，本市在依法降低市场准入门槛、促进各类主体公平竞争方面的工作成效如何？

A. 成效非常好（　　　）　　　　　　　B. 成效相当好（　　　）

C. 成效还可以（　　　）　　　　　　　D. 成效不够好（　　　）

E. 成效比较差（　　　）　　　　　　　F. 我不了解情况（　　　）

14. 您认为，本市在构建统一开放、竞争有序的市场环境和创新市场监管机制等方面的工作成效如何？

A. 成效非常好（　　　）　　　　　　　B. 成效相当好（　　　）

C. 成效还可以（　　　）　　　　　　　D. 成效不够好（　　　）

E. 成效比较差（　　　）　　　　　　　F. 我不了解情况（　　　）

15. 您认为，派出法庭、派驻检察室、派出所和司法所、镇街法制员等对于本市基层治理法治化的推动效果如何？

A. 效果非常好（　　　）　　　　　　　B. 效果相当好（　　　）

C. 效果还可以（　　　）　　　　　　　D. 效果不够好（　　　）

E. 效果比较差（　　　）　　　　　　　F. 我不了解情况（　　　）

第二部分　您的背景信息

以下根据情况，请分别填写或者勾选。

性别：女 ／ 男　　最高学历：　　　　　　　　政治面貌：

执业类别：专职；兼职；实习；助理；公职；公司；其他（　　　　　　　）

所在城市：　　　　　　　　　　主要业务领域：

年龄段（周岁）：18～26；27～36；37～46；47～56；57～66；67～76；77及以上

如果您对本市法治建设情况还有其他看法，请在下面填写：（可以另附页）

_____

_____

_____

_____

2016 年度法治广东建设第三方评估调查问卷
（专家学者）

为了贯彻依法治国方略、推进法治广东建设，暨南大学接受中共广东省委全面依法治省工作领导小组办公室的委托，现对全省各地级及以上市的法治建设情况进行第三方评估。这份调查问卷是本次第三方评估的组成部分，目的在于收集和分析专家学者对所评估城市的法治建设情况的看法。问卷采用匿名形式（仅需获取宽泛的背景信息），所以请您放心勾选和填写想法，这对于我们的评价工作具有重要意义。谢谢合作！

暨南大学法治广东智库

第一部分　问卷

所评估城市：

以下都是单选题，请在所选答案后面的括号内画上"√"。

1. 据您所知，该市地方性立法的专家顾问制度是否有效运行？

A. 运行非常有效（　　　）　　　　　B. 运行相当有效（　　　）

C. 运行基本有效（　　　）　　　　　D. 运行不够有效（　　　）

E. 未能有效运行（　　　）　　　　　F. 我不了解情况（　　　）

2. 据您所知，该市地方性立法的过程中，是否经常性采用听证、论证、公开、评价等形式广泛征求各方面意见？

A. 一律采用这类形式（　　　）　　　B. 经常采用这类形式（　　　）

C. 有时采用这类形式（　　　）　　　D. 较少采用这类形式（　　　）

E. 从不采用这类形式（　　　）　　　F. 我不了解情况（　　　）

3. 您认为，该市地方性立法的质量如何，是否科学、系统和富有针对性？

A. 质量非常好（　　　）　　　　　　B. 质量相当好（　　　）

C. 质量还可以（　　　）　　　　　　D. 质量不够好（　　　）

E. 质量比较差（　　　）　　　　　　F. 我不了解情况（　　　）

4. 据您所知，该市政府各部门、单位及其内设机构、下属单位的设置和调整是否做到依法进行、科学合理？

A. 完全做到（　　　）　　　　　　　B. 大体做到（　　　）

C. 基本做到（　　　）　　　　　　D. 不太做到（　　　）

E. 未能做到（　　　）　　　　　　F. 我不了解情况（　　　）

5. 据您所知，该市在执行行政执法裁量基准方面的成效如何？

A. 成效非常好（　　　）　　　　　B. 成效相当好（　　　）

C. 成效还可以（　　　）　　　　　D. 成效不够好（　　　）

E. 成效比较差（　　　）　　　　　F. 我不了解情况（　　　）

6. 据您所知，该市是否建立了完善的政务信息公开制度，公众的申请能够及时得到答复？

A. 制度非常完善（　　　）　　　　B. 制度相当完善（　　　）

C. 制度基本完善（　　　）　　　　D. 制度不够完善（　　　）

E. 制度远非完善（　　　）　　　　F. 我不了解情况（　　　）

7. 据您所知，该市司法体制改革是否推进司法职权的优化配置，特别是有效解决了"案多人少"的问题？

A. 职权配置显著优化（　　　）　　B. 职权配置逐步优化（　　　）

C. 职权配置略有优化（　　　）　　D. 职权配置没有优化（　　　）

E. 职权配置有所恶化（　　　）　　F. 我不了解情况（　　　）

8. 据您所知，该市公安机关在强制措施适用、侦查/调查取证、法律文书制作、处罚执行等方面工作的规范化程度如何？

A. 规范化程度非常高（　　　）　　B. 规范化程度相当高（　　　）

C. 规范化程度还可以（　　　）　　D. 规范化程度不够高（　　　）

E. 规范化程度比较低（　　　）　　F. 我不了解情况（　　　）

9. 据您所知，该市政府机关是否做到依法实施行政复议并公开决定书？

A. 完全做到（　　　）　　　　　　B. 大体做到（　　　）

C. 基本做到（　　　）　　　　　　D. 不太做到（　　　）

E. 未能做到（　　　）　　　　　　F. 我不了解情况（　　　）

10. 据您所知，该市公共法律服务体系建设的成效如何？

A. 成效非常好（　　　）　　　　　B. 成效相当好（　　　）

C. 成效还可以（　　　）　　　　　D. 成效不够好（　　　）

E. 成效比较差（　　　）　　　　　F. 我不了解情况（　　　）

11. 据您所知，该市在建立诉讼与非诉讼纠纷解决衔接机制方面的成效如何？

A. 成效非常好（　　　）　　　　　B. 成效相当好（　　　）

C. 成效还可以（　　　）　　　　　D. 成效不够好（　　　）

E. 成效比较差（　　　）　　　　　F. 我不了解情况（　　　）

12. 据您所知，该市的社会矛盾预防和化解机制是否健全？

A. 机制非常健全（　　　）　　　　B. 机制相当健全（　　　）

C. 机制基本健全 （　　　）　　　　　　　D. 机制不够健全 （　　　）

E. 机制很不健全 （　　　）　　　　　　　F. 我不了解情况 （　　　）

13. 您认为，该市党委以及党政主要负责人是否充分履行了领导法治建设的职责？

A. 职责履行非常充分 （　　　）　　　　B. 职责履行相当充分 （　　　）

C. 职责履行基本充分 （　　　）　　　　D. 职责履行不够充分 （　　　）

E. 职责履行很不充分 （　　　）　　　　F. 我不了解情况 （　　　）

14. 据您所知，该市在构建统一开放、竞争有序的市场环境和创新市场监管机制等方面的工作成效如何？

A. 成效非常好 （　　　）　　　　　　　B. 成效相当好 （　　　）

C. 成效还可以 （　　　）　　　　　　　D. 成效不够好 （　　　）

E. 成效比较差 （　　　）　　　　　　　F. 我不了解情况 （　　　）

15. 您认为，该市党政领导班子和各级领导干部是否具备法治思维，能够依法处理各种矛盾纠纷？

A. 完全具备法治思维 （　　　）　　　　B. 大体具备法治思维 （　　　）

C. 基本具备法治思维 （　　　）　　　　D. 不够具备法治思维 （　　　）

E. 严重缺乏法治思维 （　　　）　　　　F. 我不了解情况 （　　　）

第二部分　您的背景信息

以下请根据情况，分别进行填写或者勾选。

性别：女 ／ 男　　　　最高学历：　　　　　　政治面貌：

技术职称：　　　　　　专业领域：

年龄段（周岁）：18～26；27～36；37～46；47～56；57～66；67～76；77及以上

如果您对该市法治建设情况还有其他看法，请在下面填写：（并可另附页）

_____

_____

_____

_____

_____

_____

_____

第三节　2017 年度分类问卷调查评估分析

在 2017 年度法治广东建设第三方评估中，分类问卷调查评估同样设有居民卷、代表委员卷、企业卷、律师卷、专家学者卷五类问卷。基于随机抽样确定的调查对象或者对象范围，相应函寄问卷进行无记名调查。下表为本部分的概要结果[①]：

表 7 – 12　全省各市在各卷得分及排名表

地市名称	居民卷	代表委员卷	企业卷	律师卷	专家学者卷	小计得分	小计排名
深圳	2.22	2.52	2.26	1.98	4.59	13.57	1
肇庆	2.52	2.26	2.34	2.41	3.83	13.36	2
汕头	2.10	2.73	2.15	2.04	4.24	13.26	3
广州	2.10	2.22	2.23	2.05	4.64	13.24	4
中山	2.16	2.30	2.41	2.16	4.17	13.20	5
珠海	2.27	2.20	2.13	2.19	4.35	13.14	6
佛山	2.09	2.43	2.29	2.13	4.18	13.12	7
惠州	2.08	2.37	2.16	2.23	4.27	13.11	8
清远	2.15	2.42	2.30	2.33	3.86	13.06	9
云浮	2.42	2.20	2.18	2.39	3.80	12.99	10
梅州	2.27	2.29	2.25	2.25	3.87	12.93	11
东莞	2.11	2.52	2.24	2.11	3.95	12.93	11
韶关	2.12	2.17	2.05	2.56	3.94	12.84	13
河源	2.22	2.05	2.10	2.60	3.81	12.78	14
阳江	2.31	2.30	2.06	2.12	3.93	12.72	15
湛江	2.36	2.27	2.05	2.17	3.78	12.63	16
茂名	2.23	2.28	2.22	2.13	3.73	12.59	17
揭阳	2.18	2.04	2.24	2.34	3.70	12.50	18

[①]　将问卷分为三组（居民卷和代表委员卷为民众组，企业卷和律师卷为专业组，专家学者卷为中立第三方组），所占比例各为三分之一，据此确定问卷分值比例为：居民卷、代表委员卷、企业卷、律师卷各占 16.67%（2.75 分），专家学者卷占 33.33%（5.50 分）。

（续上表）

地市名称	居民卷	代表委员卷	企业卷	律师卷	专家学者卷	小计得分	小计排名
江门	2.13	2.15	2.33	1.94	3.93	12.48	19
潮州	1.99	2.15	2.23	1.88	3.69	11.94	20
汕尾	1.92	1.96	1.95	1.60	3.77	11.20	21
平均	2.19	2.28	2.20	2.17	4.00	12.83	—

与2016年度对比：一方面，汕头、肇庆的进步较为明显，得分水平[1]都提升5%以上，排名分别从第20名、第16名升至第4名（并列）、第2名；深圳、广州的得分水平也分别提升4.9%、2.7%，排名从第6名、第9名升至了第1名、第4名。珠海的排名保持比较靠前，得分水平变化不大。另一方面，汕尾及潮州的退步较为明显，得分水平分别降低7.2%、5.5%，排名继续靠后；揭阳、江门的得分水平也都降低3.1%，排名分别从第8名、第10名降至第18名、第19名。佛山、清远、韶关、茂名的得分水平亦有所下降，排名分别从第1名、第2名、第5名、第10名降至第7名、第9名、第13名、第17名。

一、居民卷评估分析

本卷共10道题，得分情况详见表7-13。总体来看：各题的平均得分在7.58分至8.37分之间，总体偏高且相互差距不大。其中，平均分最高的是第10题，显示居民普遍肯定当地青少年法治教育情况；平均分紧随其后的是第2题（关于12345政务平台、110报警台的运行情况），第9题（关于惩治村霸势力、宗族恶势力）及第8题（关于四级法治创建活动）、第3题（关于政府信息公开）的平均分也超过8分，显示居民对于这些方面的情况也普遍表示肯定。平均分最低的是第4题（关于司法独立公正）和第6题（关于严重精神障碍患者的救助与救治），显示部分居民认为当地在这两方面的情况未尽人意。

具体来看：本卷平均分排名前两位的肇庆、云浮，所有题目的得分都高于8.5分（前者甚至仅有1题低于9分），排名随后的湛江、阳江、梅州、珠海、茂名、深圳、河源，各题的得分也都在7分以上，并且平均分高于8分，显示它们的法治建设相关情况在整体上得到当地居民的肯定。而排名靠后的汕尾、潮州，存在共性的重要失分点，除了上述第4题、第6题之外，还包括第1题（关于作出涉及重大利益调整的决策之前与公众沟通）、第5题（关于对经济困难当

---

[1] 得分水平指同一年度本市得分与全省平均分的比值。

事人的司法救助与法律援助)、第 7 题(关于政府的社会风险管控水平)。尤需提到,汕尾在所有题目的得分都低于 7.5 分且多数题目低于 7 分,以致成了本卷唯一平均分未超过 7 分的地市,显示部分居民在整体上不甚满意当地的法治建设相关情况。

二、人大代表卷评估分析

本卷共 15 道题,得分情况详见表 7 - 14。平均分最高的是第 15 题,显示省人大代表普遍肯定各市党委政府主要领导履行推行法治建设职责的情况;平均分随后的是第 5 题(关于政府作出重大行政决策的程序)、第 1 题(关于人大主导立法工作机制)、第 2 题(关于立法机关与社会公众的沟通机制)、第 13 题(关于青少年法治教育),平均分也都超过 8.55 分,显示省人大代表对于这些方面的情况也普遍表示肯定。平均分最低的是第 10 题(关于产权保护)、第 8 题(关于法官检察官员额制改革)及第 7 题(关于规范司法人员与当事人等的接触交往),显示省人大代表认为部分地市在这三方面的情况相对未尽人意。

具体来看:本卷平均分排名居于前部的珠海、汕头、云浮、东莞、阳江、清远,几乎所有题目的得分都高于 8.5 分,深圳、韶关、茂名、湛江、佛山的各题得分也大多在 8.5 分以上,因而平均分都高于 8.5 分,显示它们的法治建设相关情况在整体上得到省人大代表的肯定。而平均分相对较低的汕尾、潮州、江门、肇庆,除了上述第 7 题、第 8 题、第 10 题之外,存在一定共性的重要失分点还包括:汕尾、潮州、江门在第 14 题(关于党委决策前的合法合规性审查制度),汕尾、江门、肇庆在第 4 题(关于立法工作机制),汕尾、潮州、肇庆在第 6 题(关于公共资金等领域审计全覆盖),显示省人大代表对于这些方面的情况不甚满意。

值得一提的是,本卷第 4 题针对三个经济特区所在市设置了有所区别的问题,结果表明:深圳、珠海、汕头运用经济特区立法权情况的平均得分为 9.69 分,明显高于其他地市立法工作机制情况的平均得分 8.17 分,显示省人大代表相对更为肯定经济特区的立法工作。

三、企业卷评估分析

本卷共 15 道题,得分情况详见表 7 - 15。总体来看:各题的平均得分在 7.63 分至 8.35 分之间,总体不算高但相互差距不大。其中,平均分最高的是第 2 题和第 15 题,显示企业界普遍肯定当地政府健全市场体系与监管规则的情况与排查整治公共安全隐患的情况;平均分随后的是第 14 题(关于整治涉劳资纠纷等领域的不稳定问题)和第 5 题(关于产权保护),显示企业界对于这些方面的情况也普遍表示肯定。平均分最低的是第 7 题（关于运用地方立法权）和第 3 题（关于涉外法律服务），显示部分企业认为当地在这两方面的情况未尽人意。

具体来看：本卷平均分排名前两名的中山、肇庆，多数题目的得分在 8.5 分左右，江门、清远、佛山、深圳的各题得分也大多超过 8 分，因而平均分都高于 8.2 分，显示它们的法治建设相关情况在整体上得到企业界的肯定。平均分相对较低的汕尾、韶关、湛江、阳江，除了上述第 3 题、第 7 题之外，存在共性的重要失分点还包括：四市在第 13 题（关于司法机关查扣财产的程序），汕尾、湛江、阳江在第 12 题（关于联动解决案件"执行难"），韶关、汕尾、湛江在第 6 题（关于作出涉及重大利益调整的决策之前与公众沟通），显示企业界对于这些方面的情况不甚满意。

值得一提的是，上述第 3 题、第 7 题分别针对自贸区、经济特区设置了有所区别的问题，结果表明：自贸区所在的广州、深圳、珠海在建设海上丝绸之路法律服务基地方面的平均得分为 7.82 分，高于非自贸区所在地市在发展涉外法律服务业方面的平均得分 7.61 分；同时，经济特区所在的深圳、珠海、汕头在运用特区立法权方面的平均得分为 8.10 分，也高于非经济特区市在地方立法精准程度方面的平均得分 7.56 分。这些显示出，自贸区、经济特区在前述方面确实存在相对优势。

四、律师卷评估分析

本卷共 15 道题，得分情况详见表 7 - 16。总体来看：各题的平均得分在 7.29 分至 8.36 分之间，总体不算高但相互差距不大。其中，平均分最高的是第 13 题，显示律师界普遍肯定当地乡村、社区法律顾问的作用；平均分紧随其后的是第 3 题及第 7 题、第 8 题，显示律师界对于行政机关履行法院生效判决、司法机关查扣财产程序、保障律师执业权利的情况也普遍较为肯定。平均分最低的是第 11 题（关于涉港澳台法律事务合作）及第 6 题（关于司法改革成效），显示部分律师认为当地在这两方面的情况未尽人意。

具体来看：本卷平均分排名前两位的河源、韶关，所有题目的得分都高于 8.5 分，排名随后的肇庆、云浮、揭阳，平均分也超过了 8.5 分，显示它们的法治建设相关情况在整体上较为得到律师界的肯定。平均分较低的汕尾及潮州、江门，除了上述第 11 题、第 6 题之外，存在共性的重要失分点还包括第 10 题（关于市场体系和监管规则）、第 1 题（关于地方立法精准程度）、第 12 题（关于多元化纠纷解决机制）、第 14 题（关于普法责任制）等。尤需提到，汕尾在所有题目的得分都不超过 7 分且多数题目低于 6 分，以致成了本卷唯一平均分不超过 6 分的地市，显示部分律师在整体上较不满意当地的法治建设相关情况。

另外，上述第 6 题分别针对不同种类司法体制改革设置了有所区别的问题，结果表明：广州、深圳法院实施认罪认罚从宽制度改革试点的平均得分为 7，37 分，低于其他城市实施审判为中心的刑事诉讼改革的平均得分 7.46 分，显示出前一项改革的成效仍待进一步显现。

五、专家学者卷评估分析

本卷共 15 道题，得分情况详见表 7 - 17。总体来看：各题的平均得分在 7.05 分至 7.57 分之间，总体不高但相互差距较小；其中，平均分最高的是第 1 题，显示专家学者普遍较为肯定各市健全人大主导立法工作机制、防止部门利益和地方保护的情况；平均分紧随其后的是第 2 题，显示专家学者对于各市地方立法的科学性也普遍较为肯定。平均分最低的是第 12 题（关于检察机关的未成年人司法保护）和第 9 题（关于行政问责），显示专家学者认为部分地市在这两方面的情况未尽人意。

具体来看：本卷平均分排名前两位的广州、深圳分别有 9 道题目、7 道题目的得分高于 8.5 分，其余题目的得分都超过 7 分，排名随后的珠海、惠州、汕头、佛山、中山，各题的得分也都在 7 分以上，并且平均分高于 7.5 分，显示它们的法治建设相关情况在整体上较为得到专家学者的肯定。而排名靠后的地市，存在共性的重要失分点包括：揭阳、潮州、湛江、茂名、云浮、汕尾在第 13 题（关于保护创新、保护知识产权的法治环境），茂名、揭阳、云浮在第 6 题（关于政府部门权责清单制度），显示专家学者对于这两方面的情况不甚满意。

六、与 2016 年度的比较分析

1. 居民卷

肇庆、云浮的排名保持在前 3 名，并且得分水平相较去年分别提升 10.7%、6.2%；其共同主要原因包括在政府信息公开等事项的得分出现比较显著提升。梅州、深圳的进步较为明显，得分水平提升 7% 左右，排名都上升了 8 名，分别从第 13 名、第 16 名升至第 5 名、第 8 名；阳江、河源、东莞的得分水平也提升超过 5%，排名都上升 6 名左右，分别升至第 4 名、第 9 名、第 15 名；这五个地市的共同主要原因也包括在政府信息公开等事项的得分出现比较显著提升。

惠州、佛山的退步较为明显，得分水平分别降低 8.8%、5.9%，排名从第 3 名、第 8 名降至第 19 名、第 18 名；其共同主要原因包括在立法机关与社会公众沟通机制、依法独立公正行使审判权和检察权等事项的得分出现比较显著下降。茂名、清远、江门、潮州的得分水平也降低 5.5% 左右，排名都下降 6 名左右，分别降至第 7 名、第 12 名、第 13 名、第 19 名；这三个地市的共同主要原因也包括在依法独立公正行使审判权和检察权等事项的得分出现显著下降。

还需提到的是，湛江、汕尾的排名各自保持在前部和后部，但是得分水平都降低了 6.7%；而广州的得分水平没有明显变化，排名仍为第 16 名，位置比较靠后。

2. 代表委员卷①

汕头及东莞、深圳的进步较为明显，得分水平分别提升 19.9% 和 12.1%，排名从第 9 名、第 14 名（并列）升至前 3 名；其共同主要原因包括在司法职权优化配置与人才队伍建设等事项的得分出现比较显著提升。清远、湛江、广州、肇庆的得分水平也提升 5% 左右，排名分别从第 8 名和后三名升至第 5 名、第 11 名、第 13 名、第 12 名。佛山的排名继续比较靠前，并且得分水平亦提升 4.5%。

云浮、河源、揭阳、汕尾的退步较为明显，得分水平降低 10% 以上，排名从第 1 名、第 3 名、第 4 名、第 9 名降至第 14 名和后三名；后三个地市的共同主要原因包括在人大主导立法工作机制、重大行政决策程序、司法职权优化配置与人才队伍建设等事项的得分出现显著下降。潮州的得分水平降幅也超过 7%，故排名下跌 13 名，从第 5 名降至第 18 名；中山、韶关的得分水平亦降低 4.5% 左右，排名分别从第 2 名、第 9 名降至第 8 名、第 16 名；前两个地市的共同主要原因也包括在重大行政决策程序、司法职权优化配置与人才队伍建设等事项的得分出现比较显著下降。

3. 企业卷

江门、佛山的得分没有明显变化，排名保持在前部。中山、肇庆、清远、深圳的进步较为明显，得分水平都提升 4% 以上，前三市的排名从并列第 10 名分别升至第 1 名、第 2 名、第 4 名，深圳则从第 17 名升至第 6 名；这四个地市存在一定共性的主要原因包括在推进营商环境建设等事项的得分出现比较显著提升。潮州、广州、汕头的得分水平也有所提升，排名分别从第 14 名（并列）、第 19 名升至第 10 名、第 11 名、第 15 名。

揭阳、惠州、韶关的退步较为明显，得分水平降低 7% 左右，排名分别从第 1 名、第 2 名、第 7 名降至第 9 名、第 14 名、第 19 名；这三个地市存在一定共性的主要原因包括在防止领导干部干预司法、推进营商环境建设等事项的得分出现比较显著下降。云浮、珠海的得分水平也降低 4% 左右，排名分别从第 4 名降至第 13 名、第 16 名。

还需提到的是，茂名虽然得分水平没有明显变化，但排名从第 7 名降至第 12 名；而汕尾、湛江、阳江等市得分水平升降幅度不大，排名也无甚变化，位置仍处于后部。

4. 律师卷

韶关保持在第 2 名，并且得分水平提升 5.7%。河源的进步较为明显，得分

---

① 此处将人大代表卷和政协委员卷（数据未予公开）合并分析，其分数为两卷分数的平均分，并据此进行排名。

水平提升了 26.1%，从第 18 名跃升为第 1 名；肇庆、云浮的得分水平也提升 15% 以上，排名上升超过 10 名，分别从第 14 名、第 19 名升至第 3 名、第 4 名；揭阳、湛江的得分水平亦提升超过 10%，分别从第 12 名、第 20 名升至第 5 名、第 10 名。这六个地市存在一定共性的主要原因包括在立法科学性、防止领导干部干预司法、保障律师执业权利、市场体系与监管规则等事项的得分出现比较显著提升。

潮州的退步较为明显，得分水平降低 12.3%，排名下跌超过 10 名，从第 9 名降至第 20 名；佛山、深圳、江门的得分水平也降低 8% 左右，排名分别从第 3 名、第 9 名、第 12 名降至第 12 名、第 18 名、第 19 名。这四个地市存在一定共性的主要原因包括在立法科学性、保障律师执业权利等事项的得分出现比较显著下降。

还需提到的是，虽然清远的排名继续居于前部，但得分水平降幅达到 13.7%；汕尾的排名则依然处于尾部，并且得分水平的降幅超过 18%。这两个地市在上述防止领导干部干预司法、市场体系与监管规则等事项的得分都出现显著下降。

5. 专家学者卷

广州、深圳、珠海的排名保持在前 3 名，并且得分水平相较去年分别提升 6.1%、5.0%、2.9%；惠州、佛山的得分水平升降幅度不大，排名继续比较靠前。汕头、阳江、梅州的进步比较明显：前者的得分水平提升了 5.4%，排名从第 8 名升至第 5 名，后两者的得分水平虽然仅提升 1.5% 左右，但排名亦分别从第 15 名、第 18 名升至第 11 名、第 12 名。不过，它们在与去年相近事项的得分大多没有显著提升，反而部分地市在立法科学性等事项的得分出现比较显著下降。

潮州、湛江的退步较为明显，得分水平分别降低 5.8%、3.5%，排名从第 11 名（并列）降至第 21 名、第 17 名；肇庆、河源的得分水平也降低 3% 左右，排名分别从第 10 名、第 11 名降至第 14 名、第 15 名。这四个地市存在一定共性的主要原因包括在人大主导立法工作机制、立法科学性、立法专家顾问作用、多元化纠纷解决机制、党政领导履行推进法治建设职责等事项的得分出现比较显著下降。

还需提到的是，东莞从第 5 名降至第 8 名，虽然降幅不算大，但得分水平降低 4.2%；而茂名、揭阳的排名依然靠后，并且得分水平以及排名都有所下降。

表 7-13 2017 年度全省各地市在居民卷的得分情况（十分制显示）及排名表

地市	题目										本卷平均分	本卷得分排名
	1	2	3	4	5	6	7	8	9	10		
肇庆	9.04	9.24	9.05	8.91	9.18	9.22	9.06	9.28	9.49	9.31	9.18	1
云浮	8.75	8.83	8.98	8.68	8.89	8.59	8.66	8.78	8.93	8.94	8.80	2
湛江	8.69	8.71	8.63	8.37	8.46	8.37	8.55	8.63	8.54	8.82	8.58	3
阳江	8.43	8.44	8.42	8.07	8.24	8.10	8.38	8.48	8.78	8.61	8.40	4
梅州	8.21	8.43	8.31	8.03	8.03	7.99	8.24	8.32	8.52	8.34	8.24	5
珠海	8.40	8.51	8.08	7.61	8.24	7.85	8.04	8.53	8.24	8.90	8.24	5
茂名	8.01	8.30	8.43	7.87	8.22	7.89	7.65	7.88	8.46	8.29	8.10	7
深圳	7.96	8.43	8.20	7.57	7.83	7.57	8.29	8.31	8.14	8.50	8.08	8
河源	8.21	8.13	8.14	7.74	7.83	7.74	8.12	8.14	8.19	8.34	8.06	9
揭阳	8.05	8.19	7.99	7.45	7.88	7.52	7.86	8.04	8.06	8.28	7.93	10
中山	7.85	8.13	8.06	7.57	7.69	7.30	7.82	7.85	8.17	8.25	7.87	11
清远	7.95	8.34	7.61	7.12	7.26	7.25	7.38	8.31	8.41	8.52	7.82	12
江门	7.37	8.37	7.91	7.10	7.39	7.04	7.69	7.93	8.04	8.52	7.74	13
韶关	7.68	8.08	7.77	7.43	7.61	7.34	7.71	7.86	7.44	8.07	7.70	14
东莞	7.55	8.01	7.81	7.29	7.33	7.23	7.73	7.79	7.75	8.32	7.68	15
广州	7.42	8.00	7.78	7.31	7.47	7.22	7.61	7.84	7.65	8.18	7.65	16
汕头	7.53	7.88	7.62	7.17	7.59	7.23	7.63	7.73	7.75	8.17	7.63	17
佛山	7.33	8.15	7.80	6.93	7.40	7.07	7.61	7.85	7.70	8.30	7.61	18
惠州	7.45	7.69	7.62	7.32	7.43	7.32	7.50	7.62	7.76	7.91	7.56	19
潮州	7.09	7.69	7.11	6.80	7.04	6.85	7.19	7.27	7.34	7.85	7.22	20
汕尾	6.98	7.36	7.40	6.82	6.53	6.54	6.94	6.98	6.85	7.46	6.99	21
平均	7.90	8.23	8.03	7.58	7.79	7.58	7.89	8.07	8.10	8.37	7.96	

表7-14　2017年度全省各地市在人大代表卷的得分情况（十分制显示）及排名表

地市	题目															本卷平均分	本卷得分排名
	1	2	3	4	5	6	7	8	9	10	11	12	13	14	15		
汕头	10.00	10.00	10.00	9.75	10.00	10.00	9.75	9.75	10.00	9.75	10.00	10.00	10.00	9.25	10.00	9.88	1
东莞	9.25	9.25	9.50	8.25	9.50	9.25	9.00	9.50	9.00	9.00	9.25	9.25	8.75	9.25	9.25	9.15	2
深圳	9.01	9.39	9.17	9.60	9.28	8.88	8.85	9.28	9.04	9.17	8.96	9.01	9.28	8.59	9.50	9.13	3
佛山	8.97	9.35	9.07	7.94	8.78	9.16	8.41	8.88	9.07	8.78	8.97	8.78	8.78	9.25	9.44	8.91	4
清远	9.63	9.25	8.13	8.88	9.38	8.88	8.25	7.88	8.88	8.75	8.38	8.75	9.25	9.38	9.88	8.90	5
阳江	8.50	8.50	10.00	8.50	10.00	8.50	8.50	8.50	8.50	8.50	10.00	8.50	8.50	8.50	10.00	8.90	5
惠州	9.57	9.57	7.91	8.45	8.66	9.47	7.91	7.59	8.56	8.88	8.66	8.77	8.77	8.34	9.47	8.70	7
中山	8.69	8.25	8.07	8.25	7.69	8.50	8.19	8.69	8.82	8.57	9.19	8.88	8.69	8.57	8.75	8.52	8
茂名	7.98	8.65	7.98	8.58	8.80	8.65	7.98	8.20	7.75	8.50	8.35	8.35	9.18	9.03	8.95	8.46	9
梅州	8.60	8.60	8.90	7.85	8.05	8.60	8.05	8.50	7.90	8.75	8.40	8.15	8.35	9.00	8.85	8.44	10
湛江	8.35	8.35	8.41	8.43	8.40	8.32	8.24	7.88	8.01	7.97	8.68	8.41	8.68	8.83	8.92	8.39	11
云浮	8.50	7.00	8.50	7.75	7.75	7.75	7.75	8.50	8.50	8.50	9.25	8.50	8.50	8.50	10.00	8.35	12
肇庆	8.80	8.65	7.75	7.75	8.05	7.75	8.50	8.05	8.65	7.90	7.90	8.05	8.35	8.35	8.80	8.22	13
珠海	7.00	7.75	8.50	8.50	8.50	7.75	8.50	7.75	7.75	8.50	8.50	8.50	8.50	8.50	7.00	8.10	14
潮州	8.75	8.50	8.00	8.00	7.25	7.25	7.50	7.75	7.25	7.83	8.50	8.25	8.50	8.00	9.00	8.03	15
广州	8.46	8.35	7.95	8.05	8.07	8.13	7.76	7.86	8.00	7.50	7.51	7.94	7.96	7.95	8.29	8.00	16
河源	7.25	7.50	7.50	8.25	8.25	8.75	7.50	7.75	7.45	7.63	8.00	8.50	8.25	8.25	8.75	8.00	16
江门	7.75	7.75	7.75	7.50	7.88	7.57	7.50	8.25	8.13	7.63	7.63	8.25	8.25	7.75	8.25	7.87	18
韶关	7.94	6.85	8.50	7.75	8.88	6.82	6.82	6.93	7.94	7.00	8.32	7.38	6.82	7.19	8.13	7.71	19
揭阳	7.23	8.50	7.60	8.43	7.45	7.60	7.30	7.00	7.45	7.90	7.90	7.30	7.98	7.53	9.18	7.64	20
汕尾	7.00	8.50	7.00	7.00	7.00	7.00	8.50	8.20	8.50	7.00	7.00	7.00	7.00	7.00	7.00	7.30	21
平均	8.44	8.46	8.39	8.26	8.46	8.36	8.13	8.20	8.36	8.30	8.54	8.41	8.49	8.43	8.92	8.41	

表7-15 2017年度全省各地市在企业卷的得分情况（十分制显示）及排名表

| 地市 | 题目 | | | | | | | | | | | | | | | 本卷平均分 | 本卷得分排名 |
	1	2	3	4	5	6	7	8	9	10	11	12	13	14	15		
中山	8.86	8.99	8.54	8.82	9.15	8.22	8.66	8.74	8.70	8.62	8.78	8.54	8.91	8.86	8.86	8.75	1
肇庆	8.64	8.53	8.69	8.69	8.48	8.53	8.48	8.53	8.58	8.43	8.48	8.48	8.38	8.43	8.43	8.52	2
江门	8.55	8.45	8.24	8.29	8.60	8.55	8.09	8.40	8.14	8.40	8.71	8.76	8.81	8.71	8.29	8.47	3
清远	8.36	8.21	8.44	8.68	8.29	8.21	8.36	8.21	8.52	8.29	8.21	8.44	8.13	8.52	8.44	8.35	4
佛山	8.68	8.84	8.31	8.54	8.43	8.13	8.07	8.33	8.25	8.24	7.99	7.89	8.38	8.33	8.54	8.33	5
深圳	8.67	8.73	8.00	8.36	8.55	8.12	8.52	8.18	8.18	7.98	7.82	7.96	7.84	8.23	8.27	8.23	6
梅州	8.38	8.15	7.12	8.62	8.62	7.46	7.58	8.73	8.38	8.15	8.04	8.04	8.62	8.38	8.50	8.18	7
东莞	8.54	8.68	7.76	8.37	8.39	7.98	7.69	8.34	8.05	7.81	8.01	7.89	8.19	8.28	8.36	8.16	8
揭阳	8.20	8.62	7.90	8.56	8.26	8.08	7.66	8.14	8.08	8.14	8.14	7.84	7.90	8.32	8.38	8.15	9
潮州	7.88	8.50	7.13	8.25	8.38	8.00	7.63	8.38	8.13	8.13	8.50	7.75	8.25	8.38	8.38	8.11	10
广州	8.37	8.32	8.12	8.30	8.19	7.89	7.84	8.22	8.06	7.84	7.91	7.98	8.04	8.22	8.23	8.10	11
茂名	8.00	8.36	7.27	8.23	8.36	7.86	7.50	8.27	8.14	8.18	7.82	7.68	7.95	8.64	8.77	8.07	12
云浮	7.60	8.05	7.45	7.90	8.35	7.45	7.15	8.05	7.60	7.15	8.05	8.05	8.20	8.80	9.10	7.93	13
惠州	8.13	8.61	7.51	8.06	8.35	7.77	7.44	7.80	7.62	7.77	7.26	7.51	7.80	8.10	7.84	7.84	14
汕头	8.05	8.28	7.60	7.90	7.83	7.30	7.90	7.75	7.75	7.68	7.60	7.45	7.90	8.13	8.05	7.81	15
珠海	8.02	8.23	7.34	7.61	7.95	7.20	7.89	7.89	7.48	7.55	7.82	7.14	7.95	7.89	8.02	7.73	16
河源	8.20	8.05	7.00	7.45	8.05	7.45	7.00	8.50	7.30	7.15	7.00	7.30	7.90	7.75	8.35	7.63	17
阳江	7.80	8.10	7.20	7.70	7.50	7.60	6.80	7.40	7.70	7.50	7.50	7.10	7.30	7.30	7.80	7.49	18
湛江	7.70	7.80	7.20	7.60	7.70	7.45	6.95	7.70	7.45	7.35	7.45	6.80	7.20	7.50	7.95	7.45	19
韶关	7.75	7.63	7.38	7.75	7.63	7.25	6.88	7.63	7.88	7.25	7.25	7.63	7.25	7.38	7.25	7.45	19
汕尾	6.85	8.20	6.25	7.15	6.55	6.85	6.25	7.15	7.15	7.90	6.85	6.55	6.70	7.75	8.05	7.08	21
平均	8.15	8.35	7.64	8.14	8.17	7.78	7.63	8.11	7.96	7.88	7.87	7.75	7.98	8.19	8.28	7.99	

表7-16　2017年度全省各地市在律师卷的得分情况（十分制显示）及排名表

地市	题目 1	2	3	4	5	6	7	8	9	10	11	12	13	14	15	本卷平均分	本卷得分排名
河源	9.50	9.50	9.50	9.50	9.50	8.79	9.50	9.50	9.50	9.50	9.50	9.50	9.50	9.50	9.50	9.45	1
韶关	9.17	9.17	9.33	9.50	9.67	8.83	9.33	9.17	9.83	9.17	9.33	8.83	9.67	9.50	9.17	9.31	2
肇庆	7.94	8.88	9.63	8.50	9.06	8.50	8.50	9.44	9.25	7.94	8.31	9.06	8.69	8.88	8.69	8.75	3
云浮	8.71	8.50	8.50	10.00	8.50	8.50	8.71	9.36	8.93	8.50	8.07	8.50	8.50	8.50	8.50	8.69	4
揭阳	8.13	9.25	9.25	7.75	8.50	7.75	3.50	8.13	8.50	8.50	7.75	8.50	9.25	8.88	8.88	8.50	5
清远	8.69	8.88	8.69	8.50	8.50	8.13	8.88	8.69	8.69	7.56	7.38	8.31	8.69	8.50	9.06	8.48	6
梅州	8.20	8.50	8.80	9.10	8.20	8.50	8.20	7.90	8.20	8.20	7.00	7.30	8.50	7.90	8.20	8.18	7
惠州	8.00	7.88	8.44	8.19	8.19	7.31	8.06	8.31	8.19	8.06	8.00	8.06	8.63	8.69	7.88	8.13	8
珠海	8.07	7.86	8.07	7.11	8.07	7.32	8.29	8.29	7.86	8.18	8.07	8.61	9.04	7.75	7.11	7.98	9
湛江	7.90	7.75	7.45	7.75	8.65	6.85	8.20	8.65	8.05	7.60	7.00	7.60	8.05	8.35	8.35	7.88	10
中山	8.13	8.31	8.19	7.94	8.06	7.38	7.94	7.75	7.69	7.31	7.50	8.06	7.88	7.69	7.81	7.84	11
佛山	7.61	7.47	7.91	7.52	7.80	7.23	8.34	8.20	7.49	7.59	7.14	8.13	8.22	7.89	7.42	7.73	12
茂名	7.43	7.64	7.43	7.64	7.43	7.00	8.29	7.64	8.29	8.07	6.14	7.21	9.36	8.07	8.29	7.73	12
阳江	8.50	8.29	8.29	7.64	8.07	7.21	7.00	7.64	7.43	7.64	6.36	7.43	8.50	7.86	7.64	7.70	14
东莞	7.36	7.44	7.85	7.65	7.72	7.10	8.11	7.75	7.49	7.88	7.26	8.01	8.09	7.65	7.47	7.66	15
广州	7.60	7.24	7.83	7.22	7.36	7.60	7.74	7.54	7.22	7.48	7.11	7.66	7.71	7.23	7.22	7.45	16
汕头	7.19	7.47	8.22	7.84	7.66	6.63	7.38	7.66	7.28	6.72	7.00	7.28	7.84	7.47	7.47	7.41	17
深圳	7.34	7.43	7.68	7.42	7.33	7.13	7.36	7.21	6.96	7.16	6.98	7.13	7.11	6.99	6.86	7.21	18
江门	6.13	7.13	7.25	7.50	7.38	6.75	7.50	7.38	7.00	7.00	6.25	6.75	8.13	6.63	7.13	7.06	19
潮州	6.40	7.90	8.50	5.50	7.00	6.40	7.30	6.40	6.40	6.40	5.50	7.30	8.20	6.70	6.70	6.84	20
汕尾	5.00	5.00	5.00	5.50	6.00	5.50	7.00	7.00	7.00	5.50	5.50	6.00	6.00	5.50	5.50	5.80	21
平均	7.76	7.97	8.18	7.87	8.03	7.45	8.10	8.08	7.96	7.71	7.29	7.87	8.36	7.91	7.85	7.89	

表7-17 2017年度全省各地市在专家学者卷的得分情况（十分制显示）及排名表

地市	题目															本卷平均分	本卷得分排名
	1	2	3	4	5	6	7	8	9	10	11	12	13	14	15		
广州	8.65	8.95	8.95	8.50	8.50	7.90	8.05	8.80	8.05	8.05	8.35	7.75	8.80	8.80	8.50	8.44	1
深圳	8.50	8.35	8.50	8.50	8.65	8.65	8.20	8.80	7.75	8.20	7.90	7.60	8.95	8.35	8.35	8.35	2
珠海	8.35	8.05	7.60	7.90	8.05	7.45	8.05	7.45	7.75	7.75	8.20	7.90	7.90	7.90	8.20	7.90	3
惠州	8.20	8.20	7.90	7.60	7.90	7.60	7.60	7.75	7.60	7.90	7.75	7.15	7.15	8.35	7.90	7.77	4
汕头	7.90	7.90	7.75	8.05	7.90	7.60	7.30	7.90	7.45	7.60	7.75	7.45	7.60	7.75	7.60	7.70	5
佛山	8.05	7.75	7.60	7.60	7.60	7.15	7.15	7.45	7.45	7.75	7.45	7.90	7.90	7.90	7.30	7.60	6
中山	7.60	7.60	7.60	7.75	7.45	7.75	7.75	7.75	7.45	7.60	7.15	7.30	7.90	7.45	7.75	7.59	7
东莞	7.75	7.00	7.15	7.30	7.00	7.60	7.30	7.15	7.00	7.00	6.70	7.00	7.30	7.00	7.00	7.18	8
韶关	7.60	7.60	7.45	7.00	7.30	6.85	7.15	6.85	7.00	7.30	7.15	7.00	7.00	6.85	7.00	7.16	9
江门	7.75	7.45	7.30	7.15	7.30	7.45	7.15	6.85	6.85	6.70	7.00	7.00	7.00	7.30	7.15	7.15	10
阳江	7.60	7.45	7.30	7.30	7.30	7.30	7.45	7.00	7.00	7.00	6.85	6.85	6.70	7.15	7.00	7.14	11
梅州	7.30	7.30	6.70	7.00	7.30	7.00	7.15	7.00	7.00	7.00	7.15	6.70	6.85	7.15	7.00	7.04	12
清远	7.45	7.45	7.00	7.00	7.00	7.00	7.00	7.00	6.70	6.85	6.85	7.00	7.00	7.15	7.15	7.02	13
肇庆	7.00	6.85	6.85	6.85	6.85	6.85	6.85	6.85	6.85	6.85	7.15	6.85	7.15	7.30	7.15	6.97	14
河源	7.30	7.00	7.00	7.00	6.70	6.70	6.70	6.70	7.15	7.00	7.00	6.70	6.85	6.70	7.00	6.92	15
云浮	7.15	7.30	6.85	6.55	6.70	6.55	6.85	7.00	6.85	6.70	6.70	6.70	6.55	7.15	6.85	6.91	16
湛江	7.30	7.00	6.85	7.00	6.85	6.70	6.70	7.00	6.85	6.85	7.15	6.55	6.55	6.85	6.85	6.87	17
汕尾	6.85	6.85	6.85	7.00	6.85	6.55	7.15	6.70	6.85	7.00	7.00	6.55	6.40	6.70	6.85	6.85	18
茂名	7.00	7.00	6.70	6.55	7.00	7.00	6.70	6.85	6.70	6.85	6.55	6.70	6.55	6.85	7.00	6.79	19
揭阳	6.85	6.85	6.70	6.55	6.70	6.55	6.85	6.70	6.70	6.55	6.70	6.70	6.25	7.15	6.85	6.72	20
潮州	6.85	6.85	6.70	6.70	6.70	6.70	7.00	6.70	6.70	6.55	6.55	6.85	6.40	6.70	6.55	6.71	21
平均	7.57	7.46	7.32	7.31	7.34	7.18	7.26	7.29	7.13	7.20	7.20	7.05	7.18	7.36	7.29	7.28	

表7-18　2017年度分类调查问卷考点一览表

问卷题号与考点

		居民卷	人大代表卷	政协委员卷	企业卷	律师卷	专家学者卷
一、党对法治建设的领导	1. 党政主要负责人履行第一责任人职责		第15题（综合）	第15题（综合）			第15题（综合）
	2. 党内法规制度建设						
	3. 依法决策机制		第14题（党委决策前合法合规性审查）			第15题（公职律师）	
	5. 科学立法、民主立法	第1题（重大利益调整听取公众意见）	第1题（人大在立法中的主导作用）第2题（立法机关与群众沟通）第3题（基层立法联系点工作）		第6题（重大利益调整听取公众意见）		第1题（人大在立法中的主导作用）第2题（立法科学性）第3题（专家顾问作用）
二、地方立法	6. 重点领域立法		第4题之二（立法机制完善）		第7题之二（立法精准程度）	第1题（立法精准程度）	第4题（立法与改革衔接）
	7. 设区的市立法工作						第5题（立法机制完善）
	8. 发挥经济特区立法权作用		第4题之一（运用特区立法权）		第7题之一（运用特区立法权）		

（续上表）

	问卷题号与考点					
	居民卷	人大代表卷	政协委员卷	企业卷	律师卷	专家学者卷
9. 行政审批制度改革				第8题（精简行政许可）		第6题（权责清单制度）
10. 重大行政决策程序		第5题（执行相关程序）	第1题（执行相关程序）			第7题（决策合法性审查）
11. 行政执法体制改革				第9题（市场监管综合执法体制改革）		第8题（健全程序制度）
12. 对行政权力的制约和监督	第2题（政务平台运行）	第6题（审计全覆盖）	第2题（审计全覆盖）	第10题（强化行政问责）	第2题（两法衔接）第3题（行政机关配合法院审判活动）	第9题（强化行政问责）
13. 政务公开	第3题（政府信息公开）					第10题（政府信息公开等）

三、法治政府建设

（续上表）

		居民卷	人大代表卷	政协委员卷	企业卷	律师卷	专家学者卷
四、提升司法公信力	14. 依法独立公正行使审判权和检察权	第4题（独立公正行使司法权力）	第7题（司法人员与当事人等接触交往）	第3题（司法人员与当事人等接触交往）	第11题（防止领导干部干预司法）	第4题（防止领导干部干预司法）；第5题（司法人员履职保障）	
	15. 司法体制改革		第8题（员额制改革）	第4题（解决执行难问题）	第12题（解决执行难问题）	第6题之一（认罪认罚从宽改革试点）；第6题之二（审判为中心刑诉改革）	第11题（员额制改革）
	16. 司法服务保障	第5题（司法救助和法律援助）			第13题（规范查封等司法程序）	第7题（规范查封等司法程序）；第8题（司法服务环境）	
	17. 司法活动监督		第9题（违法办案责任认定和追究机制）	第5题（违法办案责任认定和追究机制）		第9题（检察机关法律监督）	第12题（未成年人司法保护）

问卷题号与考点

（续上表）

			同卷题号与考点			
	居民卷	人大代表卷	政协委员卷	企业卷	律师卷	专家学者卷
18. 法治化国际化营商环境			第6题之一（综合）第6题之二（企业开办等法规规章规程）	第1题之一（综合）第1题之二（企业开办等法规规章规程）第2题（市场体系和监管规则）	第10题（市场体系和监管规则）	
19. 创新驱动发展法治治保障		第10题（产权保护）	第9题（营造创新的法治环境）第10题（产权保护）	第4题（营造保护创新的法治环境）第5题（产权保护）		第13题（营造保护创新的法治环境）
20. 发展涉外法律服务业			第7题（综合）	第3题之一（综合）		
21. "一带一路"和自贸区法律服务保障				第3题之二（综合）		
22. 涉港澳台法律事务合作			第8题（港澳台法律事务合作）		第11题（港澳台法律事务合作）	

五、提升法治化环境新优势

（续上表）

		问卷题号与考点					
		居民卷	人大代表卷	政协委员卷	企业卷	律师卷	专家学者卷
六、提升社会法治理化水平	23. 防范化解管控风险能力	第7题（社会风险管控水平）		第11题（整治金融等领域不稳定问题）	第14题（整治劳资等领域不稳定问题）	第12题（多元化纠纷解决机制）	第14题（多元化纠纷解决机制）
	24. 社会治安和公共安全问题	第6题（严重精神障碍患者救助救治）		第12题（重点行业防范管控）	第15题（重点行业防范管控）		
	25. 多层次多形式法治创建活动	第8题（综合）					
	26. 依法开展村（社区）换届选举	第9题（整治"村霸"、宗族恶势力）	第11题（基层组织自治）				
	27. 公共法律服务体系					第13题（村社法律顾问效果）	
	28. 法治宣传教育		第12题（法治公益宣传）	第13题（法治公益宣传）		第14题（普法责任制）	
	29. 青少年法治宣传教育	第10题（综合）	第13题（综合）	第14题（综合）			

2017 年度法治广东建设第三方评估调查问卷
（居民）

为了贯彻依法治国方略、推进法治广东建设，暨南大学接受中共广东省委全面依法治省工作领导小组办公室的委托，对 2017 年度全省各地级及以上市的法治建设情况进行第三方评估。此份调查问卷是第三方评估的组成部分，目的在于收集和分析广大居民对本人所居住城市的法治建设情况的看法。

问卷采用匿名形式（只需获取宽泛的背景信息），所以请您放心勾选和填写，这对于我们的评估工作具有重要意义。谢谢合作！

暨南大学法治广东智库

第一部分　问卷

所评估城市：

以下都是单选题，请在所选答案后面的括号内画上"√"。

1. 人大、政府出台涉及住房、教育、医疗、社保等领域重大利益调整的法规、规章、政策之前，应当充分与社会公众沟通，听取各方面的意见。据您所知，本市在这方面的情况如何？

    A. 公众沟通情况非常好（　　）　　　　B. 公众沟通情况比较好（　　）

    C. 公众沟通情况还可以（　　）　　　　D. 公众沟通情况比较差（　　）

    E. 公众沟通情况非常差（　　）　　　　F. 我不了解情况（　　）

2. "12345"政务服务与投诉举报平台、"110"报警服务台等的运行，应当达到顺畅联动、高效便民的效果。据您所知，本市在这方面的情况如何？

    A. 平台运行效果非常好（　　）　　　　B. 平台运行效果比较好（　　）

    C. 平台运行效果还可以（　　）　　　　D. 平台运行效果比较差（　　）

    E. 平台运行效果非常差（　　）　　　　F. 我不了解情况（　　）

3. 政府应当及时、准确公开信息；除了依法主动公开的信息之外，公众还可以根据自身需要依法申请公开相关信息。据您所知，本市在这方面的情况如何？

    A. 信息公开情况非常好（　　）　　　　B. 信息公开情况比较好（　　）

    C. 信息公开情况还可以（　　）　　　　D. 信息公开情况比较差（　　）

E. 信息公开情况非常差（　　　）　　　　F. 我不了解情况（　　　）

4. 法院、检察院的审判、法律监督工作等应当独立公正，避免领导干部干预司法活动，避免办"关系案""人情案""金钱案"。据您所知，本市在这方面的情况如何？

A. 工作非常独立公正（　　　）　　　　B. 工作比较独立公正（　　　）
C. 工作基本独立公正（　　　）　　　　D. 工作不够独立公正（　　　）
E. 工作很不独立公正（　　　）　　　　F. 我不了解情况（　　　）

5. 存在经济困难等情形的当事人，可以依法获得司法救助与法律援助。据您所知，本市在这方面的情况如何？

A. 救助与援助非常充分（　　　）　　　B. 救助与援助比较充分（　　　）
C. 救助与援助基本充分（　　　）　　　D. 救助与援助不够充分（　　　）
E. 救助与援助很不充分（　　　）　　　F. 我不了解情况（　　　）

6. 存在精神分裂症、躁郁症、抑郁症等严重精神障碍的患者，应当及时得到救助与救治。据您所知，本市在这方面的情况如何？

A. 救助与救治非常及时（　　　）　　　B. 救助与救治比较及时（　　　）
C. 救助与救治基本及时（　　　）　　　D. 救助与救治不够及时（　　　）
E. 救助与救治很不及时（　　　）　　　F. 我不了解情况（　　　）

7. 政府应当提升社会风险的管控水平，依法妥善处置各类群体性、突发性事件。据您所知，本市在这方面的情况如何？

A. 风险管控水平非常高（　　　）　　　B. 风险管控水平比较高（　　　）
C. 风险管控水平还可以（　　　）　　　D. 风险管控水平比较低（　　　）
E. 风险管控水平非常低（　　　）　　　F. 我不了解情况（　　　）

8. "法治城市、法治县（市、区）、法治乡镇（街道）、民主法治村（社区）"四级法治创建活动，应当达到"引导全民自觉守法、遇事找法、解决问题靠法"的效果。据您所知，本市在这方面的情况如何？

A. 法治创建效果非常好（　　　）　　　B. 法治创建效果比较好（　　　）
C. 法治创建效果还可以（　　　）　　　D. 法治创建效果比较差（　　　）
E. 法治创建效果非常差（　　　）　　　F. 我不了解情况（　　　）

9. "村霸"势力和宗族恶势力必须依法得到惩治，避免其横行乡里、欺压百姓，侵蚀基层政权。据您所知，本市在这方面的情况如何？

A. 极少存在这些势力（　　　）　　　　B. 较少存在这些势力（　　　）
C. 部分存在这些势力（　　　）　　　　D. 较多存在这些势力（　　　）
E. 普遍存在这些势力（　　　）　　　　F. 我不了解情况（　　　）

10. 广大青少年学生应当认真接受法治教育，并具备一定的法律意识。据您所知，本市在这方面的情况如何？

A. 法治教育情况非常好（　　　）　　　B. 法治教育情况比较好（　　　）

C. 法治教育情况还可以（　　）　　　　D. 法治教育情况比较差（　　）

E. 法治教育情况非常差（　　）　　　　F. 我不了解情况（　　）

第二部分　您的背景信息

以下根据情况，请分别填写或者在对应处勾选。

所在城市：　　　　　　　　职业：

性别：女/男　　　学历：小学及以下；初中；高中（含中职）；大学（含专科）；研究生

年龄段（周岁）：18～22；23～27；28～37；38～47；48～57；58～67；68～77；78及以上

如果您对本市法治建设情况还有其他看法，请在下面填写（可以另附页）：

_____

_____

_____

_____

_____

_____

_____

_____

_____

_____

_____

_____

_____

_____

_____

_____

_____

_____

_____

2017 年度法治广东建设第三方评估
调查问卷（人大代表）

为了贯彻依法治国方略、推进法治广东建设，暨南大学接受中共广东省委全面依法治省工作领导小组办公室的委托，对 2017 年度全省各地级及以上市的法治建设情况进行第三方评估。此份调查问卷是第三方评估的组成部分，目的在于收集和分析省人大代表对本人所在代表团的城市法治建设情况的看法。

问卷采用匿名形式（只需获取宽泛的背景信息），所以请您放心勾选和填写，这对于我们的评估工作具有重要意义。谢谢合作！

暨南大学法治广东智库

第一部分　问卷

所评估城市：

以下都是单选题，请在所选答案后面的括号内画上"√"。

1. 据您所知，本市健全人大主导立法工作机制的情况如何，尤其是能否有效防止部门利益和地方保护？

    A. 相关机制非常健全（　　　）　　　　B. 相关机制比较健全（　　　）

    C. 相关机制基本健全（　　　）　　　　D. 相关机制不够健全（　　　）

    E. 相关机制很不健全（　　　）　　　　F. 我不了解情况（　　　）

2. 据您所知，本市健全立法机关与社会公众沟通机制的情况如何，是否有效推进了科学立法、民主立法？

    A. 相关机制非常健全（　　　）　　　　B. 相关机制比较健全（　　　）

    C. 相关机制基本健全（　　　）　　　　D. 相关机制不够健全（　　　）

    E. 相关机制很不健全（　　　）　　　　F. 我不了解情况（　　　）

3. 据您所知，本市基层立法联系点（联络单位）工作机制是否完善，有利于达到反映群众意愿、让立法更"接地气"的效果？

    A. 相关机制非常完善（　　　）　　　　B. 相关机制比较完善（　　　）

    C. 相关机制基本完善（　　　）　　　　D. 相关机制不够完善（　　　）

    E. 相关机制很不完善（　　　）　　　　F. 我不了解情况（　　　）

4 - 1.【请深圳、珠海、汕头的人大代表回答本题】您认为，本市是否充分运用经济特区立法权，坚持问题导向和目标导向，大胆探索、先行先试？

A. 运用非常充分（　　） B. 运用比较充分（　　）

C. 运用基本充分（　　） D. 运用不够充分（　　）

E. 运用很不充分（　　） F. 我不了解情况（　　）

4-2.【请深圳、珠海、汕头之外的人大代表回答本题】您认为，本市在立法立项、起草、审议等方面的工作机制是否完善？

A. 相关机制非常完善（　　） B. 相关机制比较完善（　　）

C. 相关机制基本完善（　　） D. 相关机制不够完善（　　）

E. 相关机制很不完善（　　） F. 我不了解情况（　　）

5. 据您所知，本市政府作出重大行政决策是否经过公众参与、专家论证、风险评估、合法性审查、集体讨论决定等程序？

A. 总是经过这些程序（　　） B. 多数经过这些程序（　　）

C. 基本经过这些程序（　　） D. 较少经过这些程序（　　）

E. 极少经过这些程序（　　） F. 我不了解情况（　　）

6. 据您所知，本市推进公共资金、国有资产与资源、领导干部履行经济责任等领域审计全覆盖的情况如何？

A. 推进情况非常好（　　） B. 推进情况比较好（　　）

C. 推进情况还可以（　　） D. 推进情况比较差（　　）

E. 推进情况非常差（　　） F. 我不了解情况（　　）

7. 据您所知，本市司法人员与案件当事人、律师、特殊关系人、中介组织等的接触交往行为是否规范？

A. 接触交往非常规范（　　） B. 接触交往比较规范（　　）

C. 接触交往还算规范（　　） D. 接触交往不够规范（　　）

E. 接触交往极不规范（　　） F. 我不了解情况（　　）

8. 据您所知，本市法官检察官的员额制改革政策是否完善，有利于实现建立高素质司法人才队伍的目标？

A. 相关政策非常完善（　　） B. 相关政策比较完善（　　）

C. 相关政策基本完善（　　） D. 相关政策不够完善（　　）

E. 相关政策很不完善（　　） F. 我不了解情况（　　）

9. 据您所知，本市司法人员违法办案的责任认定和追究机制是否完善，有利于确保司法活动的独立公正？

A. 相关机制非常完善（　　） B. 相关机制比较完善（　　）

C. 相关机制基本完善（　　） D. 相关机制不够完善（　　）

E. 相关机制很不完善（　　） F. 我不了解情况（　　）

10. 据您所知，本市在平等保护产权、妥善处理产权案件方面的工作成效如何？

A. 工作成效非常好（　　）   B. 工作成效比较好（　　）

C. 工作成效还可以（　　）   D. 工作成效比较差（　　）

E. 工作成效非常差（　　）   F. 我不了解情况（　　）

11. 据您所知，本市村民（居民）委员会的基层组织自治机制是否健全，做到民主选举、民主决策、民主管理、民主监督？

A. 相关机制非常健全（　　）   B. 相关机制比较健全（　　）

C. 相关机制基本健全（　　）   D. 相关机制不够健全（　　）

E. 相关机制很不健全（　　）   F. 我不了解情况（　　）

12. 您认为，本市媒体的法治公益广告、法治新闻报道等的宣传效果如何？

A. 宣传效果非常好（　　）   B. 宣传效果比较好（　　）

C. 宣传效果还可以（　　）   D. 宣传效果比较差（　　）

E. 宣传效果非常差（　　）   F. 我不了解情况（　　）

13. 据您所知，本市通过开展"法治进校园"等活动加强青少年法治教育的工作成效如何？

A. 工作成效非常好（　　）   B. 工作成效比较好（　　）

C. 工作成效还可以（　　）   D. 工作成效比较差（　　）

E. 工作成效非常差（　　）   F. 我不了解情况（　　）

14. 据您所知，本市建立健全党委决策前合法合规性审查制度的情况如何，是否达到了提高依法执政水平的效果？

A. 实际情况非常好（　　）   B. 实际情况比较好（　　）

C. 实际情况还可以（　　）   D. 实际情况比较差（　　）

E. 实际情况非常差（　　）   F. 我不了解情况（　　）

15. 据您所知，本市党委政府主要领导是否切实履行推进法治建设的职责，研究部署法治建设工作并发挥模范带头作用？

A. 履行职责情况非常好（　　）   B. 履行职责情况比较好（　　）

C. 履行职责情况还可以（　　）   D. 履行职责情况比较差（　　）

E. 履行职责情况非常差（　　）   F. 我不了解情况（　　）

第二部分　您的背景信息

以下根据情况，请分别填写或者在对应处勾选。

本职：   政治面貌：

性别：女/男   学历：小学及以下；初中；高中（含中职）；大学（含专科）；研究生

年龄段（周岁）：18～22；23～27；28～37；38～47；48～57；58～67；68～77；78及以上

如果您对本市法治建设情况还有其他看法，请在下面填写（并可另附页）：

_____

_____

_____

_____

_____

_____

_____

_____

_____

_____

_____

_____

_____

_____

_____

_____

_____

_____

_____

_____

_____

_____

_____

_____

_____

_____

_____

_____

2017 年度法治广东建设第三方评估调查问卷
（政协委员）

为了贯彻依法治国方略、推进法治广东建设，暨南大学接受中共广东省委全面依法治省工作领导小组办公室的委托，对 2017 年度全省各地级及以上市的法治建设情况进行第三方评估。此份调查问卷是第三方评估的组成部分，目的在于收集和分析省政协委员对所评估城市（原则上是本人经常居住地）的法治建设情况的看法。

问卷采用匿名形式（只需获取宽泛的背景信息），所以请您放心勾选和填写，这对于我们的评估工作具有重要意义。谢谢合作！

暨南大学法治广东智库

第一部分　问卷

所评估城市：

以下都是单选题，请在所选答案后面的括号内画上"√"。

1. 据您所知，本市政府作出重大行政决策是否经过公众参与、专家论证、风险评估、合法性审查、集体讨论决定等程序？

A. 总是经过这些程序（　　）　　　B. 多数经过这些程序（　　）

C. 基本经过这些程序（　　）　　　D. 较少经过这些程序（　　）

E. 极少经过这些程序（　　）　　　F. 我不了解情况（　　）

2. 据您所知，本市推进公共资金、国有资产与资源、领导干部履行经济责任等领域审计全覆盖的情况如何？

A. 推进情况非常好（　　）　　　B. 推进情况比较好（　　）

C. 推进情况还可以（　　）　　　D. 推进情况比较差（　　）

E. 推进情况非常差（　　）　　　F. 我不了解情况（　　）

3. 据您所知，本市司法人员与案件当事人、律师、特殊关系人、中介组织等的接触交往行为是否规范？

A. 接触交往非常规范（　　）　　　B. 接触交往比较规范（　　）

C. 接触交往还算规范（　　）　　　D. 接触交往不够规范（　　）

E. 接触交往极不规范（　　）　　　F. 我不了解情况（　　）

4. 据您所知，本市司法机关与政府相关部门联动解决案件"执行难"的工作成效如何？

    A. 工作成效非常好（   ）   B. 工作成效比较好（   ）

    C. 工作成效还可以（   ）   D. 工作成效比较差（   ）

    E. 工作成效非常差（   ）   F. 我不了解情况（   ）

5. 据您所知，本市司法人员违法办案的责任认定和追究机制是否完善，有利于确保司法活动的独立公正？

    A. 相关机制非常完善（   ）   B. 相关机制比较完善（   ）

    C. 相关机制基本完善（   ）   D. 相关机制不够完善（   ）

    E. 相关机制很不完善（   ）   F. 我不了解情况（   ）

6-1.【请评估珠三角城市和汕头、湛江、韶关的政协委员回答本题】据您所知，本市推进法治化、国际化营商环境建设的总体情况如何？

    A. 总体情况非常好（   ）   B. 总体情况比较好（   ）

    C. 总体情况还可以（   ）   D. 总体情况比较差（   ）

    E. 总体情况非常差（   ）   F. 我不了解情况（   ）

6-2.【请评估非珠三角城市（不含汕头、湛江、韶关）的政协委员回答本题】据您所知，本市在企业开办、信贷获取、投资者保护、税收征管等方面的法规、规章、操作规程是否完善？

    A. 法规等非常完善（   ）   B. 法规等比较完善（   ）

    C. 法规等还算完善（   ）   D. 法规等不够完善（   ）

    E. 法规等很不完善（   ）   F. 我不了解情况（   ）

7. 据您所知，本市发展涉外法律服务业的情况如何？

    A. 发展情况非常好（   ）   B. 发展情况比较好（   ）

    C. 发展情况还可以（   ）   D. 发展情况比较差（   ）

    E. 发展情况非常差（   ）   F. 我不了解情况（   ）

8. 据您所知，本市推进涉港澳台法律事务合作的情况如何？

    A. 推进情况非常好（   ）   B. 推进情况比较好（   ）

    C. 推进情况还可以（   ）   D. 推进情况比较差（   ）

    E. 推进情况非常差（   ）   F. 我不了解情况（   ）

9. 据您所知，本市在营造保护创新、保护知识产权的法治环境方面的工作成效如何？

    A. 工作成效非常好（   ）   B. 工作成效比较好（   ）

    C. 工作成效还可以（   ）   D. 工作成效比较差（   ）

    E. 工作成效非常差（   ）   F. 我不了解情况（   ）

10. 据您所知，本市在平等保护产权、妥善处理产权案件方面的工作成效如何？

A. 工作成效非常好（　　）　　　　　　B. 工作成效比较好（　　）

C. 工作成效还可以（　　）　　　　　　D. 工作成效比较差（　　）

E. 工作成效非常差（　　）　　　　　　F. 我不了解情况（　　）

11. 据您所知，本市对涉金融、涉房地产、涉环境保护等领域不稳定问题的整治情况如何？

A. 整治情况非常好（　　）　　　　　　B. 整治情况比较好（　　）

C. 整治情况还可以（　　）　　　　　　D. 整治情况比较差（　　）

E. 整治情况非常差（　　）　　　　　　F. 我不了解情况（　　）

12. 据您所知，本市对于危险化学品、交通运输、寄递物流等行业的公共安全隐患防范管控情况如何？

A. 防范管控非常好（　　）　　　　　　B. 防范管控比较好（　　）

C. 防范管控还可以（　　）　　　　　　D. 防范管控比较差（　　）

E. 防范管控非常差（　　）　　　　　　F. 我不了解情况（　　）

13. 您认为，本市媒体的法治公益广告、法治新闻报道等的宣传效果如何？

A. 宣传效果非常好（　　）　　　　　　B. 宣传效果比较好（　　）

C. 宣传效果还可以（　　）　　　　　　D. 宣传效果比较差（　　）

E. 宣传效果非常差（　　）　　　　　　F. 我不了解情况（　　）

14. 据您所知，本市通过开展"法治进校园"等活动加强青少年法治教育的工作成效如何？

A. 工作成效非常好（　　）　　　　　　B. 工作成效比较好（　　）

C. 工作成效还可以（　　）　　　　　　D. 工作成效比较差（　　）

E. 工作成效非常差（　　）　　　　　　F. 我不了解情况（　　）

15. 据您所知，本市党委政府主要领导是否切实履行推进法治建设的职责，研究部署法治建设工作并发挥模范带头作用？

A. 履行职责情况非常好（　　）　　　　B. 履行职责情况比较好（　　）

C. 履行职责情况还可以（　　）　　　　D. 履行职责情况比较差（　　）

E. 履行职责情况非常差（　　）　　　　F. 我不了解情况（　　）

第二部分　您的背景信息

以下根据情况，请分别填写或者在对应处勾选。

本职：　　　　　　　　　　政治面貌：

性别：女/男　　　学历：小学及以下；初中；高中（含中职）；大学（含专科）；研究生

年龄段（周岁）：18～22；23～27；28～37；38～47；48～57；58～67；68～77；78及以上

如果您对本市法治建设情况还有其他看法，请在下面填写（并可另附页）：

2017 年度法治广东建设第三方评估调查问卷
（企业）

为了贯彻依法治国方略、推进法治广东建设，暨南大学接受中共广东省委全面依法治省工作领导小组办公室的委托，对 2017 年度全省各地级及以上市的法治建设情况进行第三方评估。此份调查问卷是第三方评估的组成部分，目的在于收集和分析各企业对其所在城市的法治建设情况的看法。

问卷采用匿名形式（只需获取宽泛的背景信息），所以请您放心勾选和填写，这对于我们的评估工作具有重要意义。谢谢合作！

暨南大学法治广东智库

第一部分　问卷

所评估城市：

以下都是单选题，请在所选答案后面的括号内画上"√"。

1－1.【请珠三角城市和汕头、湛江、韶关的企业回答本题】珠三角城市和区域中心城市应当推进法治化国际化营商环境建设，为提升广东投资环境的国际竞争力和影响力作出积极贡献。您认为，本市在这方面的情况如何？

A. 营商环境总体非常好（　　）　　　　B. 营商环境总体比较好（　　）

C. 营商环境总体还可以（　　）　　　　D. 营商环境总体比较差（　　）

E. 营商环境总体非常差（　　）　　　　F. 我不了解情况（　　）

1－2.【请非珠三角城市（不含汕头、湛江、韶关）的企业回答本题】政府应当积极完善企业开办、信贷获取、投资者保护、税收征管等方面的法规、规章、操作规程。您认为，本市在这方面的情况如何？

A. 法规等总体非常完善（　　）　　　　B. 法规等总体比较完善（　　）

C. 法规等总体还算完善（　　）　　　　D. 法规等总体不够完善（　　）

E. 法规等总体很不完善（　　）　　　　F. 我不了解情况（　　）

2. 政府应当推动建立统一开放、竞争有序的市场体系和监管规则，推进投资贸易便利化。您认为，本市在这方面的情况如何？

A. 市场非常开放、有序（　　）　　　　B. 市场比较开放、有序（　　）

C. 市场不够开放、有序（　　）　　　　D. 市场比较封闭、混乱（　　）

E. 市场非常封闭、混乱（   ）　　　　F. 我不了解情况（   ）

3-1.【请自贸区内的企业回答本题】自贸区要着力建设"海上丝绸之路法律服务基地"，打造亚洲区域公共法律服务高地。据您所知，本市在这方面的情况如何？

A. 法律服务情况非常好（   ）　　　　B. 法律服务情况比较好（   ）

C. 法律服务情况还可以（   ）　　　　D. 法律服务情况比较差（   ）

E. 法律服务情况非常差（   ）　　　　F. 我不了解情况（   ）

3-2.【请非自贸区外的企业回答本题】政府要积极发展涉外法律服务业，提高涉外法律服务质量。据您所知，本市在这方面的情况如何？

A. 行业发展情况非常好（   ）　　　　B. 行业发展情况比较好（   ）

C. 行业发展情况还可以（   ）　　　　D. 行业发展情况比较差（   ）

E. 行业发展情况非常差（   ）　　　　F. 我不了解情况（   ）

4. 政府应当强化创新驱动发展法治保障，营造保护创新、保护知识产权的法治环境。据您所知，本市在这方面的情况如何？

A. 创新法治保障非常好（   ）　　　　B. 创新法治保障比较好（   ）

C. 创新法治保障还可以（   ）　　　　D. 创新法治保障比较差（   ）

E. 创新法治保障非常差（   ）　　　　F. 我不了解情况（   ）

5. 政府应当平等保护产权，妥善处理产权案件，推进产权保护法治化。据您所知，本市在这方面的情况如何？

A. 产权法治保护非常好（   ）　　　　B. 产权法治保护比较好（   ）

C. 产权法治保护还可以（   ）　　　　D. 产权法治保护比较差（   ）

E. 产权法治保护非常差（   ）　　　　F. 我不了解情况（   ）

6. 人大、政府出台涉及住房、教育、医疗、社保等领域重大利益调整的法规、规章、政策之前，应当充分与社会公众沟通，听取各方面的意见。据您所知，本市在这方面的情况如何？

A. 公众沟通情况非常好（   ）　　　　B. 公众沟通情况比较好（   ）

C. 公众沟通情况还可以（   ）　　　　D. 公众沟通情况比较差（   ）

E. 公众沟通情况非常差（   ）　　　　F. 我不了解情况（   ）

7-1.【请深圳、珠海、汕头的企业回答本题】深圳、珠海、汕头应当用好经济特区立法权，坚持问题导向和目标导向，大胆探索、先行先试。据您所知，本市在这方面的情况如何？

A. 立法权运用非常好（   ）　　　　B. 立法权运用比较好（   ）

C. 立法权运用还可以（   ）　　　　D. 立法权运用比较差（   ）

E. 立法权运用非常差（   ）　　　　F. 我不了解情况（   ）

7-2.【请深圳、珠海、汕头之外的企业回答本题】地方性立法应当提高精准程度，从法制上推动解决改革发展稳定中的突出矛盾和问题。据您所知，本市在这方面的情况如何？

  A. 立法精准程度非常高（ ）   B. 立法精准程度比较高（   ）

  C. 立法精准程度还可以（ ）   D. 立法精准程度比较低（   ）

  E. 立法精准程度非常低（ ）   F. 我不了解情况（ ）

  8. 在创新创业涉及的重点领域和关键环节等，政府应当进一步精简行政许可事项。据您所知，本市在这方面的情况如何？

  A. 精简许可情况非常好（ ）   B. 精简许可情况比较好（ ）

  C. 精简许可情况还可以（ ）   D. 精简许可情况比较差（ ）

  E. 精简许可情况非常差（ ）   F. 我不了解情况（ ）

  9. 政府要以市场监管等领域为重点，进一步推进综合行政执法体制改革。据您所知，本市在这方面的情况如何？

  A. 执法改革情况非常好（ ）   B. 执法改革情况比较好（ ）

  C. 执法改革情况还可以（ ）   D. 执法改革情况比较差（ ）

  E. 执法改革情况非常差（ ）   F. 我不了解情况（ ）

  10. 政府应当完善落实纠错问责机制，加大行政问责力度，纠正行政不作为、乱作为并实现有效监管。据您所知，本市在这方面的情况如何？

  A. 行政问责效果非常好（ ）   B. 行政问责效果比较好（ ）

  C. 行政问责效果还可以（ ）   D. 行政问责效果比较差（ ）

  E. 行政问责效果非常差（ ）   F. 我不了解情况（ ）

  11. 领导干部干预司法活动、插手具体案件处理，要记录、通报和进行责任追究。据您所知，本市在这方面的情况如何？

  A. 极少存在领导干预司法（ ） B. 较少存在领导干预司法（ ）

  C. 部分存在领导干预司法（ ） D. 较多存在领导干预司法（ ）

  E. 普遍存在领导干预司法（ ） F. 我不了解情况（ ）

  12. 司法机关要与政府相关部门建立执行联动机制，推动解决案件"执行难"问题。据您所知，本市在这方面的情况如何？

  A. 解决执行问题非常好（ ）   B. 解决执行问题比较好（ ）

  C. 解决执行问题还可以（ ）   D. 解决执行问题比较差（ ）

  E. 解决执行问题非常差（ ）   F. 我不了解情况（ ）

  13. 司法机关要进一步规范查封、扣押、冻结、处理涉案财物的司法程序，并开展专项清查。据您所知，本市在这方面的情况如何？

  A. 相关司法程序非常规范（ ） B. 相关司法程序比较规范（ ）

  C. 相关司法程序还算规范（ ） D. 相关司法程序较不规范（ ）

  E. 相关司法程序很不规范（ ） F. 我不了解情况（ ）

  14. 政府要加大对涉劳资纠纷、涉环境保护、涉农涉土等领域不稳定问题的整治力度。据您所知，本市在这方面的情况如何？

A. 相关领域整治情况非常好 （　　）

B. 相关领域整治情况比较好 （　　）

C. 相关领域整治情况还可以 （　　）

D. 相关领域整治情况比较差 （　　）

E. 相关领域整治情况非常差 （　　）

F. 我不了解情况 （　　）

15. 政府要深入排查整治公共安全隐患，对于危险化学品、交通运输、寄递物流等行业加强防范管控。据您所知，本市在这方面的情况如何？

A. 相关行业防范管控非常好 （　　）

B. 相关行业防范管控比较好 （　　）

C. 相关行业防范管控还可以 （　　）

D. 相关行业防范管控比较差 （　　）

E. 相关行业防范管控非常差 （　　）

F. 我不了解情况 （　　）

第二部分　您和企业的背景信息

以下根据情况，请分别填写或者在对应处勾选。

性别：女／男　　　　最高学历：　　　　　政治面貌：

年龄段（周岁）：18～27；28～37；38～47；48～57；58～67；68～77；78及以上

所在城市：　　　　　所属行业：　　　　　规模：

如果您对本市法治建设情况还有其他看法，请在下面填写（可以另附页）：

_____

_____

_____

_____

_____

_____

_____

_____

_____

_____

_____

2017 年度法治广东建设第三方评估调查问卷
（律师）

　　为了贯彻依法治国方略、推进法治广东建设，暨南大学接受中共广东省委全面依法治省工作领导小组办公室的委托，对 2017 年度全省各地级及以上市的法治建设情况进行第三方评估。此份调查问卷是第三方评估的组成部分，目的在于收集和分析律师们对本人注册执业城市的法治建设情况的看法。

　　问卷采用匿名形式（只需获取宽泛的背景信息），所以请您放心勾选和填写，这对于我们的评估工作具有重要意义。谢谢合作！

暨南大学法治广东智库

第一部分　问卷

所评估城市：

以下都是单选题，请在所选答案后面的括号内画上"√"。

1. 您认为，本市地方性立法的精准程度如何，是否能够从法制上推动解决改革发展稳定中的突出矛盾和问题？

　　A. 精准程度非常高（　　）　　　　　B. 精准程度比较高（　　）
　　C. 精准程度还可以（　　）　　　　　D. 精准程度比较低（　　）
　　E. 精准程度非常低（　　）　　　　　F. 我不了解情况（　　）

2. 据您所知，本市落实行政执法与刑事司法"两法衔接"的情况如何，是否有效避免了"有案不移"、"以罚代刑"？

　　A. 落实情况非常好（　　）　　　　　B. 落实情况比较好（　　）
　　C. 落实情况还可以（　　）　　　　　D. 落实情况比较差（　　）
　　E. 落实情况非常差（　　）　　　　　F. 我不了解情况（　　）

3. 据您所知，本市政府机关是否能够依法履行法院的生效裁判？

　　A. 履行情况非常好（　　）　　　　　B. 履行情况比较好（　　）
　　C. 履行情况还可以（　　）　　　　　D. 履行情况比较差（　　）
　　E. 履行情况非常差（　　）　　　　　F. 我不了解情况（　　）

4. 据您所知，本市目前是否存在领导干部干预司法活动、插手具体案件处理的现象？

173

A. 极少存在这些现象（　　）　　　　B. 较少存在这些现象（　　）

C. 部分存在这些现象（　　）　　　　D. 较多存在这些现象（　　）

E. 普遍存在这些现象（　　）　　　　F. 我不了解情况（　　）

5. 据您所知，本市保障司法人员公正履职、避免其受到伤害的机制是否有效？

A. 保障机制非常有效（　　）　　　　B. 保障机制比较有效（　　）

C. 保障机制还算有效（　　）　　　　D. 保障机制比较无效（　　）

E. 保障机制非常无效（　　）　　　　F. 我不了解情况（　　）

6 - 1.【请广州、深圳的律师回答本题】据您所知，本市法院实施认罪认罚从宽制度改革试点的效果如何？

A. 实施效果非常好（　　）　　　　　B. 实施效果比较好（　　）

C. 实施效果还可以（　　）　　　　　D. 实施效果比较差（　　）

E. 实施效果非常差（　　）　　　　　F. 我不了解情况（　　）

6 - 2.【请广州、深圳之外的律师回答本题】据您所知，本市法院实施审判为中心的刑事诉讼制度改革的效果如何？

A. 实施效果非常好（　　）　　　　　B. 实施效果比较好（　　）

C. 实施效果还可以（　　）　　　　　D. 实施效果比较差（　　）

E. 实施效果非常差（　　）　　　　　F. 我不了解情况（　　）

7. 您认为，本市查封、扣押、冻结、处理涉案财物的司法程序是否规范？

A. 司法程序非常规范（　　）　　　　B. 司法程序比较规范（　　）

C. 司法程序还算规范（　　）　　　　D. 司法程序较不规范（　　）

E. 司法程序很不规范（　　）　　　　F. 我不了解情况（　　）

8. 您认为，本市是否能够依法依规保障律师的执业权利？

A. 保障情况非常好（　　）　　　　　B. 保障情况比较好（　　）

C. 保障情况还可以（　　）　　　　　D. 保障情况比较差（　　）

E. 保障情况非常差（　　）　　　　　F. 我不了解情况（　　）

9. 据您所知，本市检察机关对于诉讼活动的法律监督工作成效如何？

A. 工作成效非常好（　　）　　　　　B. 工作成效比较好（　　）

C. 工作成效还可以（　　）　　　　　D. 工作成效比较差（　　）

E. 工作成效非常差（　　）　　　　　F. 我不了解情况（　　）

10. 您认为，本市在构建统一开放、竞争有序的市场体系和监管规则方面的工作成效如何？

A. 工作成效非常好（　　）　　　　　B. 工作成效比较好（　　）

C. 工作成效还可以（　　）　　　　　D. 工作成效比较差（　　）

E. 工作成效非常差（　　）　　　　　F. 我不了解情况（　　）

11. 您认为，本市推进涉港澳台法律事务合作的情况如何？

A. 推进情况非常好（　　）　　　　　　B. 推进情况比较好（　　）

C. 推进情况还可以（　　）　　　　　　D. 推进情况比较差（　　）

E. 推进情况非常差（　　）　　　　　　F. 我不了解情况（　　）

12. 据您所知，本市调解、仲裁、行政裁决、行政复议、诉讼等衔接协调的多元化纠纷解决机制是否健全？

A. 相关机制非常健全（　　）　　　　　B. 相关机制比较健全（　　）

C. 相关机制基本健全（　　）　　　　　D. 相关机制不够健全（　　）

E. 相关机制很不健全（　　）　　　　　F. 我不了解情况（　　）

13. 据您所知，本市乡村、社区的法律顾问是否充分发挥了法制宣传、化解矛盾纠纷等作用？

A. 发挥作用非常充分（　　）　　　　　B. 发挥作用比较充分（　　）

C. 发挥作用基本充分（　　）　　　　　D. 发挥作用不够充分（　　）

E. 发挥作用很不充分（　　）　　　　　F. 我不了解情况（　　）

14. 据您所知，本市落实"谁执法谁普法"责任制的情况如何，尤其是能否围绕热点难点问题向社会开展普法和进行"以案释法"？

A. 落实情况非常好（　　）　　　　　　B. 落实情况比较好（　　）

C. 落实情况还可以（　　）　　　　　　D. 落实情况比较差（　　）

E. 落实情况非常差（　　）　　　　　　F. 我不了解情况（　　）

15. 据您所知，本市党政机关公职律师队伍建设的情况如何，是否能够充分履行职责和依法享有执业权利？

A. 建设情况非常好（　　）　　　　　　B. 建设情况比较好（　　）

C. 建设情况还可以（　　）　　　　　　D. 建设情况比较差（　　）

E. 建设情况非常差（　　）　　　　　　F. 我不了解情况（　　）

第二部分　您的背景信息

以下根据情况，请分别填写或者在对应处勾选。

性别：女/男　　　最高学历：　　　　　政治面貌：

执业类别：专职；兼职；实习；助理；公职；公司；其他（　　　　　　　）

所在城市：　　　　　　　　　　主要业务领域：

年龄段（周岁）：18～27；28～37；38～47；48～57；58～67；68～77；78及以上

如果您对本市法治建设情况还有其他看法，请在下面填写（可以另附页）：

_____

_____

_____

2017 年度法治广东建设第三方评估调查问卷
（专家学者）

为了贯彻依法治国方略、推进法治广东建设，暨南大学接受中共广东省委全面依法治省工作领导小组办公室的委托，对 2017 年度全省各地级及以上市的法治建设情况进行第三方评估。此份调查问卷是第三方评估的组成部分，目的在于收集和分析专家学者对所评价城市的法治建设情况的看法。

问卷采用匿名形式（只需获取宽泛的背景信息），所以请您放心勾选和填写，这对于我们的评估工作具有重要意义。谢谢合作！

暨南大学法治广东智库

第一部分　问卷

所评估城市：

以下都是单选题，请在所选答案后面的括号内画上"√"。

1. 据您所知，该市健全人大主导立法工作机制的情况如何，尤其是能否有效防止部门利益和地方保护？

 A. 相关机制非常健全（　　　） B. 相关机制比较健全（　　　）

 C. 相关机制基本健全（　　　） D. 相关机制不够健全（　　　）

 E. 相关机制很不健全（　　　） F. 我不了解情况（　　　）

2. 据您所知，该市地方性立法的科学性如何，是否能够符合立法工作和立法所涉事项的客观规律？

 A. 科学性非常强（　　　） B. 科学性比较强（　　　）

 C. 科学性还可以（　　　） D. 科学性比较弱（　　　）

 E. 科学性非常弱（　　　） F. 我不了解情况（　　　）

3. 据您所知，该市地方性立法过程中，法律、财经、环保、司法监督等方面的专家顾问发挥作用情况如何？

 A. 发挥作用非常充分（　　　） B. 发挥作用比较充分（　　　）

 C. 发挥作用基本充分（　　　） D. 发挥作用不够充分（　　　）

 E. 发挥作用很不充分（　　　） F. 我不了解情况（　　　）

4. 您认为，该市是否做到了立法与改革相衔接，通过立法引领、推动、规范与保障改革？

    A. 衔接情况非常好（　　　）   B. 衔接情况比较好（　　　）

    C. 衔接情况还可以（　　　）   D. 衔接情况比较差（　　　）

    E. 衔接情况非常差（　　　）   F. 我不了解情况（　　　）

5. 您认为，该市在立法立项、起草、审议等方面的工作机制是否完善？

    A. 相关机制非常完善（　　　）   B. 相关机制比较完善（　　　）

    C. 相关机制基本完善（　　　）   D. 相关机制不够完善（　　　）

    E. 相关机制很不完善（　　　）   F. 我不了解情况（　　　）

6. 据您所知，该市实施政府部门权责清单制度的工作成效如何，是否达到了理顺内外部关系、规范行政权力运行的效果？

    A. 工作成效非常好（　　　）   B. 工作成效比较好（　　　）

    C. 工作成效还可以（　　　）   D. 工作成效比较差（　　　）

    E. 工作成效非常差（　　　）   F. 我不了解情况（　　　）

7. 据您所知，该市是否有效落实了重大行政决策合法性审查制度，达到提高依法行政水平的效果？

    A. 落实情况非常好（　　　）   B. 落实情况比较好（　　　）

    C. 落实情况还可以（　　　）   D. 落实情况比较差（　　　）

    E. 落实情况非常差（　　　）   F. 我不了解情况（　　　）

8. 据您所知，该市建立健全重大执法决定法制审核、执法公示等制度的工作成效如何，是否达到了促进公正文明执法等效果？

    A. 工作成效非常好（　　　）   B. 工作成效比较好（　　　）

    C. 工作成效还可以（　　　）   D. 工作成效比较差（　　　）

    E. 工作成效非常差（　　　）   F. 我不了解情况（　　　）

9. 据您所知，该市强化行政问责的实际效果如何，是否有效纠正了行政不作为、乱作为并实现有效监管？

    A. 实际效果非常好（　　　）   B. 实际效果比较好（　　　）

    C. 实际效果还可以（　　　）   D. 实际效果比较差（　　　）

    E. 实际效果非常差（　　　）   F. 我不了解情况（　　　）

10. 据您所知，该市政府推进信息公开和数据开放、社会信息资源开放共享的工作成效如何？

    A. 工作成效非常好（　　　）   B. 工作成效比较好（　　　）

    C. 工作成效还可以（　　　）   D. 工作成效比较差（　　　）

    E. 工作成效非常差（　　　）   F. 我不了解情况（　　　）

11. 据您所知，该市法官检察官的员额制改革政策是否完善，有利于达到建立高素质司法人才队伍的目标？

    A. 相关政策非常完善（　　　）   B. 相关政策比较完善（　　　）

C. 相关政策基本完善（   ）　　　　　D. 相关政策不够完善（   ）

E. 相关政策很不完善（   ）　　　　　F. 我不了解情况（   ）

12. 据您所知，该市检察机关的未成年人司法保护工作成效如何，是否有效落实了教育、感化、挽救的方针？

A. 工作成效非常好（   ）　　　　　B. 工作成效比较好（   ）

C. 工作成效还可以（   ）　　　　　D. 工作成效比较差（   ）

E. 工作成效非常差（   ）　　　　　F. 我不了解情况（   ）

13. 据您所知，该市在营造保护创新、保护知识产权的法治环境方面的工作成效如何？

A. 工作成效非常好（   ）　　　　　B. 工作成效比较好（   ）

C. 工作成效还可以（   ）　　　　　D. 工作成效比较差（   ）

E. 工作成效非常差（   ）　　　　　F. 我不了解情况（   ）

14. 据您所知，该市调解、仲裁、行政裁决、行政复议、诉讼等衔接协调的多元化纠纷解决机制是否健全？

A. 相关机制非常健全（   ）　　　　B. 相关机制比较健全（   ）

C. 相关机制基本健全（   ）　　　　D. 相关机制不够健全（   ）

E. 相关机制很不健全（   ）　　　　F. 我不了解情况（   ）

15. 据您所知，该市党委政府主要领导是否切实履行推进法治建设的职责，研究部署法治建设工作并发挥模范带头作用？

A. 履行职责情况非常好（   ）　　　B. 履行职责情况比较好（   ）

C. 履行职责情况还可以（   ）　　　D. 履行职责情况比较差（   ）

E. 履行职责情况非常差（   ）　　　F. 我不了解情况（   ）

第二部分　您的背景信息

以下根据情况，请分别填写或者在对应处勾选。

性别：女/男　　　　最高学历：　　　　　政治面貌：

技术职称：　　　　专业领域：

年龄段（周岁）：18～27；28～37；38～47；48～57；58～67；68～77；78及以上

如果您对该市法治建设情况还有其他看法，请在下面填写（可以另附页）：

_____

_____

_____

_____

第四节　2018 年度分类问卷调查评估分析

在 2018 年度法治广东建设第三方评估中，分类问卷调查评估设置了居民卷、企业卷、律师卷、专家学者卷四类问卷。通过派员分赴各地市的政务服务中心等单位，每个地市的选点不少于三处，随机派发问卷进行调查。表 7 - 19 为本部分的概要结果：

表 7 - 19　全省各地市在各调查问卷（满分均为 3.75 分）的得分及排名表

地市名称	居民卷	企业卷	律师卷	专家学者卷	本部分得分	本部分排名
汕尾	2.87	3.65	3.50	2.59	12.61	1
中山	3.27	3.20	2.92	3.05	12.43	2
珠海	2.89	3.41	2.93	3.19	12.41	3
深圳	2.90	3.08	2.81	3.49	12.29	4
广州	2.82	3.08	2.90	3.41	12.21	5
云浮	2.86	3.60	2.80	2.75	12.01	6
佛山	2.94	3.01	2.90	3.12	11.97	7
惠州	3.05	3.24	2.57	3.07	11.93	8
揭阳	2.89	3.20	3.15	2.63	11.88	9
汕头	3.05	3.29	2.66	2.79	11.79	10
河源	2.68	3.23	3.02	2.86	11.78	11
清远	2.93	3.26	2.80	2.80	11.78	12
东莞	2.75	3.19	2.75	3.02	11.70	13
潮州	2.81	3.40	2.72	2.74	11.66	14
梅州	2.99	3.15	2.73	2.78	11.64	15
韶关	2.74	3.10	2.93	2.84	11.60	16
江门	2.48	3.12	2.89	2.87	11.36	17
肇庆	2.82	2.89	2.78	2.84	11.34	18
茂名	2.69	3.08	2.76	2.69	11.21	19
阳江	3.03	2.86	2.49	2.72	11.10	20
湛江	2.75	2.78	2.75	2.79	11.06	21
平均	2.87	3.18	2.84	2.90	11.80	—

与 2017 年度结果进行对比：一方面，汕尾的进步较为明显，由于在企业卷、律师卷都得分较高，得分水平整体升幅达 22.53%，排名从第 21 升至第 1；揭阳、潮州也分别由于在律师卷、企业卷的得分较高，得分水平有所提升，排名分

别从第 18、第 20 升至第 9、第 14。深圳、广州、中山、珠海、佛山、惠州、云浮等市的得分水平没有明显变化，排名继续居于中前部。另一方面，肇庆的退步较为明显，主要由于在企业卷得分较低，得分水平整体降幅为 7.76%，排名从第 2 降至第 18；阳江、湛江的得分水平也都降低 5% 左右，排名分别从第 15、第 16 降至第 20、第 21。而汕头、梅州的得分水平亦有所下降，排名分别从第 3、第 11 降至第 10、第 15。

一、居民卷评估分析

本卷 10 道题的得分情况，详见表 7 - 20。总体来看：各题平均得分在 7.34 分至 7.90 分之间，总体中偏高并且相互差距不大。其中，平均分最高的是第 10 题，显示居民普遍较为肯定当地的宪法宣传效果；平均分紧随其后的分别是第 9 题（扫黑除恶专项斗争效果）、第 8 题（全民禁毒宣传教育活动效果）以及第 2 题（行政执法公正文明），显示居民对于这些方面的情况也普遍较为肯定。平均分较低的是第 7 题（外来务工人员民主法治和维权意识）和第 5 题（获得公共法律服务的便利程度，见图 7 - 1），显示部分居民认为这两方面的情况相对未尽人意。

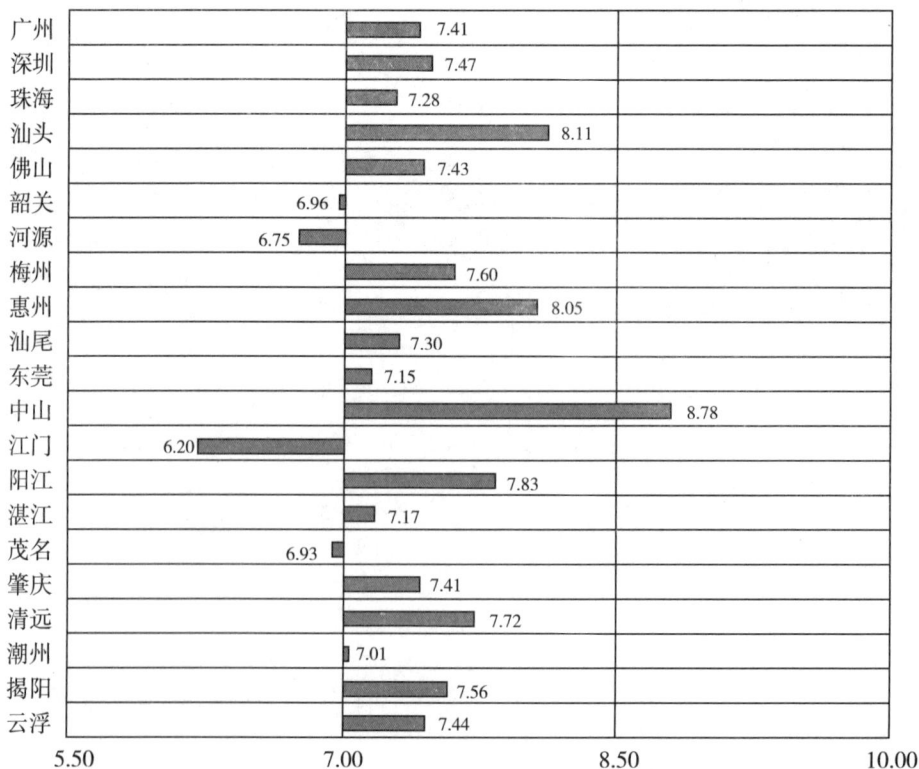

图 7 - 1　全省各地市在居民卷第 5 题的得分（十分制显示）示意图

　　具体来看：本卷平均分排名首位的是中山，其各题得分都高于 8.5 分，平均得分达到 8.72 分；排名随后的惠州、汕头、阳江，各题平均得分也在 8 分以上，显示它们的法治建设相关情况也都较为得到当地居民的认可。而排名靠后的江门、河源、茂名，存在共性的失分点，除了上述第 5 题、第 7 题之外，还包括第 4 题（社会救助相关事项的公开）。尤需提到的是，江门在半数题目的分数都低于 6.5 分，以致成为本卷唯一平均得分未超过 7 分的地市，显示居民认为当地的多个方面法治建设情况都存在不足。

二、企业卷评估分析

　　本卷 10 道题的得分情况，详见表 7 - 21。总体来看：各题平均得分在 8.16 分至 8.72 分之间，总体较高且相互的差距不大。其中，平均分最高的是第 5 题，显示企业负责人普遍较为肯定当地的深化商事制度改革效果（见图 7 - 2）；平均分紧随其后的分别是第 2 题（推进"放管服"改革的情况）及第 1 题（完善促进民营经济发展立法的成效）、第 9 题（加快发展涉外法律服务业的情况）、第 8 题（加大知识产权保护力度的情况），显示企业负责人对于这些方面也普遍较为肯定。平均分最低的是第 10 题，显示部分企业负责人不甚了解宪法关于经济制度的一些规定。

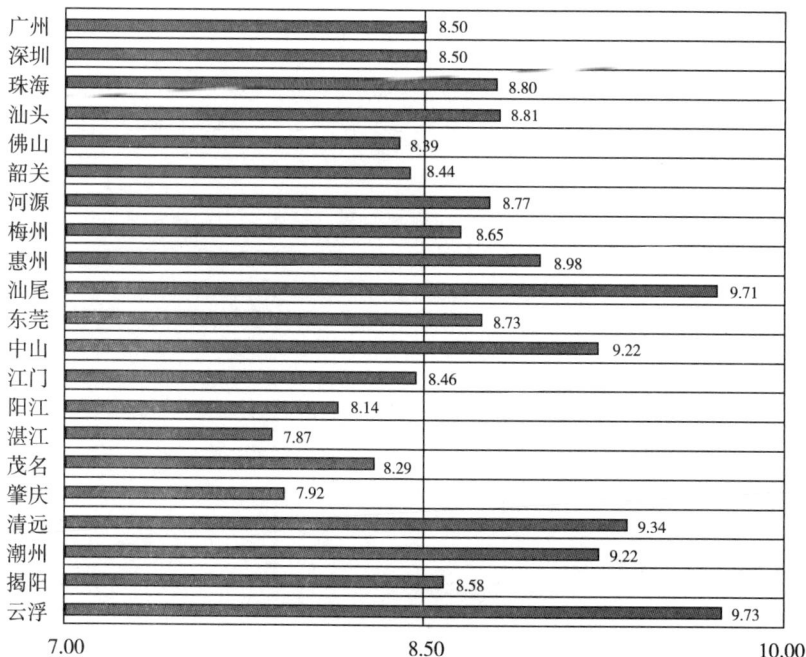

图 7 - 2　全省各地市在企业卷第 5 题的得分（十分制显示）示意图

　　具体来看：本卷平均分排名前两位的是汕尾、云浮，其各题得分大多超过9.5分，平均得分为9.74分、9.60分；排名随后的珠海、潮州，各题平均得分亦大多在9分以上，显示它们的法治建设相关情况也都较为得到当地企业负责人的认可。而排名靠后的湛江、阳江、肇庆，比较存在共性的失分点，除了上述的第10题之外，还包括第4题（解决"执行难"问题的情况）、第7题（保护各类市场主体产权的情况），显示企业负责人认为三个地市在这些方面都存在较为明显的不足。

三、律师卷评估分析

　　本卷10道题的得分情况，详见表7-22。总体来看：各题平均得分在7.03分至8.20分之间，相互的差距稍大。其中，平均分最高的是第10题，显示律师普遍比较了解2018年修改后的宪法关于监察委员会的规定；平均分随后的分别是第9题（党政领导切实履行推进法治建设职责的情况）、第6题（司法机关落实涉财产保全、网络司法拍卖、司法救助等方面制度规定的情况），显示律师对于这些方面都普遍较为肯定。平均分较低的是第4题（提高审限内结案率的情况，见图7-3）及第7题（发展涉外法律服务业的情况）、第5题（加强对司法活动监督的效果），显示律师认为部分地市在这些方面相对未尽人意。

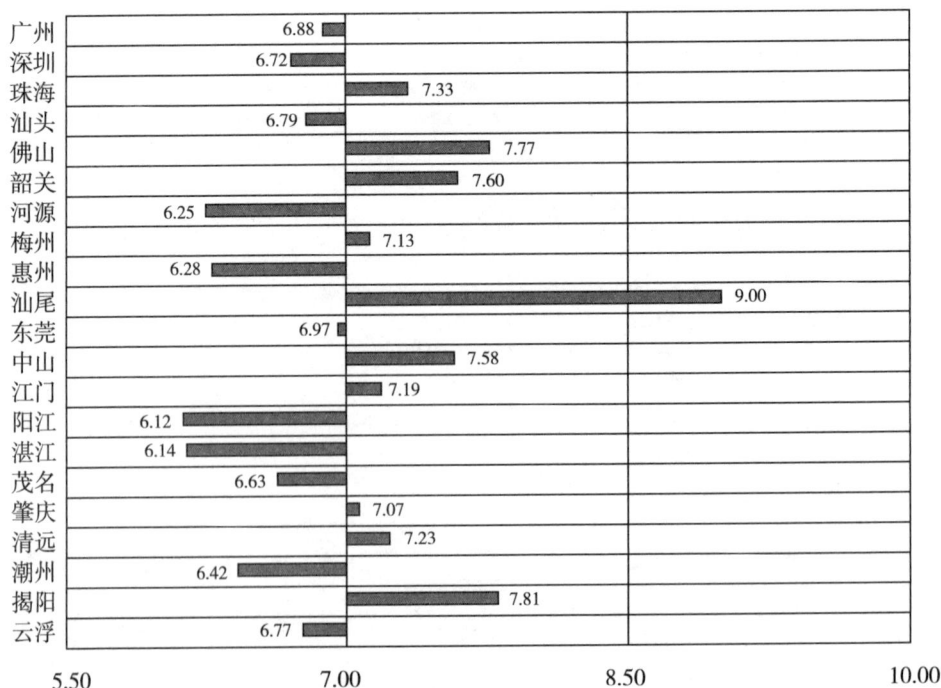

图7-3　全省各地市在律师卷第4题的得分（十分制显示）示意图

　　具体来看：本卷平均分排名首位的是汕尾，其各题得分大多超过了 9 分，平均得分达到 9.34 分；排名随后的揭阳，各题平均得分亦多数在 8 分以上，显示它们的法治建设相关情况都较为得到律师的认可。排名处于尾部的阳江、惠州，平均得分都低于 7 分；它们存在共性的失分点，除了上述第 4 题、第 7 题、第 5 题之外，还包括第 1 题（保障民营经济发展方面立法的情况）、第 8 题（基层人民调解组织建设的情况），显示律师认为两市在这些方面存在较为明显的不足。

四、专家学者卷评估分析

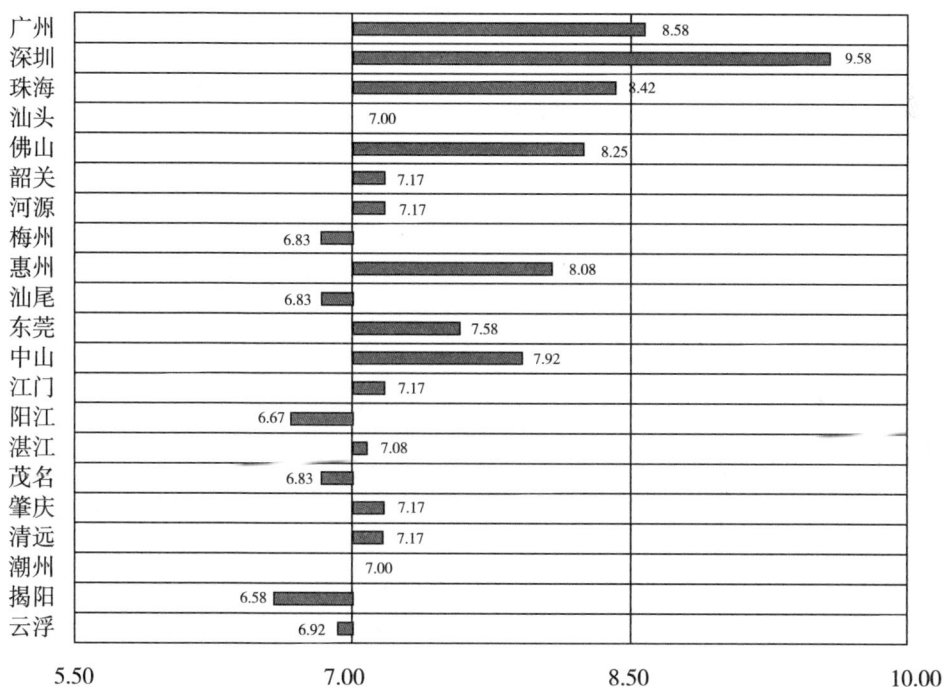

地市	得分
广州	8.58
深圳	9.58
珠海	8.42
汕头	7.00
佛山	8.25
韶关	7.17
河源	7.17
梅州	6.83
惠州	8.08
汕尾	6.83
东莞	7.58
中山	7.92
江门	7.17
阳江	6.67
湛江	7.08
茂名	6.83
肇庆	7.17
清远	7.17
潮州	7.00
揭阳	6.58
云浮	6.92

图 7 - 4　全省各地市在专家学者卷第 4 题的得分（十分制显示）示意图

　　本卷 10 道题的得分情况，详见表 7 - 23。总体来看：各题平均得分在 7.43 分至 8.12 分之间，总体偏高且相互的差距不大。其中，平均分最高的是第 1 题，显示专家学者普遍较为肯定各地市对于党内法规的执行情况；平均分紧随其后的分别是第 2 题（健全地方立法中重要事项引入第三方评估工作规范的情况）及第 9 题（落实"谁执法谁普法"普法责任制的效果）、第 3 题（提高立法工作能力的情况）、第 10 题（根据过往考评结果切实改进依法治市工作的总体情况），显示专家学者对这些方面也普遍较为肯定。平均分最低的是第 4 题（可见图 7 - 4），显示专家学者认为部分地市的健全支持改革创新容错机制情况相对未尽人意。

具体来看：本卷平均分排名前两位的是深圳、广州，其各题得分多数超过了9分，平均得分为9.29分、9.09分；排名随后的珠海、佛山、惠州、东莞、中山，各题平均得分亦多数在8分以上，显示它们的法治建设相关情况也都较为得到专家学者的认可。排名靠后的汕尾、揭阳、茂名，比较存在共性的失分点，除了上述的第4题之外，还包括第7题（健全商事纠纷解决机制的情况）、第6题（检察机关加大提起公益诉讼力度的情况），显示专家学者认为，三个地市在这些方面都存在较为明显的不足。

五、与2017年度的比较分析

1. 居民卷

梅州、阳江、深圳的得分水平都基本不变，在本卷依然排名第4、第5、第8，揭阳、广州则得分水平和排名都有所上升，分别从第10、第16升至第9、第13。中山、惠州、汕头、汕尾的进步较为明显，得分水平升幅均在10%以上，排名也均上升超过10名（其中前三个地市在2018年度位居本卷的前3名）。

肇庆、湛江、江门的退步较为明显，得分水平的降幅均超过10%，在本卷的排名分别从第1、第3、第13降至第13、第16、第21。云浮、茂名、河源的得分水平降幅亦接近10%，排名也都下降10名以上。而东莞、韶关虽然得分水平降幅不大，但在本卷排名依然偏后，并相较2017年度有所下降。

2. 企业卷

清远、揭阳、东莞的得分水平和排名都基本不变，2018年度在本卷的排名分别为第6、第9、第11；潮州、惠州、韶关则得分水平有所上升，排名分别从第10、第14、第19升至第4、第7、第14。汕尾、云浮、珠海的进步较为明显，得分水平的升幅均在10%以上，排名也均上升超过10名，在2018年度位居本卷的前3名；汕头、河源的得分水平也有所上升，在本卷的排名分别从第15、第17升至第5、第8。

肇庆的退步较为明显，得分水平降幅接近15%，在本卷的排名从第2降至第19；中山、江门、佛山的得分水平降幅亦接近10%，排名分别从第1、第3、第5降至第10、第13、第18。而阳江、湛江虽然得分水平和排名都下降不多，但在本卷排名处于尾部。

3. 律师卷

揭阳、珠海的得分水平略有上升，排名分别从第5、第9升至第2、第4。汕尾、江门的进步较为明显，得分水平的升幅均在10%以上，排名分别从第21、第19升至第1、第10；深圳、广州的得分水平升幅也达到8%，排名均上升8名，分别从第18、第6升至第10、第8。

肇庆、惠州的退步较为明显，得分水平降幅为12%左右，排名分别从第3、第8降至第13、第20；云浮、梅州的得分水平降幅也在10%左右，排名分别从第4、第7降至第12、第17。而河源、韶关尽管排名下降不多，仅分别从第1、第2降至第3、第5，但得分水平的降幅均超过10%；降幅相近的阳江，则从第14名降至第21名。

另外，虽然潮州的得分水平升幅超过10%，排名仅从第20升至第18，而东莞、茂名、汕头得分水平和排名都基本不变，依然处于中后部。

4. 专家学者卷

广州、珠海、惠州、中山等多个地市的得分水平和排名都基本不变，如这四个地市2018年度在本卷的排名分别为第2、第3、第5、第6。肇庆、河源、惠州的得分水平虽然升幅不大，但排名分别从第14、第15、第21升至第10、第9、第17；深圳、佛山、东莞的得分水平升幅也不算大，在本卷的排名则分别从第2、第6、第8升至第1、第4、第7。

汕头的退步较为明显，得分水平降幅接近10%，在本卷的排名从第5降至第13；阳江的得分水平降幅亦接近5%，排名从第11降至第18。而茂名、揭阳虽然得分水平仅略有下降，但在本卷排名依然处于尾部，汕尾更是得分水平降幅超过5%，排名从第18降至末位。

表7-20 2018年度全省全省各地市在居民卷的得分情况（十分制显示）及排名表

地市	主题										本卷平均分	本卷得分排名
	1. 环境保护立法	2. 公正文明执法	3. 依法独立公正行使司法权	4. 重点领域信息公开	5. 公共法律服务	6. 外来人员参与社区治理	7. 外来务工人员民主法治与依法维权意识	8. 全民禁毒宣传教育	9. 扫黑除恶专项斗争	10. 宪法宣传		
中山	8.61	8.72	8.73	8.61	8.78	8.72	8.59	8.87	8.83	8.72	8.72	1
惠州	8.10	8.40	8.27	8.05	8.05	8.10	7.83	8.12	8.21	8.30	8.14	2
汕头	8.16	8.03	8.06	8.03	8.11	8.20	8.06	8.08	8.26	8.23	8.12	3
阳江	8.29	8.24	8.04	7.86	7.83	7.95	7.62	8.17	8.35	8.42	8.08	4
梅州	7.91	8.18	8.13	7.77	7.60	7.67	7.46	8.25	8.24	8.47	7.97	5
佛山	8.00	8.10	7.75	7.54	7.43	7.51	7.33	8.24	8.27	8.16	7.83	6
清远	7.83	8.00	7.86	7.93	7.72	8.02	7.59	7.51	7.60	8.01	7.81	7
深圳	7.95	7.96	7.46	7.66	7.47	7.59	7.44	7.84	7.88	8.16	7.74	8
揭阳	8.19	7.58	7.07	7.75	7.56	7.55	7.79	8.19	7.86	7.57	7.71	9
珠海	7.93	8.26	7.40	7.26	7.28	7.50	7.51	8.07	8.11	7.65	7.70	10
汕尾	7.33	7.77	7.63	7.54	7.30	7.38	6.98	8.20	8.52	7.73	7.64	11
云浮	7.27	7.92	7.89	7.42	7.44	7.13	7.11	7.94	8.11	8.06	7.63	12
广州	7.32	7.73	7.32	7.44	7.41	7.73	7.20	7.60	7.51	7.95	7.52	13
肇庆	7.32	7.73	7.32	7.44	7.41	7.73	7.20	7.60	7.51	7.95	7.52	13
潮州	7.39	7.56	7.67	7.48	7.01	7.12	7.12	8.00	7.80	7.66	7.48	15
湛江	7.10	7.22	7.78	7.12	7.17	7.60	7.35	6.90	6.81	8.23	7.33	16
东莞	7.24	7.55	7.24	7.21	7.15	7.13	7.06	7.58	7.67	7.38	7.32	17
韶关	7.25	7.45	7.01	7.10	6.96	7.32	6.94	7.75	7.73	7.56	7.31	18
茂名	7.22	7.12	7.13	6.95	6.93	7.04	6.96	7.52	7.50	7.25	7.16	19
河源	7.30	7.40	7.08	6.56	6.75	7.03	6.68	7.59	7.62	7.41	7.14	20
江门	6.77	6.77	6.44	6.88	6.20	6.33	6.28	6.65	6.83	7.04	6.62	21
平均	7.64	7.80	7.59	7.50	7.41	7.54	7.34	7.84	7.87	7.90	7.64	—

表7-21　2018年度全省各地市在企业卷的得分情况（十分制显示）及排名表

地市	主题										本卷平均分	本卷得分排名
	1. 民营经济发展立法	2. "放管服"改革	3. 公共法律服务	4. 化解"执行难"	5. 商事制度改革	6. 信用联合奖惩机制	7. 依法全面平等保护产权	8. 保护产权知识	9. 涉外法律服务	10. 宪法宣传		
汕尾	9.77	9.83	9.83	9.71	9.71	9.88	9.83	9.77	9.77	9.31	9.74	1
云浮	9.80	9.73	9.66	9.66	9.73	9.59	9.66	9.59	9.59	8.98	9.60	2
珠海	9.30	9.10	8.90	9.00	8.80	8.96	9.10	9.30	9.30	9.00	9.08	3
潮州	8.83	9.15	8.89	8.89	9.22	8.96	9.02	9.35	9.22	9.02	9.05	4
汕头	8.98	8.95	8.78	8.87	8.81	8.74	8.80	8.71	8.65	8.38	8.77	5
清远	8.72	9.21	8.37	8.59	9.34	8.32	8.63	8.68	8.63	8.28	8.68	6
惠州	8.72	8.87	8.65	8.68	8.98	8.50	8.57	8.50	8.32	8.54	8.63	7
河源	8.61	8.61	8.71	8.55	8.77	8.34	8.61	8.66	8.55	8.50	8.59	8
揭阳	8.44	8.97	8.42	8.36	8.58	7.61	8.67	8.69	9.09	8.61	8.55	9
中山	8.50	9.17	8.39	8.18	9.22	8.50	8.19	8.40	8.55	8.06	8.52	10
东莞	8.74	8.66	8.58	8.44	8.73	8.48	8.44	8.56	8.52	7.91	8.51	11
梅州	8.35	8.58	8.42	8.19	8.65	8.58	8.42	8.23	8.31	8.27	8.40	12
江门	8.54	8.50	8.32	8.17	8.46	7.99	8.39	8.46	8.43	7.98	8.32	13
韶关	8.38	8.38	8.38	8.38	8.44	8.38	8.38	8.38	8.50	6.94	8.26	14
深圳	8.54	8.39	8.32	8.13	8.50	8.04	8.00	8.13	8.50	7.73	8.23	15
茂名	8.58	8.58	8.15	8.04	8.29	7.90	8.02	8.31	8.10	8.18	8.22	16
广州	8.25	8.40	8.15	7.96	8.50	8.15	8.19	8.28	8.25	7.97	8.21	17
佛山	8.00	8.30	8.17	7.73	8.39	7.67	8.06	8.08	8.21	7.68	8.03	18
肇庆	8.00	7.96	7.33	7.54	7.92	7.29	7.88	7.79	8.04	7.29	7.70	19
阳江	7.72	7.88	7.72	7.47	8.14	7.62	7.36	7.57	7.38	7.31	7.62	20
湛江	7.35	7.35	7.20	7.26	7.87	7.54	7.37	7.22	7.37	7.39	7.39	21
平均	8.58	8.69	8.44	8.37	3.72	8.34	8.46	8.51	8.54	8.16	8.48	—

表7-22 2018年度全省各地市在律师卷的得分情况（十分制显示）及排名表

地市	主题										本卷平均分	本卷得分排名
	1. 民营经济发展立法	2. 推行行政执法公示等制度	3. 防止领导干部干预司法	4. 审限内结案率	5. 案件质量评查机制	6. 落实涉财产保全等制度	7. 涉外法律服务	8. 人民调解组织建设	9. 党政领导履行推进法治建设职责	10. 宪法宣传		
汕尾	9.30	9.50	9.70	9.00	9.40	9.30	9.20	8.90	9.60	9.50	9.34	1
揭阳	7.86	8.85	8.27	7.81	7.92	8.50	8.15	8.85	8.73	9.08	8.40	2
河源	8.03	8.50	7.75	6.25	7.66	7.84	7.75	8.69	8.69	9.44	8.06	3
珠海	8.33	7.67	7.67	7.33	7.50	7.67	7.50	8.67	7.83	8.00	7.82	4
韶关	7.70	7.90	8.20	7.60	7.50	8.10	7.10	7.70	8.00	8.20	7.80	5
中山	7.67	8.00	7.83	7.58	7.42	8.25	7.50	7.83	7.58	8.17	7.78	6
佛山	7.77	8.23	7.46	7.77	7.42	8.46	7.23	7.73	7.85	7.54	7.75	7
广州	7.78	7.86	7.64	6.88	7.44	7.92	7.96	7.54	8.06	8.32	7.74	8
江门	7.75	7.88	7.63	7.19	7.19	7.94	7.25	8.00	7.81	8.31	7.69	9
深圳	7.80	8.04	7.22	6.72	7.31	7.69	7.77	7.34	7.58	7.46	7.49	10
清远	7.23	7.38	7.15	7.23	7.53	7.68	6.93	7.98	7.75	7.83	7.47	11
云浮	7.23	7.46	7.92	6.77	7.13	7.81	7.35	7.46	7.35	8.04	7.45	12
肇庆	7.27	7.20	7.41	7.07	6.66	7.89	7.20	7.20	7.89	8.50	7.43	13
茂名	7.38	7.42	7.56	6.63	7.09	7.56	6.63	7.47	7.75	8.03	7.35	14
湛江	7.21	7.43	7.64	6.14	6.93	7.71	6.93	7.50	7.79	8.14	7.34	15
东莞	7.03	7.49	6.93	6.97	7.10	8.36	6.58	7.56	7.38	7.91	7.33	16
梅州	6.67	7.33	7.72	7.13	6.66	7.20	6.48	7.52	7.39	8.64	7.27	17
潮州	7.69	7.46	7.23	6.42	6.88	7.12	6.65	7.46	8.04	7.58	7.25	18
汕头	7.31	7.36	6.95	6.79	6.84	7.31	6.43	6.95	7.26	7.88	7.11	19
惠州	6.41	7.33	7.20	6.28	5.96	7.33	6.28	6.69	6.87	8.30	6.86	20
阳江	6.29	6.74	7.26	6.12	6.29	6.91	5.59	6.47	7.35	7.35	6.64	21
平均	7.51	7.76	7.64	7.03	7.23	7.84	7.16	7.69	7.84	8.20	7.59	—

表7-23 2018年度全省各地市在专家学者卷的得分情况（十分制显示）及排名表

地市	主题										本卷平均分	本卷得分排名
	1. 党内法规执行	2. 重要事项第三方评估规范	3. 立法工作队伍建设	4. 支持改革创新容错机制	5. 司法建议办理	6. 环保等重点领域公益诉讼	7. 商事纠纷解决机制	8. 调解组织建设	9. 普法责任制落实	10. 改进依法治市工作		
深圳	9.12	9.29	9.42	9.58	9.08	9.25	9.67	8.92	9.17	9.42	9.29	1
广州	9.17	9.25	9.50	8.58	9.17	8.83	9.50	8.92	9.00	9.00	9.09	2
珠海	8.67	8.67	8.75	8.42	8.17	8.50	8.25	8.33	8.58	8.58	8.49	3
佛山	8.67	8.75	8.50	8.25	8.17	8.08	8.08	8.17	8.33	8.17	8.32	4
惠州	8.67	8.50	8.08	8.08	8.17	7.83	8.08	7.75	8.25	8.33	8.18	5
中山	8.58	8.33	7.83	7.92	8.17	7.83	8.25	8.08	8.00	8.17	8.12	6
东莞	8.50	8.33	8.00	7.58	8.17	7.42	8.33	8.00	8.08	8.00	8.04	7
江门	8.00	7.75	7.83	7.17	7.58	7.92	7.58	7.50	7.50	7.67	7.65	8
河源	7.83	7.92	7.92	7.17	7.58	7.67	7.08	7.83	7.58	7.67	7.63	9
肇庆	8.00	8.08	7.25	7.17	7.67	7.58	7.33	7.42	7.75	7.67	7.58	10
韶关	7.92	7.42	7.42	7.17	7.50	7.08	7.17	7.50	7.75	7.42	7.55	11
清远	8.08	7.58	7.33	7.00	7.33	7.50	7.17	7.42	7.67	7.67	7.45	12
汕头	7.50	7.50	7.50	7.08	7.42	7.33	7.08	7.25	7.58	7.42	7.44	13
湛江	7.92	7.75	7.50	6.83	7.33	7.67	7.42	7.42	7.50	7.42	7.43	14
梅州	7.92	7.50	7.58	6.92	7.42	7.33	6.67	7.42	7.67	7.42	7.39	15
云浮	7.75	7.42	7.25	7.00	7.33	6.92	6.58	7.42	7.67	7.50	7.33	16
潮州	7.75	7.67	7.25	6.67	7.17	6.50	7.17	7.50	7.67	7.33	7.29	17
阳江	7.75	7.67	7.25	6.83	7.17	6.75	6.92	7.50	7.50	7.42	7.26	18
茂名	7.42	7.67	7.17	6.58	7.17	7.00	6.92	7.08	7.25	7.17	7.17	19
揭阳	7.33	7.08	7.33	6.83	7.25	6.50	6.50	7.25	7.17	7.25	7.03	20
汕尾	7.50	7.00	7.08	6.83	6.67	6.33	6.50	6.83	7.25	6.92	6.89	21
平均	8.12	7.97	7.81	7.43	7.71	7.52	7.54	7.69	7.85	7.80	7.74	—

表 7－24 2018 年度分类调查问卷考点一览表

		问卷题号与考点			
		居民卷	企业卷	律师卷	专家学者卷
一、深入学习贯彻习近平新时代中国特色社会主义思想和党的十九大精神	1. 坚持用习近平新时代中国特色社会主义思想统领法治建设一切工作				
	2. 深入学习宣传和贯彻实施宪法	第 10 题（宪法知识）	第 10 题（宪法知识）	第 10 题（宪法知识）	
	3. 深入开展"大学习、深调研、真落实"活动				
二、加强党对法治建设的领导，提高依法执政水平	4. 坚持依法执政				
	5. 强化法治建设第一责任人职责			第 9 题（综合）	
	6. 加强党内法规制度建设				第 1 题（党内法规执行）
	7. 全面推行法律顾问、公职律师制度				

（续上表）

		问卷题号与考点			
		居民卷	企业卷	律师卷	专家学者卷
三、加强立法能力建设，提高立法质量	8. 加强党对立法工作的领导				
	9. 提高立法精细化水平				第2题（重要事项第三方评估工作规范）
	10. 加强重点领域立法	第1题（生态文明立法）	第1题（完善促进民营经济发展的法规规章制度，清理不利于民营企业发展的法规规章和规范性文件）	第1题（保障民营经济发展立法）	
	11. 加强立法能力建设				第3题（综合）
四、加快建设法治政府，深入推进依法行政	12. 深入推进"放管服"改革		第2题（破除行政审批中介服务垄断）		
	13. 积极推进行政执法体制改革	第2题（公正文明执法）		第2题（行政执法公示、全过程记录、重大执法决定法制审核）	
	14. 推行行政程序法定化				第4题（支持改革创新容错机制）
	15. 加强对行政权力的制约和监督				第5题（司法建议、检察建议办理情况）
	16. 全面推进阳光政务建设	第4题（重点领域信息公开）			

（续上表）

分类			问卷题号与考点			
			居民卷	企业卷	律师卷	专家学者卷
三、加强立法能力建设，提高立法质量	8. 加强党对立法工作的领导					
	9. 提高立法精细化水平					第2题（重要事项第三方评估工作规范）
	10. 加强重点领域立法		第1题（生态文明立法）	第1题（完善促进民营经济发展的法规规章制度，清理不利于民营企业发展的法规规章和规范性文件）	第1题（保障民营经济发展立法）	
	11. 加强立法能力建设					第3题（综合）
四、加快建设法治政府，深入推进依法行政	12. 深入推进"放管服"改革		第2题（公正文明执法）	第2题（破除行政审批中介服务垄断）		
	13. 积极推进行政执法体制改革				第2题（行政执法公示、全过程记录、重大执法决定法制审核）	
	14. 推行行政程序法定化					第4题（支持改革创新容错机制）
	15. 加强对行政权力的制约和监督					第5题（司法建议、检察建议办理情况）
	16. 全面推进阳光政务建设		第4题（重点领域信息总公开）			

（续上表）

	居民卷	问卷题号与考点			
		企业卷	律师卷	专家学者卷	
六、加快构建建法治化营商环境，提升广东国际竞争力和区域影响力	22. 着力加强法治化营商环境顶层设计	第 3 题（公共法律服务建设情况）第 5 题（商事制度改革）第 6 题（"信用广东"建设）	第 8 题（企业人民调解组织建设情况）	第 7 题（创新商事纠纷解决机制）	
	23. 强化产权保护的法治保障	第 7 题（依法全面平等保护产权）	第 6 题（涉财产保全等方面制度的落实）		
	24. 加强知识产权保护力度	第 8 题（知识产权保护工作情况）			
	25. 加强发展涉外法律服务业	第 9 题（涉外法律服务）	第 7 题（综合）		
	26. 主动为重大战略实施提供法治支撑				

（续上表）

		问卷题号与考点			
		居民卷	企业卷	律师卷	专家学者卷
七、加强法治社会建设，推动共建共享社会治理格局走在全国前列	27. 大力加强和创新基层社会治理	第6题（业主、外来人员参与城乡社区治理）			
	28. 全面提升防范化解管控风险能力				第8题（调解组织的规范化建设）
	29. 大力整治社会治安和公共安全突出问题	第8题（全民禁毒）第9题（扫黑除恶专项斗争）			
	30. 深化多层次多形式法治创建活动				
	31. 完善公共法律服务体系	第5题（公共法律服务）			
	32. 加大法治宣传教育力度	第7题（外来务工人员民主法治意识和依法维权意识）			第9题（普法责任制的落实）

（续上表）

	问卷题号与考点				
		居民卷	企业卷	律师卷	专家学者卷
八、强化法治建设的组织保障	33. 组织年度地级以上市法治建设考评				第10题（根据过往考评结果改进工作）
	34. 强化依法治省工作督查督办				
	35. 深入推进依法治省课题研究				
	36. 加强依法治省工作队伍建设				
	37. 建设依法治省工作综合信息系统				

2018年度法治广东建设第三方评估调查问卷
（居民）

为了贯彻依法治国方略、推进法治广东建设，暨南大学接受中共广东省委全面依法治省委员会办公室的委托，对2018年度全省各地级及以上市的法治建设情况进行第三方评估。此份调查问卷是第三方评估的组成部分，目的在于收集和分析广大居民对本人所居住城市的法治建设情况的看法。问卷采用匿名形式（仅需获取宽泛的背景信息），所以请您放心勾选和填写想法，这对于我们的评估工作具有重要意义。谢谢合作！

暨南大学法治广东智库
2019年1月

第一部分　问卷

所评估城市：

以下都是单选题，请在所选答案后面的括号内画上"√"。

1. 您认为，本市环境保护领域的立法是否有助于防治大气、水、固体废弃物等污染？

　　A. 作用非常明显（　　　）　　　　　　B. 作用比较明显（　　　）
　　C. 作用还可以（　　　）　　　　　　　D. 作用比较差（　　　）
　　E. 作用非常差（　　　）　　　　　　　F. 我不了解情况（　　　）

2. 您认为，本市公安、交通、工商、城管等部门的执法是否公正文明？

　　A. 执法非常公正文明（　　　）　　　　B. 执法比较公正文明（　　　）
　　C. 执法基本公正文明（　　　）　　　　D. 执法不够公正文明（　　　）
　　E. 执法很不公正文明（　　　）　　　　F. 我不了解情况（　　　）

3. 您认为，本市法院、检察院是否能够依法独立公正行使权力？

　　A. 司法非常依法独立公正（　　　）　　B. 执法比较依法独立公正（　　　）
　　C. 执法基本依法独立公正（　　　）　　D. 执法不够依法独立公正（　　　）
　　E. 执法很不依法独立公正（　　　）　　F. 我不了解情况（　　　）

4. 据您所知，本市是否全面公开社会救助事项（医疗、教育、住房等）的对象认定、救助标准等政策？

A. 全部政策公开（　　　）　　　　　　　B. 绝大部分政策公开（　　　）

C. 大部分政策公开（　　　）　　　　　　D. 小部分政策公开（　　　）

E. 政策完全不公开（　　　）　　　　　　F. 我不了解情况（　　　）

5. 据您所知，本市群众是否便利获得找律师、办公证、求法援、寻调解、做鉴定等公共法律服务？

A. 获得非常便利（　　　）　　　　　　　B. 获得比较便利（　　　）

C. 获得一般便利（　　　）　　　　　　　D. 获得不够便利（　　　）

E. 获得很不便利（　　　）　　　　　　　F. 我不了解情况（　　　）

6. 据您所知，外来人员是否有效参与本地社区的自治管理？

A. 参与情况非常好（　　　）　　　　　　B. 参与情况比较好（　　　）

C. 参与情况还可以（　　　）　　　　　　D. 参与情况比较差（　　　）

E. 参与情况非常差（　　　）　　　　　　F. 我不了解情况（　　　）

7. 据您所知，本市外来务工人员是否具有较强的民主法治意识和依法维权意识？

A. 意识非常好（　　　）　　　　　　　　B. 意识比较好（　　　）

C. 意识还可以（　　　）　　　　　　　　D. 意识比较差（　　　）

E. 意识非常差（　　　）

E. 实际效果非常差（　　　）　　　　　　F. 我不了解情况（　　　）

8. 您认为，本市全民禁毒宣传教育活动的实际效果如何？

A. 实际效果非常好（　　　）　　　　　　B. 实际效果比较好（　　　）

C. 实际效果还可以（　　　）　　　　　　D. 实际效果比较差（　　　）

9. 您认为，本市集中开展扫黑除恶专项斗争的实际效果如何？

A. 实际效果非常好（　　　）　　　　　　B. 实际效果比较好（　　　）

C. 实际效果还可以（　　　）　　　　　　D. 实际效果比较差（　　　）

E. 实际效果非常差（　　　）　　　　　　F. 我不了解情况（　　　）

10. 2018 年 3 月 11 日第十三届全国人民代表大会第一次会议修改后的《中华人民共和国宪法》第 1 条第 2 款规定："社会主义制度是中华人民共和国的根本制度。中国共产党领导是中国特色社会主义最本质的特征。禁止任何组织或者个人破坏社会主义制度。"请问您是否了解这一内容？

A. 非常了解（　　　）　　　　　　　　　B. 比较了解（　　　）

C. 曾经听过（　　　）　　　　　　　　　D. 不太了解（　　　）

E. 很不了解（　　　）　　　　　　　　　F. 没有印象（　　　）

第二部分　您的背景信息

以下根据情况，请分别填写或者勾选。

所在城市：　　　　　　　　　　职业：

性别：女/男　学历：小学及以下；初中；高中（含中职）；大学（含专

科）；研究生

年龄段（周岁）：18～22；23～27；28～37；38～47；48～57；58～67；68～77；78 及以上

如果您对本市法治建设情况还有其他看法，请在下面填写（可以另附页）：

2018 年度法治广东建设第三方评估调查问卷
（企业）

　　为了贯彻依法治国方略、推进法治广东建设，暨南大学接受中共广东省委全面依法治省委员会办公室的委托，对 2018 年度全省各地级及以上市的法治建设情况进行第三方评估。此份调查问卷是第三方评估的组成部分，目的在于收集和分析各企业对其所在城市的法治建设情况的看法。

　　问卷采用匿名形式（只需获取宽泛的背景信息），所以请您放心勾选和填写，这对于我们的评估工作具有重要意义。谢谢合作！

暨南大学法治广东智库
2019 年 1 月

第一部分　问卷

以下都是单选题，请在所选答案后面的括号内画上"√"。

1. 各地应当完善促进民营经济发展的立法、全面清理不利于民营企业发展的法规规章和规范性文件。据您所知，本市在这方面的工作成效如何？

　　A. 工作成效非常好（　　　）　　　　B. 工作成效比较好（　　　）
　　C. 工作成效还可以（　　　）　　　　D. 工作成效比较差（　　　）
　　E. 工作大学非常差（　　　）　　　　F. 我不了解情况（　　　）

2. 为了深入推进"放管服"改革，各地应当持续开展"减证便民"行动，全面清理烦扰企业的"奇葩"证明、循环证明、重复证明等各类无谓证明。您认为，本市在这方面的总体情况如何？

　　A. 总体情况非常好（　　　）　　　　B. 总体情况比较好（　　　）
　　C. 总体情况还可以（　　　）　　　　D. 总体情况比较差（　　　）
　　E. 总体情况非常差（　　　）　　　　F. 我不了解情况（　　　）

3. 各地应当优化升级拓宽公共法律服务，更好满足民营企业法律服务需求。据您所知，本市在这方面的总体情况如何？

　　A. 总体情况非常好（　　　）　　　　B. 总体情况比较好（　　　）
　　C. 总体情况还可以（　　　）　　　　D. 总体情况比较差（　　　）
　　E. 总体情况非常差（　　　）　　　　F. 我不了解情况（　　　）

4. 为了基本解决"执行难"问题，各地应当深化执行制度改革，推动完善对"执行难"的综合治理工作格局。据您所知，本市在这方面的总体情况如何？

A. 总体情况非常好（　　）　　　　　　B. 总体情况比较好（　　）

C. 总体情况还可以（　　）　　　　　　D. 总体情况比较差（　　）

E. 总体情况非常差（　　）　　　　　　F. 我不了解情况（　　）

5. 各地应当深化商事制度改革，加快推进"证照分离""多证合一"改革，全面推进全程电子化商事登记，大力精简领取营业执照后的各类许可证，进一步破解企业"办照容易办证难""准入不准营"的突出问题。据您所知，本市在这方面的总体情况如何？

A. 总体情况非常好（　　）　　　　　　B. 总体情况比较好（　　）

C. 总体情况还可以（　　）　　　　　　D. 总体情况比较差（　　）

E. 总体情况非常差（　　）　　　　　　F. 我不了解情况（　　）

6. 各地应当推动构建跨地区、跨部门、跨领域的信用联合奖惩机制，协力打造"信用广东"。据您所知，本市在这方面的总体情况如何？

A. 总体情况非常好（　　）　　　　　　B. 总体情况比较好（　　）

C. 总体情况还可以（　　）　　　　　　D. 总体情况比较差（　　）

E. 总体情况非常差（　　）　　　　　　F. 我不了解情况（　　）

7. 行政机关、司法机关应当依法全面平等保护各类市场主体的产权，依法及时妥善处理涉产权纠纷。您认为，本市在这方面的总体情况如何？

A. 总体情况非常好（　　）　　　　　　B. 总体情况比较好（　　）

C. 总体情况还可以（　　）　　　　　　D. 总体情况比较差（　　）

E. 总体情况非常差（　　）　　　　　　F. 我不了解情况（　　）

8. 行政机关、司法机关应当通过完善知识产权代理、运营、鉴定、维权援助等服务体系和着力建设好知识产权法院，加大知识产权保护力度。据您所知，本市在这方面的总体情况如何？

A. 总体情况非常好（　　）　　　　　　B. 总体情况比较好（　　）

C. 总体情况还可以（　　）　　　　　　D. 总体情况比较差（　　）

E. 总体情况非常差（　　）　　　　　　F. 我不了解情况（　　）

9. 各地应当加快发展涉外法律服务业，为中国企业和公民"走出去"和外国企业和公民"引进来"等提供优质服务。据您所知，本市在这方面的总体情况如何？

A. 总体情况非常好（　　）　　　　　　B. 总体情况比较好（　　）

C. 总体情况还可以（　　）　　　　　　D. 总体情况比较差（　　）

E. 总体情况非常差（　　）　　　　　　F. 我不了解情况（　　）

10.《中华人民共和国宪法》第 6 条和第 11 条规定：国家在社会主义初级阶段，坚持公有制为主体、多种所有制经济共同发展的基本经济制度；在法律规定范围内的非公有制经济是社会主义市场经济的重要组成部分，国家保护非公有制经济的合法的权利和利益，鼓励、支持和引导非公有制经济的发展，并对非公有制经济依法实行监督和管理。请问您是否了解这一内容？

A. 非常了解（　　） 　　　　B. 比较了解（　　）

C. 曾经听过（　　） 　　　　D. 不太了解（　　）

E. 很不了解（　　） 　　　　F. 没有印象（　　）

第二部分　您和企业的背景信息

以下根据情况，请分别填写或者在对应处勾选。

性别：女/男　最高学历：　　　　　　政治面貌：

年龄段（周岁）：18～27；28～37；38～47；48～57；58～67；68～77；78及以上

所在城市：　　　　　所属行业：　　　　　规模：

如果您对本市法治建设情况还有其他看法，请在下面填写（可以另附页）：

_____

_____

_____

_____

_____

_____

_____

_____

_____

_____

_____

_____

_____

_____

_____

_____

_____

_____

_____

_____

2018 年度法治广东建设第三方评估调查问卷
（律师）

　　为了贯彻依法治国方略、推进法治广东建设，暨南大学接受中共广东省委全面依法治省委员会办公室的委托，对 2018 年度全省各地级及以上市的法治建设情况进行第三方评估。此份调查问卷是第三方评估的组成部分，目的在于收集和分析律师们对本人注册执业城市的法治建设情况的看法。

　　问卷采用匿名形式（只需获取宽泛的背景信息），所以请您放心勾选和填写，这对于我们的评估工作具有重要意义。谢谢合作！

暨南大学法治广东智库
2019 年 1 月

第一部分　问卷

所评估城市：

以下都是单选题，请在所选答案后面的括号内画上"√"。

1. 据您所知，本市在保障民营经济发展方面的立法情况如何？
　　A. 立法情况非常好（　　　）　　　　　　B. 立法情况比较好（　　　）
　　C. 立法情况还可以（　　　）　　　　　　D. 立法情况比较差（　　　）
　　E. 立法情况非常差（　　　）　　　　　　F. 我不了解情况（　　　）

2. 据您所知，本市推行行政执法公示、执法全过程记录、重大执法决定法制审核制度的情况如何？
　　A. 推行情况非常好（　　　）　　　　　　B. 推行情况比较好（　　　）
　　C. 推行情况还可以（　　　）　　　　　　D. 推行情况比较差（　　　）
　　E. 推行情况非常差（　　　）　　　　　　F. 我不了解情况（　　　）

3. 据您所知，本市目前是否存在领导干部干预司法活动、插手具体案件处理的现象？
　　A. 极少存在这些现象（　　　）　　　　　B. 较少存在这些现象（　　　）
　　C. 部分存在这些现象（　　　）　　　　　D. 较多存在这些现象（　　　）
　　E. 普遍存在这些现象（　　　）　　　　　F. 我不了解情况（　　　）

4. 据您所知，本市解决"案多人少"、案件积压等问题，切实提高审限内结案率的情况如何？

　　A. 解决情况非常好（　　　） 　　　B. 解决情况比较好（　　　）

　　C. 解决情况还可以（　　　） 　　　D. 解决情况比较差（　　　）

　　E. 解决情况非常差（　　　） 　　　F. 我不了解情况（　　　）

　　5. 据您所知，本市通过建立案件质量评查机制、强化错案责任追究等途径加强对司法活动监督的实际效果如何？

　　A. 实际效果非常好（　　　） 　　　B. 实际效果比较好（　　　）

　　C. 实际效果还可以（　　　） 　　　D. 实际效果比较差（　　　）

　　E. 实际效果非常差（　　　） 　　　F. 我不了解情况（　　　）

　　6. 据您所知，本市司法机关落实涉财产保全、网络司法拍卖、司法救助等方面制度规定的情况如何？

　　A. 落实情况非常好（　　　） 　　　B. 落实情况比较好（　　　）

　　C. 落实情况还可以（　　　） 　　　D. 落实情况比较差（　　　）

　　E. 落实情况非常差（　　　） 　　　F. 我不了解情况（　　　）

　　7. 据您所知，本市发展涉外法律服务业，为实施"一带一路"等重大发展战略、推动"走出去"与"引进来"、深化粤港澳紧密合作等提供支持的情况如何？

　　A. 发展情况非常好（　　　） 　　　B. 发展情况比较好（　　　）

　　C. 发展情况还可以（　　　） 　　　D. 发展情况比较差（　　　）

　　E. 发展情况非常差（　　　） 　　　F. 我不了解情况（　　　）

　　8. 据您所知，本市工业园区、民营企业矛盾纠纷多发的乡镇（街道）等地的人民调解组织建设情况如何？

　　A. 建设情况非常好（　　　） 　　　B. 建设情况比较好（　　　）

　　C. 建设情况还可以（　　　） 　　　D. 建设情况比较差（　　　）

　　E. 建设情况非常差（　　　） 　　　F. 我不了解情况（　　　）

　　9. 您认为，本市党政领导带头厉行法治、依法办事，自觉运用法治思维和法治方式深化改革、推动发展、化解矛盾、维护稳定，切实履行推进法治建设职责的情况如何？

　　A. 履责情况非常好（　　　） 　　　B. 履责情况比较好（　　　）

　　C. 履责情况还可以（　　　） 　　　D. 履责情况比较差（　　　）

　　E. 履责情况非常差（　　　） 　　　F. 我不了解情况（　　　）

　　10. 2018 年 3 月 11 日第十三届全国人大第一次会议修改后的《中华人民共和国宪法》第 127 条第 2 款规定：监察委员会依照法律规定独立行使监察权，不受行政机关、社会团体和个人的干涉，其办理职务违法和职务犯罪案件应当与审判机关、检察机关、执法部门互相配合，互相制约。请问您是否了解这一内容？

　　A. 非常了解（　　　） 　　　B. 比较了解（　　　）

C. 曾经听过（　　） 　　　　　D. 不太了解（　　）

E. 很不了解（　　） 　　　　　F. 没有印象（　　）

第二部分　您的背景信息

以下根据情况，请分别填写或者在对应处勾选。

性别：女／男　　最高学历：　　　　　　政治面貌：

执业类别：专职；兼职；实习；助理；公职；公司；其他（　　）

所在城市：主要业务领域：

年龄段（周岁）：18～27；28～37；38～47；48～57；58～67；68～77；78 及以上

如果您对本市法治建设情况还有其他看法，请在下面填写（可以另附页）：

2018 年度法治广东建设第三方评估调查问卷
（专家学者）

为了贯彻依法治国方略、推进法治广东建设，暨南大学接受中共广东省委全面依法治省委员会办公室的委托，对 2018 年度全省各地级及以上市的法治建设情况进行第三方评估。此份调查问卷是第三方评估的组成部分，目的在于收集和分析专家学者对所评价城市的法治建设情况的看法。

问卷采用匿名形式（仅需获取宽泛的背景信息），所以请您放心勾选和填写想法，这对于我们的评估工作具有重要意义。谢谢合作！

暨南大学法治广东智库
2019 年 1 月

第一部分　问卷

所评估城市：

以下都是单选题，请在所选答案后面的括号内画上"√"。

1. 据您所知，该市对党内法规制度的执行情况如何？
A. 执行情况非常好（　　　）　　　　B. 执行情况比较好（　　　）
C. 执行情况还可以（　　　）　　　　D. 执行情况比较差（　　　）
E. 执行情况非常差（　　　）　　　　F. 我不了解情况（　　　）

2. 据您所知，该市对地方立法中争议较大的重要事项引入第三方评估工作规范的健全情况如何？
A. 健全情况非常好（　　　）　　　　B. 健全情况比较好（　　　）
C. 健全情况还可以（　　　）　　　　D. 健全情况比较差（　　　）
E. 健全情况非常差（　　　）

3. 据您所知，该市加强立法工作队伍建设、提高立法工作能力的总体情况如何？
A. 总体情况非常好（　　　）　　　　B. 总体情况比较好（　　　）
C. 总体情况还可以（　　　）　　　　D. 总体情况比较差（　　　）
E. 总体情况非常差（　　　）　　　　F. 我不了解情况（　　　）

4. 据您所知，该市对支持改革创新容错机制的健全情况如何？

A. 健全情况非常好（　　　）　　　　　B. 健全情况比较好（　　　）

C. 健全情况还可以（　　　）　　　　　D. 健全情况比较差（　　　）

E. 健全情况非常差（　　　）　　　　　F. 我不了解情况（　　　）

5. 据您所知，该市行政机关对司法建议、检察建议的办理、反馈以及据此纠偏的总体情况如何？

　　A. 总体情况非常好（　　　）　　　　B. 总体情况比较好（　　　）

　　C. 总体情况还可以（　　　）　　　　D. 总体情况比较差（　　　）

　　E. 总体情况非常差（　　　）　　　　F. 我不了解情况（　　　）

6. 据您所知，该市检察机关在生态环境和资源保护等重点领域加大提起公益诉讼力度的情况如何？

　　A. 力度非常大（　　　）　　　　　　B. 力度比较大（　　　）

　　C. 力度还可以（　　　）　　　　　　D. 力度比较小（　　　）

　　E. 力度非常小（　　　）　　　　　　F. 我不了解情况（　　　）

7. 据您所知，该市健全商事纠纷解决机制（包括非诉讼解决机制）方面的情况如何？

　　A. 健全情况非常好（　　　）　　　　B. 健全情况比较好（　　　）

　　C. 健全情况还可以（　　　）　　　　D. 健全情况比较差（　　　）

　　E. 健全情况非常差（　　　）　　　　F. 我不了解情况（　　　）

8. 据您所知，该市加强基层调解组织规范化建设、提升调解成功率的总体情况如何？

　　A. 总体情况非常好（　　　）　　　　B. 总体情况比较好（　　　）

　　C. 总体情况还可以（　　　）　　　　D. 总体情况比较差（　　　）

　　E. 总体情况非常差（　　　）　　　　F. 我不了解情况（　　　）

9. 据您所知，该市落实"谁执法谁普法"普法责任制的实际效果如何？

　　A. 实际效果非常好（　　　）　　　　B. 实际效果比较好（　　　）

　　C. 实际效果还可以（　　　）　　　　D. 实际效果比较差（　　　）

　　E. 实际效果非常差（　　　）　　　　F. 我不了解情况（　　　）

10. 据您所知，该市根据过往的法治建设考评结果，切实改进依法治市工作的总体情况如何？

　　A. 总体情况非常好（　　　）　　　　B. 总体情况比较好（　　　）

　　C. 总体情况还可以（　　　）　　　　D. 总体情况比较差（　　　）

　　E. 总体情况非常差（　　　）　　　　F. 我不了解情况（　　　）

第二部分　您的背景信息（填写其中 1 份即可）

以下请根据情况，分别进行填写或者勾选。

性别：女 ／ 男　最高学历：　　　　　　政治面貌：

技术职称： 专业领域：

年龄段（周岁）：28～37；38～47；48～57；58～67；68～77；78 及以上

如果您对该市法治建设情况还有其他看法，请在下面填写（并可另附页）：

第八章 法治运行指标评估分析

第一节 2016—2018年度法治运行指标评估结果对比分析

一、本类型评估总体结果的对比分析

表8-1 三年度全省各地市在法治运行指标评估的结果对比表

地市名称	2017与2016年度对比		2018与2017年度对比		累计对比	
	得分水平	排名	得分水平	排名	得分水平	排名
广州	5.80	0	1.07	0	6.87	0
深圳	2.11	0	−1.20	0	0.91	0
珠海	3.98	↑5	−2.00	↓1	1.98	↑4
汕头	−3.05	↑1	−3.47	↓3	−6.52	↓2
佛山	2.25	↑2	1.87	↑2	4.12	↑4
韶关	−0.34	↑1	1.20	↑1	0.86	↑2
河源	−1.54	0	3.34	↑5	1.80	↑5
梅州	−0.74	↑1	3.60	↑6	2.86	↑7
惠州	−2.34	↓4	3.07	↑3	0.73	↓1
汕尾	3.01	↑2	1.20	↑2	4.21	↑4
东莞	0.22	0	−1.34	↑1	−1.12	↑1
中山	−37.27	↓18	33.78	↑14	−3.49	↓4
江门	2.65	↑1	−4.41	↓3	−1.76	↓2
阳江	6.55	↑7	−8.81	↓9	−2.26	↓2
湛江	1.21	↓1	−6.94	↓6	−5.73	↓7

（续上表）

地市名称	2017 与 2016 年度对比		2018 与 2017 年度对比		累计对比	
	得分水平	排名	得分水平	排名	得分水平	排名
茂名	0.27	0	−7.34	↓8	−7.08	↓8
肇庆	−1.29	↓1	3.74	↑5	2.45	↑4
清远	2.71	↑1	1.60	↑2	4.31	↑3
潮州	6.15	↑5	−4.81	↓4	1.35	↑1
揭阳	−3.25	↓3	−0.13	↑1	−3.39	↓2
云浮	−0.66	↑1	−12.42	↓6	−13.07	↓5

如表 8–1 所示，对比三个年度法治运行指标评估的结果：一方面，佛山、汕尾、清远的得分水平和排名都持续有所上升，珠海、肇庆、潮州尽管得分水平和排名升降互现，但累计依然都有所上升；深圳、韶关、河源、梅州的得分水平尽管升降互现，但排名也都持续有所上升（其中梅州的累计升幅达到 7 名）或者保持不变，而广州在排名保持首位的同时，得分水平依然持续有所提升（累计升幅接近 7%）。另一方面，汕头、揭阳、云浮的得分水平持续有所下降（其中云浮在 2018 年度的降幅就超过 12%），所以尽管排名升降互现，累计排名都有下降；中山、湛江、茂名等地市则得分水平升降互现，但累计排名也都有所下降（其中后两个地市的累计降幅分别为 7 名、8 名）。此外，东莞、江门、阳江尽管得分水平和排名升降互现，但累计结果都变动不大。

二、各类指标得分水平的对比分析

三个年度采用的法治运行指标不尽相同，其中有 10 个指标连续设置，可以进行对比，见表 8–2、表 8–3。

1. "行政机关负责人出庭应诉数" 指标

一方面是清远、肇庆、韶关、汕尾、梅州、江门的得分水平都接连上升（其中前两个地市的累计升幅都超过 1 倍），中山、潮州、云浮、惠州、河源等地市的得分水平尽管升降互现，但累计依然有所上升；另一方面是东莞、广州、茂名的得分水平接连下降（其中东莞的累计降幅超过 70%），湛江、珠海、汕头等地市的得分水平尽管升降互现，但累计依然属于下降（其中湛江的累计降幅超过 50%）。

2. "审理侵犯知识产权案件数" 指标

一方面是珠海、佛山、韶关、梅州、阳江、湛江、茂名、潮州、揭阳、江门、清远、云浮的得分水平都接连上升（其中前九个地市的累计升幅都超过40%），河源、汕尾、肇庆等地市的得分水平尽管升降互现，但累计依然有所上升；另一方面是深圳、汕头及广州的得分水平接连下降（其中前两个地市的累计降幅都超过40%），而中山的得分水平尽管升降互现，但由于其在2017年度的降幅接近60%，故累计降幅依然较大。

3. "审查起诉未成年犯罪嫌疑人数量"（2016年度称为"预防青少年违法犯罪工作"）指标

一方面是没有地市的得分水平接连上升，仅广州及深圳的得分水平尽管升降互现，但累计依然有所上升（其中广州的累计增幅为33.05%）；另一方面是河源、茂名、汕头、梅州、江门、潮州的得分水平接连下降（其中前两个地市的累计降幅都超过40%），清远、揭阳、云浮、韶关、惠州、汕尾、东莞、中山、湛江等地市的得分水平尽管升降互现，但累计依然出现明显下降（其中前三个地市的累计增幅都超过55%）。

4. "行政复议案件数"指标

珠海、揭阳、云浮、佛山、河源、梅州、中山、江门、阳江、潮州的得分水平接连上升（其中前三个地市的累计升幅都超过30%），汕头、汕尾、东莞、茂名、肇庆的得分水平尽管升降互现，但累计升幅也都超过20%，而除了广州的累计得分水平略有下降之外，其余地市的得分水平尽管也是升降互现，但累计都有所上升。

5. "环境违法案件查处数"指标

一方面是东莞、汕尾、惠州、汕头、韶关、梅州、江门、阳江、清远的得分水平都接连上升（其中东莞的累计升幅达到47.48%，汕尾、惠州也超过20%），河源、中山、肇庆等地市的得分水平尽管升降互现，但累计依然有所上升；另一方面是没有地市的得分水平接连下降，但潮州、云浮等地市的得分水平尽管升降互现，但累计都有所下降（其中潮州的累计降幅达到43.27%，云浮也超过10%）。

6. "水功能区水质达标率"指标

一方面是湛江、佛山、清远及肇庆的得分水平接连上升（其中前三个地市的累计升幅都超过20%），深圳、东莞、中山的得分水平尽管升降互现，但累计也依然有所上升（升幅都超过10%）；另一方面是阳江、河源、梅州、云浮的得分水平接连下降（其中阳江的累计降幅达到36.57%，后三个地市也超过15%），而珠海、韶关、茂名等地市的得分水平尽管升降互现，但累计也都有所下降。

7. "野生动物违法案件查处数"指标

一方面是河源的得分水平接连上升（累计升幅超过1倍），广州、韶关、清远及阳江的得分水平尽管升降互现，但累计也依然有所上升（前三个地市的升幅都超过35%）；另一方面是茂名、汕尾、揭阳、深圳、珠海、汕头、惠州、江门等地市的得分水平接连下降（前三个地市的降幅尤为明显），肇庆、中山、湛江、梅州及潮州的得分水平尽管升降互现，但累计也都有所下降。

8. "生产安全事故死亡人数" 指标

一方面是潮州、河源、梅州、汕尾、阳江、茂名、江门、深圳、佛山的得分水平接连上升（其中前四个地市的累计升幅分别高达 83.75%、72.36%、69.16%、50.72%），汕头、珠海、东莞的得分水平尽管升降互现，但累计依然有所上升；另一方面是韶关、中山的得分水平持续有所下降，清远、云浮、湛江、肇庆等地市的得分水平尽管升降互现，但累计也都属于下降（其中清远的降幅超过 55%）。

9. "专利纠纷案件受理数" 指标

一方面是珠海、东莞、深圳、揭阳、阳江、梅州的得分水平接连上升（其中前四个地市的累计升幅都超过 40%），肇庆、佛山、汕头、湛江、清远、潮州的得分水平尽管升降互现，但累计依然有所上升（其中前两个地市的累计升幅超过 30%）；另一方面是汕尾、茂名、云浮的得分水平接连下降，而广州、江门、中山等地市的得分水平尽管升降互现，但累计也都属于下降。

10. "食药方面行政处罚数量" 指标

一方面是惠州、汕尾、湛江、清远、深圳、珠海的的得分水平都接连上升（其中前四个地市的累计升幅都超过 10%），茂名的得分水平尽管升降互现，但累计依然有所上升；另一方面是汕头、河源、揭阳、中山的得分水平接连下降（其中前三个地市的累计降幅都超过 10%），潮州、肇庆、云浮、江门等地市的得分水平尽管升降互现，但累计也都属于下降（其中前两个地市的累计降幅都超过 15%）。

应当看到，法治运行指标的评估方式决定了不同地市的得分以及得分水平之间存在关联性，在一定程度上表现为 "此消彼长" 的竞争关系，但与此同时，各地市在相关指标的自身进退亦会在评估结果中得到体现。于是，多数地市在 "行政机关负责人出庭应诉数" "审理侵犯知识产权案件数" "行政复议案件数" "环境违法案件查处数" "生产安全事故死亡人数" "专利纠纷案件受理数" 等指标的得分水平不同程度地接连上升，也反映出这些方面的法治运行情况普遍得到改善；反之，较多地市在 "审查起诉未成年犯罪嫌疑人数量" "野生动物违法案件查处数" 等指标的得分水平不同程度地接连下降，反映出这些方面的法治运行情况在整体上存在差距。

总之，梅州、江门、阳江、清远、佛山在多个指标的得分水平都接连上升，珠海则接连上升和最终累计下降的指标都相对较多；而汕头、茂名都在多个指标的得分水平接连下降，广州、韶关、惠州、中山、湛江、云浮及潮州、揭阳也在多个指标升降互现但最终累计下降。此外，东莞、肇庆在多个指标的得分水平升降互现但最终累计上升（后者还在多个指标的得分水平升降互现但最终累计下降），深圳、河源、汕尾则在各指标的升降情况比较多样化。

表8-2 三年度全省各地市在部分法治运行指标的得分水平对比表（一）

地市名称	行政机关负责人出庭应诉件数			审理侵犯知识产权案件数			审查起诉未成年犯罪嫌疑人数量			行政复议案件数			环境违法案件查处数		
	2017与2016年度对比	2018与2017年度对比	累计对比	2017与2016年度对比	2018与2017年度对比	累计对比	2017与2016年度对比	2018与2017年度对比	累计对比	2017与2016年度对比	2018与2017年度对比	累计对比	2017与2016年度对比	2018与2017年度对比	累计对比
广州	-4.05	-14.54	-18.59	-4.53	-11.20	-15.73	-1.57	34.62	33.05	5.43	-7.34	-1.92	10.02	-7.19	2.83
深圳	-12.55	9.87	-2.68	-28.11	-12.26	-40.37	-5.36	7.58	2.22	6.07	-0.43	5.64	2.88	-0.62	2.27
珠海	3.84	-20.68	-16.84	15.39	27.39	42.78	0.77	-20.33	-19.56	14.12	18.25	32.37	-1.31	0.99	-0.32
汕头	-22.68	8.16	-14.52	-33.94	-14.01	-47.96	-14.15	-14.02	-28.17	-6.45	28.16	21.71	5.66	4.07	9.73
佛山	-6.90	4.93	-1.96	17.65	24.68	42.33	11.12	-23.36	-12.24	5.11	14.08	19.20	0.44	-0.37	0.07
韶关	43.10	15.18	58.28	14.84	29.78	44.62	10.55	-37.63	-27.08	-9.25	21.26	12.02	2.37	8.64	11.01
河源	-33.76	46.30	12.54	-9.28	38.69	29.41	-8.01	-32.07	-40.08	1.70	23.42	25.12	-0.43	6.17	5.74
梅州	10.76	10.06	20.82	19.84	30.25	50.09	-8.89	-24.24	-33.13	4.70	19.25	23.95	6.59	5.68	12.27
惠州	22.13	-8.16	13.97	-12.04	16.72	4.67	3.63	-25.25	-21.62	-4.97	23.56	18.60	12.32	11.23	23.56
汕尾	12.03	45.16	57.19	-4.17	40.13	35.95	0.05	-27.40	-27.35	-0.64	23.13	22.49	19.54	1.60	21.15
东莞	-49.43	-20.87	-70.31	-15.39	23.09	7.70	8.98	-36.62	-27.64	-6.02	27.01	20.99	44.39	3.09	47.48
中山	-3.35	28.84	25.49	-59.55	7.32	-52.22	-94.40	68.56	-25.84	2.66	15.52	18.17	-18.77	25.31	6.54
江门	15.88	3.61	19.49	16.61	4.78	21.39	-5.25	-25.88	-31.14	10.08	10.34	20.43	0.90	1.36	2.26
阳江	-9.50	9.68	0.18	4.35	40.45	44.80	-2.97	-12.50	-15.47	0.57	24.14	24.71	12.06	3.33	15.39
湛江	-64.42	13.28	-51.14	13.49	28.18	41.68	-1.07	-29.04	-30.11	-11.62	29.45	17.83	-6.91	10.00	3.09
茂名	-8.36	-0.19	-8.55	22.20	30.57	52.78	-25.93	-17.93	-43.86	-7.02	27.73	20.71	-3.78	0.99	-2.79
肇庆	81.41	26.76	108.16	-12.97	35.03	22.06	7.06	-20.20	-13.14	-0.60	24.28	23.68	-24.83	30.25	5.42
清远	112.58	17.65	130.22	18.02	21.82	39.84	6.82	-63.76	-56.94	-5.21	20.40	15.20	11.84	3.95	15.80
潮州	-21.38	45.92	24.54	7.97	39.81	47.78	-25.02	-11.99	-37.01	0.40	28.88	29.28	1.05	-44.32	-43.27
揭阳	-55.20	56.93	1.73	7.15	39.81	46.96	2.99	-64.14	-61.15	1.43	34.20	35.62	5.21	-7.41	-2.20
云浮	-3.54	24.29	20.74	5.17	28.98	34.15	7.97	-68.43	-60.46	4.59	26.29	30.89	-66.94	55.56	-11.39

表 8-3　三年度全省各地市在部分法治运行指标的得分水平对比表（二）

地市名称	水功能区水质达标率			野生动物违法案件查处数			生产安全事故死亡人数			专利纠纷案件受理数			食药方面行政处罚数量		
	2017与2016年度对比	2018与2017年度对比	累计对比	2017与2016年度对比	2018与2017年度对比	累计对比	2017与2016年度对比	2018与2017年度对比	累计对比	2017与2016年度对比	2018与2017年度对比	累计对比	2017与2016年度对比	2018与2017年度对比	累计对比
广州	-12.00	4.44	-7.55	-21.80	58.32	36.52	16.29	-17.24	-0.96	-27.54	2.70	-24.84	-2.23	0.70	-1.53
深圳	20.22	-7.12	13.10	-4.26	-33.33	-37.60	14.64	1.64	16.28	7.94	39.34	47.27	0.82	6.49	7.31
珠海	-15.70	4.71	-11.00	-21.65	-24.16	-45.81	11.20	-2.00	9.20	22.41	31.82	54.23	5.38	0.35	5.74
汕头	7.63	-10.91	-3.27	-10.51	-34.10	-44.61	-3.14	17.27	14.14	26.10	-13.29	12.81	-6.16	-4.72	-10.88
佛山	22.60	0.34	22.94	-4.05	-10.40	-14.44	3.21	4.36	7.58	-5.92	39.69	33.76	-3.77	3.07	-0.70
韶关	-15.94	3.21	-12.72	48.32	-3.36	44.95	-25.98	-2.00	-27.98	1.64	-3.50	-1.86	-6.13	1.77	-4.36
河源	-12.61	-6.43	-19.03	53.59	76.61	130.19	62.36	10.00	72.36	1.64	-4.90	-3.26	-0.28	-11.45	-11.73
梅州	-12.78	-3.10	-15.88	-29.95	9.63	-20.31	53.16	16.00	69.16	3.17	28.15	31.31	-5.18	2.13	-3.06
惠州	-9.34	0.57	-8.76	-29.50	-17.74	-47.23	-66.95	62.73	-4.23	-42.39	37.76	-4.63	12.98	1.53	14.51
汕尾	-8.01	1.15	-6.86	-48.01	-34.10	-82.11	41.26	9.45	50.72	-2.78	-4.90	-7.67	10.63	6.14	16.77
东莞	32.10	-15.27	16.83	-7.74	-14.83	-22.57	-47.68	53.45	5.77	26.21	21.85	48.07	-2.20	1.18	-1.02
中山	29.68	-8.27	21.42	-40.74	2.29	-38.45	-0.04	-7.45	-7.50	-16.15	2.97	-13.17	-1.64	-0.83	-2.47
江门	-3.85	2.18	-1.67	-3.59	-39.45	-43.04	4.71	20.18	24.89	-19.62	0.52	-19.10	-8.76	3.54	-5.21
阳江	-15.56	-21.01	-36.57	73.60	-56.88	16.72	40.65	3.27	43.92	32.39	2.97	35.37	-12.09	9.33	-2.76
湛江	9.08	24.23	33.31	80.57	-111.16	-30.60	-15.87	2.91	-12.96	-12.41	29.02	16.61	6.31	8.03	14.33
茂名	-18.29	0.00	-18.29	-22.54	-113.30	-135.85	23.98	8.73	32.71	-11.60	-4.90	-16.50	-9.02	12.51	3.49
肇庆	7.55	1.72	9.27	-134.47	87.16	-47.31	-11.12	2.00	-9.12	-16.14	55.94	39.81	7.38	-24.20	-16.82
清远	18.15	7.58	25.72	54.37	-10.86	43.51	-114.75	59.27	-55.48	-10.17	37.24	27.07	6.98	4.13	11.11
潮州	4.51	-10.10	-5.60	-14.11	4.59	-9.52	70.84	12.91	83.75	47.11	-27.97	19.14	4.91	-23.38	-18.47
揭阳	-10.80	5.86	-4.94	-33.95	-34.10	-68.05	-2.77	1.82	-0.95	7.12	37.59	44.70	-8.75	-1.53	-10.28
云浮	-12.84	-4.02	-16.85	108.94	-133.94	-25.00	-33.61	4.18	-29.42	-1.31	-0.87	-2.18	6.56	-13.22	-6.66

三、各类指标排名对比分析

就各类运行指标评估得分来看，我们有如下发现，见表8－4、表8－5。

1. "行政机关负责人出庭应诉数"指标

一方面是汕尾、中山的排名接连上升（其中汕尾的累计升幅达到11名），清远、肇庆、韶关、梅州、潮州、云浮的排名尽管升降互现或者保持不变，但累计依然有所上升（其中前两个地市的累计升幅分别高达15名、13名）；另一方面是东莞、珠海、汕头、阳江的排名接连下降（其中东莞的累计降幅达到17名），湛江、茂名、广州等地市的排名尽管升降互现或者保持不变，但累计依然有所下降（其中湛江在2017年度的降幅达到13名），而惠州、江门过去三个年度在本指标的排名都没有变动。

2. "审理侵犯知识产权案件数"指标

一方面是珠海、佛山、广州的排名接连上升，潮州、茂名、阳江、韶关、河源、梅州、江门、揭阳的排名尽管升降互现或者保持不变，但累计依然有所上升；另一方面是惠州、中山、云浮的排名接连下降（累计降幅都超过5名），汕头及肇庆等地市的排名尽管升降互现或者保持不变，但累计依然有所下降（其中汕头在2018年度的降幅达到18名）。

3. "审查起诉未成年犯罪嫌疑人数量"指标

一方面是阳江、惠州、珠海、梅州的排名接连上升，深圳、广州、汕头、韶关、汕尾、湛江的排名尽管升降互现或者保持不变，但累计依然有所上升；另一方面是虽然没有地市的得分水平接连下降，但中山在2017年度的降幅达到20名，清远、揭阳、云浮在2018年度的排名降幅都达到15名，所以累计排名都有所下降，而佛山、东莞、肇庆、潮州的排名尽管升降互现，但累计结果都保持不变。

4. "行政复议案件数"指标

一方面是珠海、云浮、潮州、广州的排名接连上升（其中前两个地市的累计升幅都超过7名），揭阳、梅州的排名尽管升降互现或者保持不变，但累计依然有所上升；另一方面是湛江、深圳、惠州、东莞、茂名、肇庆的排名接连下降（其中湛江的累计降幅达到7名），韶关、汕尾、江门、阳江、汕头、河源、清远的排名尽管升降互现或者保持不变，但累计依然有所下降，而佛山、中山过去三个年度在本指标的排名都没有变动。

5. "环境违法案件查处数"指标

一方面是惠州、清远、汕头、梅州、东莞的排名接连上升（其中前两个地市的累计升幅都达到10名），汕尾、阳江、韶关等地市的排名尽管升降互现或者保持不变，但累计依然有所上升；另一方面是茂名、珠海、深圳、湛江、佛山、江门的排名接连下降，云浮、潮州、揭阳、肇庆的排名尽管升降互现，但累计依然有所下降。

6. "水功能区水质达标率"指标

一方面是汕尾、清远、肇庆的排名接连上升（累计升幅都达到5名），佛山、江门、中山、湛江等地市的排名尽管升降互现或者保持不变，但累计依然有所上升；另一方面是阳江、河源、梅州的排名接连下降，广州、茂名、云浮、潮州、汕头的排名尽管升降互现，但累计依然有所下降；此外，深圳、珠海的排名尽管也升降互现，但累计没有变动，惠州则过去三个年度在本指标的排名都没有变动。

7. "野生动物违法案件查处数"指标

一方面是河源、潮州、东莞、清远、韶关、深圳的排名接连上升（其中河源的累计升幅达到17名），阳江、广州、佛山、珠海的排名尽管升降互现或者保持不变，但累计依然有所上升；另一方面是茂名、汕尾、揭阳、惠州的排名接连下降（其中茂名的累计降幅达到18名），中山、肇庆、云浮、湛江的排名尽管升降互现，但累计依然有所下降；此外，梅州的排名尽管也升降互现，但累计没有变动，汕头则过去三个年度在本指标的排名都没有变动。

8. "生产安全事故死亡人数"指标

一方面是茂名、梅州、江门的排名接连上升（其中茂名的累计升幅达到10名），潮州、汕头、河源、阳江的排名尽管升降互现或者保持不变，但累计依然有所上升；另一方面是湛江、韶关、肇庆、云浮的排名接连下降，清远、东莞、中山等地市的排名尽管升降互现，但累计也依然有所下降，而广州、深圳、珠海、汕尾过去三个年度在本指标的排名都没有变动。

9. "专利纠纷案件受理数"指标

一方面是深圳、东莞的排名接连上升，珠海、韶关、梅州、阳江、肇庆、揭阳等地市的排名尽管升降互现或者保持不变，但累计依然有所上升（其中珠海的累计升幅达到12名）；另一方面是广州、惠州、江门、湛江、茂名的排名接连下降，汕尾、清远、潮州的排名尽管升降互现，但累计也依然有所下降；此外，汕头、河源的排名尽管也升降互现，但累计没有变动，中山则过去三个年度在本指标的排名都没有变动。

10. "食药方面行政处罚数量"指标

一方面是汕尾、江门、阳江的排名接连上升，惠州、中山、佛山、河源、梅州、潮州的排名尽管升降互现或者保持不变，但累计依然有所上升；另一方面是清远、肇庆、广州、揭阳、云浮的排名接连下降，深圳、汕头等地市的排名尽管升降互现，但累计也依然有所下降，而珠海过去三个年度在本指标的排名都没有变动。

归结起来，韶关、梅州、阳江在多个指标的排名升降互现但最终累计上升，佛山、潮州、揭阳则在多个指标升降互现并且最终上升或者下降的指标都较多；深圳、汕头、河源、汕尾、东莞、中山、肇庆、清远、云浮都在多个指标的排名升降互现但最终累计下降，惠州、江门则在多个指标接连下降，湛江、茂名更在多个指标接连下降和升降互现但最终累计下降。而如表 8－6 所示，从所处位置来看，广州、深圳、佛山在多数指标的平均排名居于前部，江门也在半数指标的平均排名居于前部；珠海、汕头、河源、惠州、肇庆、揭阳在多数指标的平均排名处于中部，湛江各在半数指标的平均排名处于中部和后部；而汕尾、潮州、云浮在多数指标的平均排名处于后部，韶关、阳江、茂名也在半数指标的平均排名处于后部。

表 8 - 4 三年度全省各地市在部分法治治运行指标的排名对比表（一）

地市名称	行政机关负责人出庭应诉案件数 2017与2016年度对比	2018与2017年度对比	累计对比	审理侵犯知识产权案件数 2017与2016年度对比	2018与2017年度对比	累计对比	审查起诉未成年犯罪嫌疑人数量 2017与2016年度对比	2018与2017年度对比	累计对比	行政复议案件数 2017与2016年度对比	2018与2017年度对比	累计对比	环境违法案件查处数 2017与2016年度对比	2018与2017年度对比	累计对比
广州	0	↓6	↓6	↑2	↑1	↑3	↓3	↑8	↑5	↑2	↑1	↑3	↑1	0	↑1
深圳	↓4	0	↓4	↑1	↓1	↓1	↓4	↑11	↑7	0	↓3	↓3	↓1	↓4	↓5
珠海	↓2	↓1	↓3	↑3	↑5	↑8	↑3	↑1	↑4	↑5	↑3	↑8	↑2	↓5	↓7
汕头	↓3	↓4	↓7	0	↓18	↓18	0	↑5	↑5	↓2	↑1	↓1	↑1	↑2	↑3
佛山	0	↓3	↓3	↑2	↑3	↑5	↑3	↓3	0	0	0	0	↓2	↑1	↓3
韶关	↑4	0	↑4	↓4	0	↓4	↑5	↑1	↑4	↑5	↑2	↓3	↑2	↑1	↑3
河源	↓11	↑11	0	↓5	↑9	↑4	↓7	↑2	↑5	0	0	↓1	0	↑1	↑1
梅州	↑5	↓1	↓4	↑7	↓3	↑4	↑1	↑1	↑2	↑1	↑1	↑1	↓4	↑1	↑5
惠州	0	0	0	↑2	↑5	↑7	↑5	↑1	↑6	↓2	0	↑3	↑6	↑7	↑13
汕尾	↑7	↑4	↑11	↑9	↑7	↑2	↑4	↓1	↑3	↑2	↓1	↑2	↑10	↓1	↑9
东莞	↓8	↓9	↓17	↑2	↑1	↑1	↑5	↓5	0	↓1	↓3	↓3	↑2	↑1	↑1
中山	↓2	↓6	↓8	↑3	↓4	↑7	↓20	↑16	↓4	↓1	↓2	0	↓4	↑5	↑1
江门	0	0	0	↑3	↑2	↑1	↑5	0	↑5	0	0	↓2	↑2	0	↓2
阳江	↓1	↓2	↓3	↑3	↑9	↑6	↑2	↑6	↑8	↑3	↓5	↑1	↑7	0	↑7
湛江	↓13	0	↓13	↑6	↓4	0	↑3	0	↑3	↓7	↓4	↓7	↓4	0	↑4
茂名	0	↓7	↓7	↑1	↓2	↑7	↑6	↑3	↑7	↑1	↑1	↑2	↓3	↓5	↑8
肇庆	↑14	↑1	↑13	↓3	↑1	↑8	↑1	↑1	↑1	0	↑1	↑1	↓12	↑11	↑1
清远	↑16	↓1	↑15	↓9	↓7	↓1	↑2	↓15	↓13	↓4	↑3	↑1	↑8	↑2	↑10
潮州	↓4	↓9	↓5	↑6	↑9	↑4	↑1	↑1	0	↑1	↑3	↑4	↓4	↓9	↓5
揭阳	↓2	↑1	↓1	↓3	↑6	↑3	↑7	↓15	↓8	0	↑7	↑7	↑1	↓4	↓3
云浮	0	↑5	↑5	↓2	↑4	↑6	↑6	↓15	↓9	↓4	↑3	↑7	↓17	↑2	↓15

表8-5 三年度全省各地市在部分法治运行指标的排名对比表（二）

地市名称	水功能区水质达标率			野生动物违法案件查处数			生产安全事故死亡人数			专利纠纷案件受理数			食药方面行政处罚数量		
	2017与2016年度对比	2018与2017年度对比	累计对比	2017与2016年度对比	2018与2017年度对比	累计对比	2017与2016年度对比	2018与2017年度对比	累计对比	2017与2016年度对比	2018与2017年度对比	累计对比	2017与2016年度对比	2018与2017年度对比	累计对比
广州	↓7	↑2	↓5	↓1	↑5	↑4	0	0	0	↓4	↓2	↓6	0	↑3	↓3
深圳	↑1	↑1	0	↑1	↑1	↑2	0	0	0	↑4	↑2	↑6	↓10	↑4	↓6
珠海	↓7	↑7	0	0	↑1	↑1	0	0	0	↑12	0	↑12	0	0	0
汕头	↓9	↓10	↓1	0	0	0	↓1	↑2	↑1	↑1	↓1	0	↑1	↑4	↓3
佛山	↑5	0	↑5	↑4	↑1	↑3	0	↓1	↓1	↓1	↑2	↑1	↑3	↑5	↑2
韶关	↓4	↑5	↑1	↑2	↑1	↑3	↓2	↑2	↑4	↑4	↓2	↑2	↑1	↑2	↑1
河源	↓3	↑6	↓9	↑2	↑15	↑17	↑5	↓1	↓4	↑3	↓3	0	↑3	0	↑3
梅州	↓1	↑2	↓3	↑5	↑5	0	↑7	↑7	↓8	↑4	↑2	↑2	0	↑3	↑3
惠州	0	0	0	↓2	0	↓2	↓10	0	↓3	↑7	0	↓7	↑7	0	↑7
汕尾	↑3	↑3	↑6	↓8	0	↓8	0	↑7	0	↑1	↑3	↑2	↑5	↑2	↑7
东莞	↓2	↑1	↑1	↑1	↑3	↑4	↑9	↓7	↓2	↑3	↑3	↑6	↑3	↑2	↑1
中山	↑11	↓7	↑4	↓8	↓4	↓4	↓4	↑2	↓3	0	0	0	↑7	↓2	↑5
江门	↑1	↑4	↑5	↓2	↑1	↑3	↑4	↓2	↓6	↓6	↑1	↓7	↑5	↑4	↑9
阳江	↓6	↑4	↓10	↑15	↓9	↑6	↑4	↓3	↓2	↑2	0	↑2	↑2	↑4	↑6
湛江	↓1	↑5	↑4	↑15	↑17	↑2	↑6	↑3	↓9	↑3	↑1	↓4	↑7	↑5	↓2
茂名	↓6	↑1	↑5	↓3	↑15	↓18	↑9	↓3	↑10	↓3	↑3	↓6	↑5	↑4	↑1
肇庆	↑3	↑2	↑5	↓18	↑15	↑3	↓2	0	↓4	↑6	↑9	↑3	↑2	↑6	↓8
清远	↑2	↑4	↑6	↓2	↑2	↑4	↓9	↓3	↓6	↑2	↑1	↑1	↑9	0	↓9
潮州	↑1	↑4	↑3	↑1	↑4	↑5	↓7	↓2	↓7	↑2	↓4	↑2	↑14	↓12	↓2
揭阳	↓6	↑7	↑1	↓3	0	↓3	↓2	↓3	↓1	↑4	0	↑4	↑1	↓1	↓2
云浮	↑1	↑5	↓4	↑14	↓17	↓3	↓3	↑2	↓5	↑2	↑1	↑1	↓4	0	↓4

表 8 - 6　全省各地市在部分法治运行指标的三年度平均排名表

地市名称	行政机关负责人出庭应诉数	审理侵犯知识产权案件数	审查起诉未成年犯罪嫌疑人数量	行政复议案件数	环境违法案件查处数	水功能区水质达标率	野生动物违法案件查处数	生产安全事故死亡人数	专利纠纷案件受理数	食药方面行政处罚数量
广州	15	2	6	2	1	17	4	2	4	3
深圳	14	1	7	2	9	19	12	1	7	6
珠海	4	8	8	6	12	9	10	3	12	3
汕头	10	9	13	15	5	9	12	7	2	8
佛山	15	6	3	6	3	13	5	4	6	4
韶关	3	12	13	5	16	5	19	17	17	15
河源	12	9	10	11	15	10	13	18	17	19
梅州	9	16	17	8	7	2	17	12	13	16
惠州	3	8	10	10	14	1	7	12	8	3
汕尾	9	15	18	19	13	5	9	20	16	16
东莞	12	7	7	15	20	20	9	10	4	7
中山	15	5	9	3	15	12	5	10	21	6
江门	1	6	5	7	6	8	16	10	12	8
阳江	11	13	18	16	12	16	9	16	4	15
湛江	14	18	15	18	16	19	13	10	11	8
茂名	11	16	15	17	14	5	9	8	15	16
肇庆	11	16	3	12	12	12	10	13	15	14
清远	11	14	9	7	6	15	18	17	12	18
潮州	16	15	19	18	16	15	6	14	4	14
揭阳	20	18	13	19	4	11	11	9	10	10
云浮	15	16	12	13	15	6	14	19	16	19

第二节　2016年度法治运行指标评估分析

2016年度法治广东建设第三方评估首次引入法治运行指标评估，共筛选出20个反映当年度法治运行的指标（见表8-7）。有11个指标采用年度地区生产总值（GDP）作为平衡因素，正面肯定横向对比数据增减与当地经济发展水平相适应和纵向对比增减较为稳定的地市，体现法治内在的均衡性与稳定性要求。（表8-8、表8-9为十分制显示的结果）。

一、法治运行指标总体分析

由于原始分数相近，各地市在一些指标的得分没有明显差别，而另一些指标及其因素则深刻影响着相关地市的排名。

以在本部分评估小计排名并列第2的惠州为例，其环境违法案件量与当地经济发展水平不相适应（约为标准值的2.5倍，是生产总值相近的中山的1.8倍），且增长趋势与各地市总趋势相逆，导致在指标13的排名仅为第20名。然而，该市本年度行政机关负责人出庭应诉数及其与上年度的对比均与经济发展水平和各地市总趋势相契（专利纠纷案件受理数、行政复议案件数等指标也大体如此），生产安全事故死亡人数及其与上年度的对比更是明显低于标准值，它在这些指标的得分排名就都居于前列；再加上社会治安重点治理和排查整治、信访工作、"平安学校创建"和校园及周边治安综合治理工作等指标的原始分数也较高，就决定了惠州总体排名靠前。

再以在本部分小计排名倒数第2的汕尾为例，该市至少有9个指标的得分排名位于倒数5名之内：如生产安全事故死亡人数，该市数量较之生产总值是其2.45倍的汕头还多出3倍有余，加上增长趋势亦与各地市死亡人数趋于下降的总趋势相逆，故其在指标17的排名近乎最末。又如渎职侵权立案数，其数量与当地经济发展水平不相适应（约为标准值的5倍，是生产总值相近且案件数量本已偏多的河源的1.8倍），以致虽然增长趋势与各地市总趋势相符，在指标7的排名也近乎最末。正是由于种种负面因素累积，尽管汕尾在社会治安重点治理和排查整治、水功能区水质达标率等指标得分排名居于前列，它的总体排名却难免靠后。

二、各类法治运行指标分析

具体到特定指标，先看指标5（行政机关负责人出庭应诉数），作为一个完全正面指标，若在横向对比时，数量经过平衡后愈大，则其愈会得到正面评价。像江门本年度负责人出庭应诉数，以行政诉讼收案数进行平衡后仍比标准值高出3倍有余，加上纵向对比增减较为平稳，这就决定了它在本指标的得分排名靠前（终居首位）；而像深圳，本年度收案数是江门的6.3倍，负责人出庭应诉数却仅为74%，这就相当程度上决定了它在本指标得分排名未尽理想（终为第11名）。

再看指标19（专利纠纷案件受理数），其作为非负面指标，体现在：横向对比时未必数量愈多便相应给予愈高评价，但确应采取适当向增量倾斜的取向，以达到激励创新的效果。于是，像生产总值相近的广州和深圳，在前者本年度案件畸多而后者相对较少（不到前者10%）的情况下，前者的得分仍明显较高（最终分别为第1名和第10名）；而像潮州，虽然案件数不多，但由于横纵向对比情况在平衡后均与标准值相近，显示出较好的均衡性与稳定性，故在本指标的得分排名也相对靠前（终为第4名）。

三、法治运行相关指标的对比分析

选取部分内容存在关联性的指标，组合起来进行对比分析。

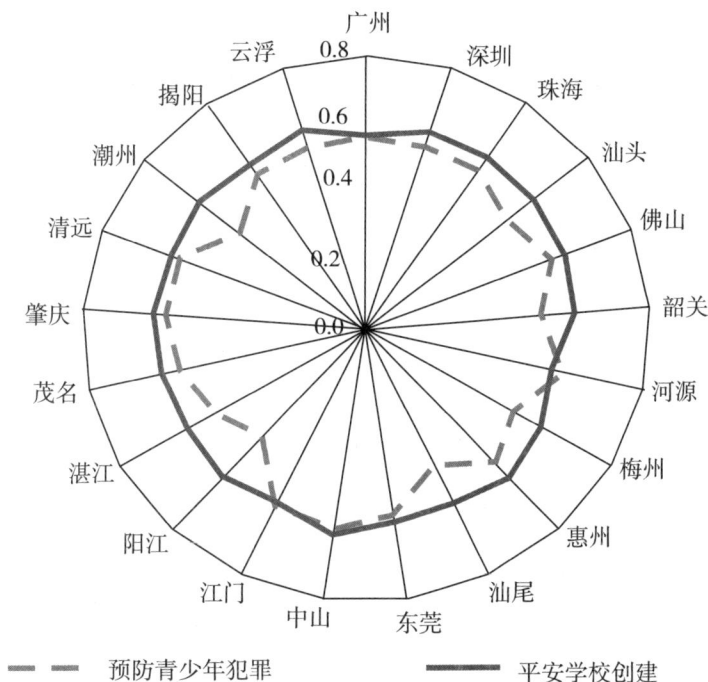

图 8 - 1　指标 8 与指标 9 得分对比示意图

例如，图 8 - 1 为指标 8（预防青少年违法犯罪工作）与指标 9（"平安学校创建"和校园及周边治安综合治理工作）得分（已相应缩减分值差距，下同）的雷达型对比示意图。可以看到，中山、广州、东莞、肇庆等市两指标的得分相近，显示当地预防青少年违法犯罪与平安学校创建均处于较高水平；而像阳江、潮州、汕尾等市，其指标 8 的得分明显低于指标 9，显示当地校园外部有可能存在不利青少年健康成长的因素，以致触犯刑律并被起诉者数量偏多（均在标准值的 2 倍以上），故未来需要进一步拓展相关治安整治的范围。

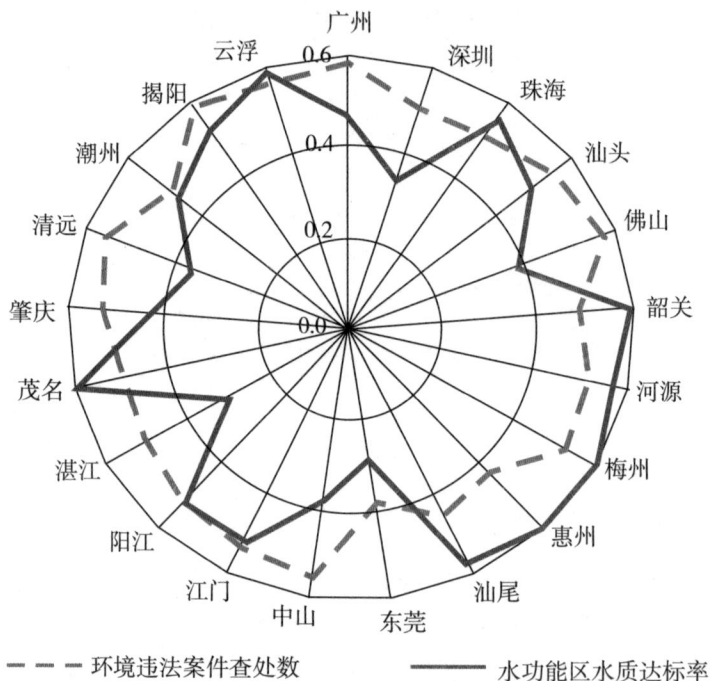

- - - - 环境违法案件查处数　　　——— 水功能区水质达标率

图 8 - 2　指标 13 与指标 14 得分对比示意图

又如，图 8 - 2 为指标 13（环境违法案件查处数）与指标 14（水功能区水质达标率）得分的对比示意图。可以看到，阳江、云浮、江门、潮州等市两指标的得分相近，显示当地环境保护整体水平与水质的水平大体一致；而像湛江、清远、佛山、深圳等市，其指标 13 的得分较为明显高于指标 14，显示水质水平相较尚有一定差距，当地需要加强相关水域的治理；相反，像惠州、汕尾、茂名、韶关等市，指标 14 的得分相对较高，则可能更多需要提升其他环境领域的保护水平。

四、法治运行指标与问卷调查的交叉分析

还有部分指标与第一部分问卷调查中题目的内容存在关联，可以进行交叉对

比及分析。例如，指标 1 与居民卷第 8 题都涉及治安状况，而图 8 - 3 显示两者高度重合，说明指标能够与问卷相互佐证，进一步证实人们普遍肯定当前的治安状况。

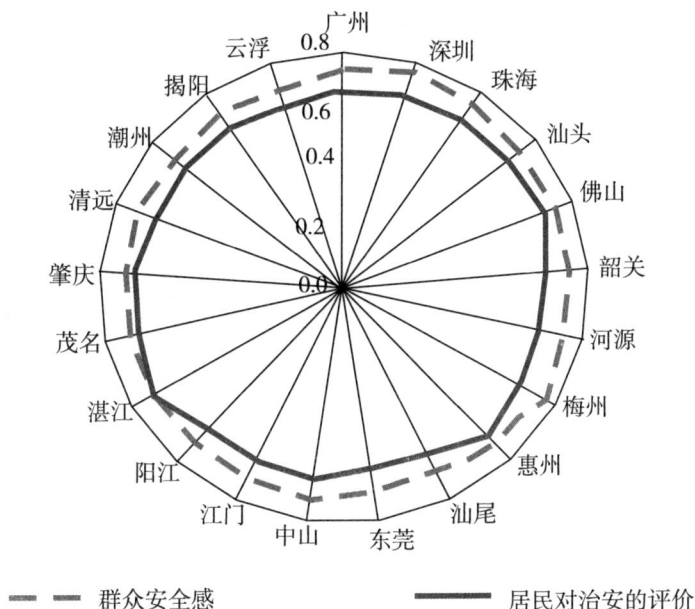

图 8 - 3　群众安全感指标与居民对治安的评价得分对比示意图

又如，指标 2 与企业卷第 9 题都涉及执法情况，而图 8 - 4 显示两者的重合度也比较高，像汕尾、阳江、汕头、深圳等市的执法工作满意度指标的得分略高于问卷调查所显示的执法公正文明情况，同样证实了人们对于当前执法工作的普遍肯定。

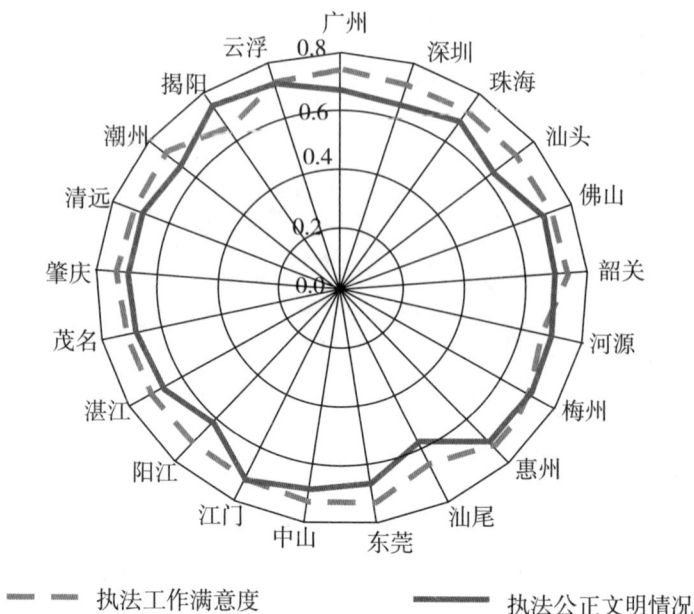

- - - - 执法工作满意度   ——— 执法公正文明情况

图 8-4   执法工作满意度指标与执法公正文明情况得分对比示意图

表 8-7   2016 年度法治运行指标及其类型、分值一览表

数据来源单位	指标名称	类型	分值（S）
省委政法委	指标1：群众安全感	完全正面型	0.8
	指标2：政法机关和政法队伍执法工作满意度	完全正面型	0.8
	指标3：社会治安重点治理和排查整治	完全正面型	0.8
省信访局	指标4：信访工作	完全正面型	0.8
省法制办	指标5：行政复议案件数	非负面型	0.6
省高院	指标6：行政机关负责人出庭应诉数	完全正面型	0.8
省检察院	指标7：渎职侵权立案数	带有正面因素的负面型	0.7
	指标8：预防青少年违法犯罪工作	带有正面因素的负面型	0.8
省教育厅	指标9："平安学校创建"和校园及周边治安综合治理工作	完全正面型	0.6
省公安厅	指标10：禁毒工作	完全正面型	0.9

（续上表）

数据来源单位	指标名称	类型	分值（S）
省工商局、省公安厅	指标11：打击传销工作	完全正面型	0.4
省人社厅	指标12：欠薪治理工作	完全正面型	0.6
省环保厅	指标13：环境违法案件查处数	带有正面因素的负面型	0.8
省水利厅	指标14：水功能区水质达标率	完全正面型	0.6
省林业厅	指标15：野生动物违法案件查处数	带有正面因素的负面型	0.4
省安监局	指标16：平安企业创建及安全生产监管工作	完全正面型	0.8
	指标17：生产安全事故死亡人数	完全负面型	0.6
省知产局	指标18：审理侵犯知识产权案件数	非负面型	0.8
	指标19：专利纠纷案件受理数	非负面型	0.6
省食药监局	指标20：作出食药方面行政处罚数量	完全正面型	0.8

注：1. 指标1至4、9至12、16这9个指标根据原始分数进行评估，其余11个指标（指标5至8、13至15、17至20）基于具体数据进行评估；其中，后者需由两部分合成得分时，对分值进行平均分解。

2. 指标11、12、15、18因相关单位未能提供2015年度原始分数或者具体数据，故不作纵向对比。

表8-8 2016年度各法治运行指标的得分情况（十分制显示）表（一）

地市名称	1. 群众安全感	2. 政法机关和政法队伍执法工作满意度	3. 社会治安重点治理和排查整治	4. 信访工作	5. 行政复议案件数	6. 行政机关负责人出庭应诉数	7. 渎职侵权立案数	8. 预防青少年违法犯罪工作	9. "平安学校创建"和校园及周边治安综合治理工作	10. 禁毒工作	11. 打击传销工作
广州	9.1	9.1	9.3	9.7	8.3	5.4	9.7	9.3	9.4	9.9	6.0
惠州	9.1	9.1	10.0	10.0	7.7	8.3	9.0	8.9	10.0	9.4	6.5
中山	9.2	9.1	10.0	9.7	8.4	4.9	9.4	9.9	10.0	10.0	8.0
江门	9.1	9.0	10.0	10.0	7.8	9.9	8.7	9.7	9.4	8.9	7.5
深圳	9.3	9.1	9.3	9.7	9.2	5.7	8.4	9.3	9.8	9.1	7.5
佛山	9.1	9.1	10.0	10.0	8.0	5.4	8.8	9.4	9.9	9.7	8.0
珠海	9.3	9.1	10.0	9.1	7.4	9.2	9.3	9.2	10.0	9.7	8.0
汕头	9.1	9.0	9.8	10.0	7.1	6.6	8.1	8.5	10.0	8.7	7.5
揭阳	8.9	8.1	10.0	9.4	6.1	4.6	8.2	9.1	9.7	8.7	8.0
东莞	8.7	9.0	9.8	10.0	7.1	8.1	8.6	9.2	9.4	8.8	7.5
茂名	8.9	8.9	9.8	9.1	7.1	5.8	9.5	9.1	9.9	8.4	8.0
肇庆	9.0	9.1	10.0	10.0	7.2	1.5	7.8	9.6	9.9	8.8	7.5
湛江	8.8	8.8	10.0	7.0	7.1	8.1	7.9	8.2	9.7	9.1	8.0
潮州	8.9	9.0	9.9	9.7	6.5	4.9	7.6	7.4	10.0	8.8	6.5
阳江	9.1	9.0	9.5	8.8	6.8	5.8	9.7	7.1	9.8	9.1	6.0
云浮	8.7	9.1	10.0	10.0	6.8	4.9	6.0	9.2	10.0	9.4	7.5
韶关	9.1	9.1	10.0	9.7	8.7	7.6	4.7	8.2	9.7	8.8	5.5
梅州	9.4	8.8	10.0	9.1	7.6	5.5	4.4	8.0	9.5	8.9	6.5
河源	9.1	8.4	10.0	10.0	7.2	6.0	7.3	9.3	9.0	8.6	7.0
汕尾	8.7	8.3	10.0	9.7	6.6	5.0	4.7	7.3	9.4	8.6	7.0
清远	9.0	9.1	9.9	9.7	8.3	0.4	6.4	9.4	9.8	7.3	6.0
平均	9.0	8.9	9.9	9.5	7.5	5.9	7.8	8.8	9.7	9.0	7.1

表 8－9　2016 年度各法治运行指标的得分情况（十分制显示）表（二）

地市名称	12.欠薪治理工作	13.环境违法案件查处数	14.水功能区水质达标率	15.野生动物违法案件查处数	16.平安企业创建及安全生产监管工作	17.生产安全事故死亡人数	18.审理度犯知识产权案件件数	19.专利纠纷案件受理数	20.作出食药方面行政处罚数量	本部分平均分	本部分排名
广州	5.3	9.6	7.9	9.4	10.0	8.7	7.0	9.6	9.5	8.7	1
惠州	6.4	7.4	10.0	9.1	10.0	7.6	6.2	9.1	8.5	8.7	2
中山	6.5	8.5	6.3	9.8	9.8	7.5	9.3	4.7	9.5	8.6	3
江门	5.5	9.2	8.7	5.7	10.0	6.7	5.5	7.1	9.8	8.6	4
深圳	7.8	9.0	5.7	6.8	9.8	9.0	9.6	6.7	8.5	8.6	5
佛山	7.5	9.9	6.4	8.9	9.8	8.1	5.2	7.5	9.5	8.6	6
珠海	5.6	8.8	9.4	8.5	10.0	8.5	4.4	5.3	8.9	8.6	7
汕头	2.7	9.1	8.3	7.2	10.0	7.6	8.5	9.4	9.8	8.5	8
揭阳	5.5	9.6	8.9	8.7	9.8	7.6	3.9	5.9	9.7	8.1	9
东莞	7.6	3.1	4.7	7.6	9.8	7.6	6.2	7.3	9.2	8.1	10
茂名	2.7	8.8	10.0	9.8	9.8	6.7	3.6	6.4	7.7	8.0	11
肇庆	6.0	8.9	7.6	9.8	10.0	7.2	5.0	5.9	7.8	7.9	12
湛江	4.5	8.5	4.9	3.7	10.0	7.8	3.8	6.8	7.9	7.7	13
潮州	5.1	8.4	7.8	8.8	9.4	2.2	4.0	7.9	8.9	7.7	14
阳江	4.5	8.0	8.7	4.4	10.0	2.6	4.2	7.7	8.9	7.7	15
云浮	4.5	9.3	9.8	1.6	10.0	5.1	4.3	5.7	6.5	7.6	16
韶关	4.5	7.9	9.8	0.0	10.0	5.3	4.1	5.5	8.3	7.6	17
梅州	5.5	8.8	10.0	4.5	10.0	3.7	3.7	5.8	8.3	7.6	18
河源	6.9	8.4	9.4	0.7	10.0	0.0	5.1	5.5	7.6	7.6	19
汕尾	4.5	7.5	9.4	9.6	10.0	0.4	4.5	5.8	7.2	7.3	20
清远	5.6	8.7	6.1	0.2	9.7	7.0	4.1	6.6	4.7	7.1	21
平均	5.5	8.5	8.1	6.4	9.9	6.1	5.3	6.8	8.4	8.0	

第三节　2017 年度法治运行指标评估分析

在 2017 年度法治广东建设第三方评估中，法治运行指标共筛选 19 个指标（见表 8－10）。其中有 11 个指标采用年度地区生产总值（GDP）作为平衡因素，正面肯定数据"在横向对比中，增减情况与当地经济规模相适应"和"在纵向对比中，增减情况较为稳定"的地市，并以横向对比为主，见表 8－11、表 8－12。

与 2016 年度相比，阳江、潮州进步较为明显，得分水平提升 5.5% 左右，排名分别从第 15 名、第 14 名升至第 8 名、第 9 名；珠海的得分水平也有所提升，排名从第 6 名升至第 2 名。广州的排名保持在首位，并且得分水平提升 4.1%；江门、佛山、深圳的得分水平升降幅度不大，排名继续比较靠前。中山退步很明显，得分水平下降 35.6%，排名从第 3 名降至第 21 名；惠州、揭阳的退步也较为明显，得分水平都下降 3% 以上，排名分别从第 2 名、第 9 名降至第 6 名、第 12 名；汕尾、清远、韶关、梅州、河源的得分水平各有一定幅度的升降，但排名都没有明显变化，依然处于后部。

一、代表性地市的法治运行指标评估分析

一些指标的原始分数相近，各市在这些指标的得分没有明显差别。另一些指标及其因素则深刻影响着相关地市排名。以在本部分评估小计排名居于首位的广州为例，其 2017 年度水功能区水质达标率仅为全省平均水平的 81.7%，在横向对比中处于劣势，因此，尽管相较上年度已经有所进步，在纵向对比中得分尚可，指标 13 的得分还是偏低，排名第 20 名。然而，由于该市在其他多数指标的得分都相对较高，排名前三的指标多达 10 个，包括在指标 3（政法机关和政法队伍执法工作满意度）、指标 4（禁毒工作）、指标 12（环境违法案件查处数）、指标 19（行政处罚裁量基准公布率）等排名第一，最终它在本部分的总体排名靠前。

又以在本部分评估小计排名处于中游位置的东莞为例：其在指标 2（社会治安重点治理与排查整治）、指标 9（审查起诉未成年犯罪嫌疑人数量）、指标 11（劳动保障监察案件上网率）、指标 16（专利纠纷案件受理数）、指标 19（行政处罚裁量基准公布率）的排名都居于前部，但同时有 6 个指标的排名处于后部，其中 3 个是倒数三名——比如，其 2017 年度 GDP 约占全省的 8.0%，可是环境违法案件查处数达到全省的 19.8%，明显与其经济规模不相适应，故在指标 12 得分偏低，排名第 19 名；同时，其水质达标率仅为全省平均水平的 84.5%，因

此，尽管相较上年度进步，在纵向对比中得分尚可，指标 13 的得分还是偏低，排名亦为第 19 名；最终，这些都直接影响了该市在本部分的总体排名。

再以在本部分评估小计排名处于尾部的清远为例：该市在指标 2、指标 6（行政机关负责人出庭应诉数）、指标 9（审查起诉未成年犯罪嫌疑人数量）、指标 11（劳动保障监察案件上网率）、指标 12（环境违法案件查处数）的排名居于前部，但有 6 个指标的排名处于后部，其中 4 个是倒数三名——比如，其 2017 年度 GDP 约占全省的 1.6%，但侵权渎职立案数为全省的 6.8%，并且同比增加 36.4%，与全省平均同比减少 4.8% 的趋势相逆，故在指标 8 得分偏低，排名第 19 名；类似地，其食药方面行政处罚数量也占到全省的 4.6%，并且同比减少 24.6%，与全省平均同比增加 27.1% 的趋势显著相逆，故在指标 17 也得分偏低，排名第 21 名；最终，这些都严重影响了该市在本部分的总体排名。

二、典型性法治运行指标的评估分析

完全正面型指标突出表现为若在横向对比时，数量经过平衡后愈大，则其愈会得到正面评价。以指标 6（行政机关负责人出庭应诉数）为例：比如江门，2017 年度 GDP 约占全省的 2.7%，[①] 但出庭应诉数达到全省的 8.0%，并且数量增减与全省的趋势与速度相契，因此，在本指标得分较高；相反，比如揭阳，GDP 约占全省的 2.3%，但出庭应诉数仅为全省的 0.8%，并且增幅远远超过了全省平均幅度，表明其均衡性与稳定性都存在问题，故在本指标得分较低。

非负面指标突出表现为横向对比之时，绝非数量愈多便相应给予愈高评价，但确实应当采取适度向增量倾斜的取向，以达到正面激励的效果。以指标 7（审理侵犯知识产权案件数）为例：比如 GDP 相近的广州和深圳，在各自纵向对比基本相同的情况下，由于前者本年度的案件受理数（约为全省的 25.6%）少于后者（42.6%），横向对比以及最终的得分也就相较略低。而像揭阳，其案件受理数仅占 0.1%，明显失衡，故在本指标得分较低；相反，江门的案件受理数虽然也只占 3.4%，但略高于其 GDP 所占比例，故得分较高。

带有正面因素的负面指标突出表现为在横向对比之时，随着数量增加，评价将逐渐降低，但这种降低的幅度应当得到控制，避免适得其反，产生鼓励"不作为"的错误导向。以指标 8（渎职侵权立案数）为例，比如珠海的立案数不多，约占全省的 3%，并且与其年度 GDP 所占比例（2.7%）相适应，因此，在本指标得分较高。而像广州，立案数虽然较多，约占全省的 18.2%，但是这一比例与其经济规模基本适应，并且与全省平均下降 4% 的趋势相契，故得分也较高；相反，深圳的立案数仅占全省的 4.8%，明显失衡，加上数量减少幅度过大，故在

[①] 因为未能获得 2017 年度各市行政诉讼案件数量的数据，此次评估采用 GDP 作为平衡因素。

本指标得分偏低。

完全负面指标突出表现为在横向对比之时，数量经过平衡后愈大，则其愈会得到负面评价。对应的是指标 15（生产安全事故死亡人数）：比如清远 2017 年度 GDP 约占全省的 1.6%，但死亡人数达到 7.6%，并且同比明显增长而与全省平均有所下降的趋势相逆，因此，在本指标得分较低。而像深圳、广州，死亡人数分别占全省的 8.3%、12.3%，由于在经济规模相近的情况下，前者所占比例较低，故在本指标的得分就会相对较高。

表 8-10　2017 年度法治运行指标及其类型、分值一览表

数据来源单位	指标名称	类型	分值（S）
省委政法委	指标 1：群众安全感	完全正面，分数型	0.8
	指标 2：社会治安重点治理与排查整治	完全正面，分数型	0.8
	指标 3：政法机关和政法队伍执法工作满意度	完全正面，分数型	0.8
	指标 4：禁毒工作	完全正面，分数型	0.8
	指标 5：打击传销工作	完全正面，分数型	0.5
省高院	指标 6：行政机关负责人出庭应诉数	完全正面，数据型	0.7
	指标 7：审理侵犯知识产权案件数	非负面，数据型	0.8
省检察院	指标 8：渎职侵权立案数	带有正面因素的负面，数据型	0.8
	指标 9：审查起诉未成年犯罪嫌疑人数量	带有正面因素的负面，数据型	0.7
省法制办	指标 10：行政复议案件数	非负面，数据型	0.8
省人社厅	指标 11：劳动保障监察案件上网率	完全正面，比率型	0.5
省环保厅	指标 12：环境违法案件查处数	带有正面因素的负面，数据型	0.8
省水利厅	指标 13：水功能区水质达标率	完全正面，数据型	0.7
省林业厅	指标 14：野生动物违法案件查处数	带有正面因素的负面，数据型	0.5
省安监局	指标 15：生产安全事故死亡人数	完全负面，数据型	0.8
省知产局	指标 16：专利纠纷案件受理数	非负面，数据型	0.6
省食药监局	指标 17：食药方面行政处罚数量	带有正面因素的负面，数据型	0.8

（续上表）

数据来源单位	指标名称	类型	分值（S）
省工商局	指标 18：商标侵权案件查处数	非负面，数据型	0.6
网络检索	指标 19：行政处罚裁量基准公布率	完全正面，比率型	0.7

注：1. 指标 1 至指标 5 根据原始分数进行评估，其余 14 个指标基于具体数据或者比率进行评估；

2. 指标 11、指标 18、指标 19 因欠缺 2016 年度数据或者评估方式发生显著变化，故不作纵向对比；

3. 指标分值需要分解时，按照横向对比与纵向对比 2∶1 进行分解，之后合成为本指标得分。

表 8-11 2017 年度各法治运行指标的得分情况（十分制显示）表（一）

地市名称	1. 群众安全感	2. 社会治安重点治理与排查整治	3. 政法机关和政法队伍执法工作满意度	4. 禁毒工作	5. 打击传销工作	6. 行政机关负责人出庭应诉数	7. 审理侵犯知识产权案件数	8. 渎职侵权立案数	9. 审查起诉未成年犯罪嫌疑人数量	10. 行政复议案件数	11. 劳动保障监察案件上网率
广州	8.98	9.87	8.93	9.96	6.51	4.61	8.01	9.55	8.75	8.08	9.86
珠海	8.85	9.97	8.76	9.62	6.62	8.42	6.18	9.73	8.84	7.85	9.95
江门	8.71	9.82	8.80	8.89	6.66	9.68	7.56	8.09	8.84	7.94	10.00
佛山	8.77	8.92	8.86	9.77	6.62	4.46	7.27	8.65	9.85	7.78	8.06
深圳	9.00	9.94	8.91	9.37	6.26	4.43	9.61	7.74	8.45	8.96	8.41
惠州	8.98	9.97	8.85	8.82	6.32	8.58	6.59	9.21	8.78	6.80	8.75
汕头	8.71	9.66	8.74	8.29	6.26	4.70	7.94	9.14	6.99	6.14	0.17
阳江	8.61	9.97	8.66	8.12	6.51	4.68	5.25	9.18	6.54	6.35	10.00
潮州	8.63	9.66	8.72	6.84	6.15	3.25	5.24	8.15	5.08	6.06	10.00
东莞	8.45	9.97	8.57	7.41	6.26	4.63	6.38	7.85	9.49	6.17	10.00
茂名	8.54	9.97	8.56	7.65	6.62	4.74	5.66	8.74	6.63	6.10	9.80
揭阳	8.71	8.92	8.68	7.03	6.62	1.20	5.07	7.94	8.92	5.76	7.29
肇庆	8.82	8.92	8.87	7.81	6.06	5.63	5.11	7.75	9.72	6.64	10.00
湛江	8.44	9.97	8.50	8.31	6.62	3.84	5.35	8.20	7.74	5.78	9.12
云浮	8.53	8.92	8.78	8.63	6.66	4.19	5.42	6.92	9.41	6.63	10.00
韶关	8.82	9.48	8.74	7.22	6.41	9.06	5.79	3.31	8.66	7.43	10.00
梅州	8.90	9.97	8.75	7.95	6.57	5.48	5.63	2.69	6.93	7.38	4.06
汕尾	8.57	9.97	8.57	9.01	6.63	5.10	5.07	2.64	6.97	6.08	9.81
河源	8.81	9.66	8.61	6.66	6.63	3.58	5.46	4.65	8.24	6.80	10.00
清远	8.84	9.97	8.76	8.07	6.51	6.29	5.99	2.85	9.51	7.34	10.00
中山	0.00	0.00	0.00	9.31	6.62	4.20	7.28	1.78	1.97	7.98	10.00
平均	8.32	9.21	8.32	8.32	6.48	5.27	6.28	6.89	7.92	6.96	8.82

表 8-12　2017 年度各法治运行指标的得分情况（十分制显示）表（二）

地市名称	12. 环境违法案件查处数	13. 水功能区水质达标率	14. 野生动物违法案件查处数	15. 生产安全事故死亡人数	16. 专利纠纷案件受理数	17. 食药方面行政处罚数量	18. 商标侵权案件查处数	19. 行政处罚裁量基准公布率	本部分小计	本部分排名
广州	9.96	7.45	8.18	8.74	6.50	9.39	8.23	10.00	8.58	1
珠海	8.28	8.74	7.27	8.28	5.74	9.43	5.32	9.23	8.35	2
江门	8.84	9.02	5.59	6.30	4.85	9.14	6.38	10.00	8.25	3
佛山	9.47	8.85	8.83	7.48	5.97	9.26	6.21	9.64	8.22	4
深圳	8.81	7.89	6.67	8.92	6.09	8.64	5.08	10.00	8.21	5
惠州	8.05	9.94	7.37	3.17	5.23	9.67	6.28	9.06	7.97	6
汕头	9.13	9.59	6.67	6.68	9.40	9.36	6.55	9.00	7.73	7
阳江	8.60	8.00	9.31	4.58	8.33	7.95	6.33	10.00	7.70	8
潮州	8.09	8.78	8.07	5.88	9.34	9.39	9.96	9.31	7.67	9
东莞	6.55	7.85	7.26	4.23	7.64	9.09	6.94	10.00	7.60	10
茂名	8.08	9.16	8.54	7.36	4.72	7.00	5.59	8.97	7.51	11
揭阳	9.57	8.63	6.67	6.70	5.37	9.04	6.64	9.33	7.34	12
肇庆	6.47	8.83	1.22	5.88	4.04	8.49	6.34	10.00	7.30	13
湛江	7.54	6.06	9.05	6.16	5.01	8.50	4.33	9.71	7.30	14
云浮	3.44	9.42	8.76	2.75	4.72	7.11	8.18	9.03	7.16	15
韶关	7.72	9.15	3.16	3.35	4.72	7.85	5.86	7.14	7.09	16
梅州	8.92	9.64	2.64	6.26	5.06	7.93	6.55	9.67	7.06	17
汕尾	8.73	9.41	6.67	2.63	4.72	8.16	6.60	9.12	7.06	18
河源	7.97	9.01	4.22	3.43	4.72	7.64	8.16	8.62	7.00	19
清远	9.25	8.14	3.76	0.00	4.97	5.33	7.01	7.59	6.85	20
中山	6.58	9.36	7.35	6.76	3.03	9.44	8.70	2.57	5.26	21
平均	8.10	8.71	6.54	5.50	5.72	8.47	6.73	8.95	7.49	

第四节　2018 年度法治运行指标评估分析

在 2018 年度法治广东建设第三方评估中，法治运行指标共选用 12 个指标（见表 8-13）。其中有 10 个指标采用年度地区生产总值（GDP）作为其平衡因素，正面肯定数据"在横向对比中，增减情况与当地经济规模相适应"和"在纵向对比中，增减情况较为稳定"的地市，并以横向对比为主，从而体现法治内在要求的均衡性及稳定性。（评估结果见表 8-14、表 8-15）

与 2017 年度结果相比，中山的进步明显，得分水平升幅达到 36.96%，排名从第 21 升至第 7；肇庆、梅州、河源的得分水平也有所提升，排名分别从第 14、第 18、第 20 升至第 8、第 11、第 14。广州、珠海、深圳、东莞、汕头的得分水平则都变动不大，排名依然居于中前部。云浮的退步明显，得分水平降幅达到 12.69%，排名从第 16 降至第 21；阳江、茂名的得分水平降幅也接近 10%，故排名分别从第 9、第 12 降至第 17、第 19。清远的得分水平虽然有所提升，但排名仅从第 21 升至第 18，而湛江的得分水平降幅也接近 7%，排名从第 15 降至第 20。

一、代表性地市的法治运行指标评估分析

以广州为例，其 2018 年度专利纠纷案件受理数，在横向对比中仅为全省平均水平的 1.39 倍、经济总量相近的深圳的 35%，与经济规模不相适应，在与 2017 年度的纵向对比中也与全省受理数略有增长的趋势相逆，所以在非负面型的指标 10 的评估得分不算高，排名第 7。然而，由于该市在其余多数指标的评估得分都较高，排名前三的即多达 8 个，包括在指标 4（行政复议案件数）、指标 6（环境违法案件查处数）、指标 8（野生动物违法案件查处数）等排名第一，最终它在本部分的总体排名靠前。

再以东莞为例：其在指标 10（专利纠纷案件受理数）及指标 2（审理侵犯知识产权案件数）、指标 5（劳动保障监察案件上网率）、指标 8（野生动物违法案件查处数）、指标 11（食药方面行政处罚数量）、指标 12（商标侵权案件查处数）等的排名都居于前部，但同时有 4 个指标的排名处于后部，其中 3 个是倒数两名——比如，其 2018 年度 GDP 约占全省的 8.19%，但环境违法案件查处数达到全省的 19.97%，明显与其经济规模不相适应，故在带有正面因素的负面型的指标 6 得分偏低，排名第 20；同时，其水质达标率仅为全省平均水平的 66.04%，加上相较上年度也有所下降，故在正面型的指标 7 的得分也偏低，排名亦为第 20；最终，这些影响了该市在本部分的总体排名。

再以云浮为例：该市仅在指标 4（行政复议案件数）、指标 5（劳动保障监察

案件上网率）、指标 7（水功能区水质达标率）等少数指标的排名居于中前部，但多达 7 个指标的排名处于后部，其中 6 个是倒数三名——比如，其 2018 年度 GDP 约占全省的 0.84%，但生产安全事故死亡人数为全省的 3.83%，并且同比有所增加，与全省趋势相逆，故在负面型的指标 9 得分偏低，排名末位；与此类似，其食药方面行政处罚数量也占到全省的 2.29%，并且增幅高于全省的平均水平，故在带有正面因素的负面型的指标 11 亦得分偏低，排名末位。最终，这些都严重影响了该市在本部分的得分与排名。

二、典型性法治运行指标的评估分析

正面型指标突出表现为若在横向对比时数量经过平衡后愈大，则其愈会得到正面评价。以指标 1（行政机关负责人出庭应诉数）为例：比如江门，2018 年度 GDP 约占全省的 2.87%，但出庭应诉数占全省的 9.88%，并且数量增减与全省的趋势与速度相契，因此在本指标得分较高，排名首位；相反，比如东莞，GDP 占全省的 8.19%，但出庭应诉数仅为全省的 2.06%，并且相较去年明显减少，表明其均衡性与稳定性都存在问题，故在本指标得分较低，排名末位。

非负面指标突出表现为横向对比之时，绝非数量愈多便相应给予愈高评价，但确实应当采取适度向增量倾斜的取向，以达到正面激励的效果。以指标 12（商标侵权案件查处数）为例：比如经济总量相近的广州、深圳两市，在各自的纵向对比结果相近的情况下，由于后者本年度的数量（约为全省的 11.14%）远少于后者（31.32%），横向对比以及最终得分也就相较要低。而像河源，其数量仅占 0.55%，明显失衡，故在本指标的得分较低，排名处于尾部；相反，中山的数量虽然也只是达到 7.35%，但明显高于其 GDP 在全省所占比例，故得分较高，排名居于首位。

带有正面因素的负面指标突出表现为在横向对比之时，随着数量增加，评价将逐渐降低，但这种降低的幅度应当得到控制，避免适得其反，产生鼓励"不作为"的错误导向。以指标 6（环境违法案件查处数）为例，比如汕头的查处数不多，约占全省的 2.20%，并且与其年度 GDP 所占比例（2.49%）相适应，因此，在本指标得分较高，排名第 3。而像广州，查处数虽然较多，约占全省的 22.11%，但这一比例与其经济规模相适应，并且与全省的趋势大体相契，故得分也较高；相反，珠海的查处数仅占全省的 0.83%，明显与其经济规模不相适应，故在本指标得分相对偏低。

负面指标突出表现为在横向对比之时，数量经过平衡后愈大，则其愈会得到负面的评价。以指标 9（生产安全事故死亡人数）为例，如前所述，云浮在 2018 年度的死亡人数达到全省的 3.83%，并且同比有所增加，与全省趋势也相逆，故在本指标得分偏低；而像深圳、广州，死亡人数均占全省的 10% 左右，但由于两市的经济总量占比均在 20% 以上，故在本指标得分仍属较高。

表 8－13　2018 年度法治运行指标及其类型、分值一览表

数据来源单位	指标名称	类型	分值（S）
省法院	指标 1：行政机关负责人出庭应诉数	正面，数据型	0.8
	指标 2：审理侵犯知识产权案件数	非负面，数据型	0.9
省检察院	指标 3：审查起诉未成年犯罪嫌疑人数量	负面，数据型	0.8
省司法厅	指标 4：行政复议案件数	非负面，数据型	0.8
省人社厅	指标 5：劳动保障监察案件上网率	正面，比率型	0.9
省生态环境厅	指标 6：环境违法案件查处数	带有正面因素的负面，数据型	0.9
省水利厅	指标 7：水功能区水质达标率	正面，比率型	0.8
省自然资源厅	指标 8：野生动物违法案件查处数	带有正面因素的负面，数据型	0.8
省应急管理厅	指标 9：生产安全事故死亡人数	负面，数据型	0.9
省市场监管局	指标 10：专利纠纷案件受理数	非负面，数据型	0.8
	指标 11：食药方面行政处罚数量	带有正面因素的负面，数据型	0.8
	指标 12：商标侵权案件查处数	非负面，数据型	0.8
总分			10

　　注：指标分值需要分解时，按照横向对比与纵向对比 2：1 进行分解，之后合成为本指标得分。

表 8 - 14 2018 年度各法治运行指标的得分情况（十分制显示）表（一）

地市名称	1. 行政机关负责人出庭应诉数	2. 审理侵犯知识产权案件数	3. 审查起诉未成年犯罪嫌疑人数量	4. 行政复议案件数	5. 劳动保障监察案件上网率	6. 环境违法案件查处数	7. 水功能区水质达标率
广州	4.42	9.04	8.88	9.20	9.92	9.91	7.72
佛山	4.72	8.82	8.00	8.76	9.89	9.44	8.88
珠海	7.33	7.90	7.23	9.12	9.90	8.36	9.15
惠州	8.15	7.64	6.78	8.44	9.65	8.96	9.99
深圳	4.95	8.84	9.05	8.93	9.92	8.76	7.27
江门	9.87	7.86	6.79	8.66	9.90	8.95	9.21
中山	5.72	7.74	7.40	9.06	9.90	8.63	8.64
肇庆	7.04	7.31	8.12	8.33	8.00	8.92	8.98
东莞	3.53	7.83	6.59	8.05	9.90	6.80	6.52
汕头	5.13	7.06	5.88	8.10	6.67	9.46	8.64
梅州	6.01	7.53	5.01	8.72	9.02	9.38	9.37
揭阳	4.20	7.57	3.84	8.14	8.88	8.97	9.14
潮州	5.67	7.74	4.13	8.07	9.90	4.50	7.90
河源	6.02	7.89	5.70	8.43	9.90	8.47	8.45
韶关	9.86	7.66	5.68	8.91	9.16	8.42	9.43
汕尾	7.48	7.59	4.80	7.69	9.93	8.86	9.51
阳江	5.19	7.79	5.55	8.03	6.44	8.87	6.17
清远	7.22	7.36	4.46	8.76	9.57	9.57	8.80
茂名	4.73	7.58	5.21	8.03	9.93	8.16	9.16
湛江	4.54	7.12	5.44	7.83	8.12	8.35	8.17
云浮	5.47	7.24	3.99	8.46	9.90	7.94	9.07
平均	6.06	7.77	6.12	8.46	9.26	8.56	8.58

表8-15 2018年度各法治运行指标的得分情况（十分制显示）表（二）

地市名称	8. 野生动物违法案件查处数	9. 生产安全事故死亡人数	10. 专利纠纷案件受理数	11. 食药方面行政处罚数量	12. 商标侵权案件查处数	本部分小计	本部分排名
广州	9.28	8.84	7.69	9.36	9.25	8.66	1
佛山	8.15	7.72	8.24	9.52	7.87	8.36	2
珠海	5.69	8.17	7.56	9.46	8.38	8.20	3
惠州	6.21	6.62	7.39	9.80	8.79	8.20	3
深圳	4.49	9.01	8.34	9.19	8.20	8.12	5
江门	3.01	7.41	4.88	9.44	8.78	7.92	6
中山	7.50	6.35	3.20	9.37	9.75	7.79	7
肇庆	6.92	5.99	7.24	6.44	7.71	7.58	8
东莞	6.29	7.17	8.89	9.19	9.01	7.50	9
汕头	4.44	7.63	8.64	8.96	8.93	7.47	10
梅州	3.27	7.14	6.67	8.11	7.25	7.33	11
揭阳	4.44	6.80	7.52	8.91	9.17	7.33	11
潮州	8.37	6.59	7.74	7.41	9.75	7.31	13
河源	9.23	3.98	4.44	6.67	7.67	7.25	14
韶关	2.94	3.24	4.52	8.00	8.33	7.18	15
汕尾	4.44	3.15	4.44	8.68	9.06	7.15	16
阳江	5.59	4.76	8.50	8.74	8.90	7.04	17
清远	3.05	3.26	7.10	5.68	8.57	6.97	18
茂名	1.13	7.84	4.44	8.06	8.52	6.96	19
湛江	1.78	6.32	6.67	9.18	7.55	6.78	20
云浮	0.00	2.98	4.67	5.99	8.59	6.23	21
平均	5.06	6.24	6.61	8.39	8.57	7.49	

第九章　法治负面舆情评估分析

第一节　2018 年度法治负面舆情评估

经过广泛调研和论证，我们逐渐认识到，充分挖掘经由媒体报道形成的法治负面舆情有助于更好地"刻画"各地市的法治运行情况，于是在 2018 年度法治广东建设第三方评估中首度启用了法治负面舆情评估，使得我们第三方评估体系"三管齐下"真正全部就位。最终，我们选定了七大观察点，共计 11 个指标（见表 9–1），通过中宣部舆情直报点的专门媒体数据库检索筛选出各地市在相关指标的重要负面舆情，并对不同类型指标采用了相对差异化的方式进行评估（详见表 9–2、表 9–3）。

一、代表性地市的法治负面舆情评估分析

以在本部分评估小计排名居于首位的云浮为例，其在 2018 年度无市级领导干部或者公检法负责人因违纪违法被查处等负面舆情，亦无较大负面影响的安全责任事故、扶贫领域腐败事件、食品药品安全事件、营商环境建设恶性事例等，扣分的原因一是在生态环境方面，因新兴江新兴县段水质的逐年恶化问题，由中央环境保护督察移交广东省进行了生态环境损害责任问责，当地区县级干部受到处分；二是在恶性社会事件方面，其水务、公安等部门于对打击盗采河砂乱象存在失职失责问题，直至中央扫黑除恶督导组亲临督导后才铲除长期在西江等河道非法盗采河砂的犯罪团伙。总体上，由于该市的负面舆情较少，故在本部分评估的得分较高，排名居于前列。

又以在本部分评估小计排名处于中游位置的珠海为例，其在 2018 年度无副市级领导干部或者公检法负责人因违纪违法被查处等负面舆情，但是市委原书记李嘉和市政协原主席钱芳莉的案件均在本年度宣判，原市长李泽中亦在本年度被"双开"和提起公诉，故依照舆情评估方式，该市在正市级领导干部违纪违法指标的分数全部予以扣除；此外，在恶性社会事件方面，其存在香洲区南屏工商质监管理所原党支部书记、所长刘晓锋充当恶势力"保护伞"被"双开"，并因涉嫌职务

犯罪问题移送检察机关审查起诉的负面舆情，故亦应扣分。不过，由于该市未出现有较大负面影响的生态环境事件、安全责任事故、扶贫领域腐败事件、食品药品安全事件以及营商环境建设恶性事例等，所以最终在本部分评估的得分尚可。

再以在本部分评估小计排名处于尾部的清远为例，其在 2018 年度未出现有较大负面影响的扶贫领域腐败、食品药品安全事件，然而：一是该市市委常委、市纪委书记、市监委主任邓梁波和市人大常委会原副主任徐建文、原副市长石芳飞均在本年度被查处，市委原书记陈家记的案件亦在本年度宣判，故依照评估方式，在市级领导干部违纪违法相关指标均予以大幅扣分；二是在生态环境事件方面，出现省级自然保护区被占用破坏和产业转移工业园环境突出问题，分别对副市级干部和区县级干部作出问责，故在本指标大幅扣分；三是在安全责任事故和恶性社会事件方面，出现清城区住宅小区一垃圾清运点重大火灾事故和英德市某KTV 纵火造成重大伤亡事件以及该市水务局水政监察支队原支队长等人充当涉黑团伙"保护伞"、英德市公安局森林分局连江口林业派出所原所长等人为涉黑团伙非法开采稀土矿充当"保护伞"问题，故在相关指标亦依照评估方式予以大幅扣分直至扣满为止；四是在营商环境建设方面，由其他市的媒体曝光了办理无犯罪记录证明"跑断腿"的负面事例，故应予以扣分。最终，这些负面舆情都严重影响了该市在本部分评估的得分与排名。

二、典型性法治负面舆情指标的评估分析

指标 1 至指标 8 和指标 10 都是通过对于法治负面舆情分级扣分进行评估：其中，领导干部违纪违法这一观察点的各指标主要依据违纪违法领导干部的级别进行区分，之后，指标 6、指标 8 分别主要依据生态环境事件、扶贫领域腐败事件被处分干部或者所涉及干部的级别进行区分，指标 10 也依据黑恶势力所涉及干部级别或者事故的等级进行区分，指标 11 则依据报道或者刊载营商环境建设负面事例的媒体级别进行区分。除此之外，为了正面肯定负面舆情相对数量与当地经济规模相适应的地市，仿照前述法治运行指标评估部分中的负面指标评估方式，本部分的指标 7（安全责任事故）、指标 9（食品药品安全事件）也采用了年度地区生产总值（GDP）作为平衡因素。以佛山为例，其地铁 2 号线工地在2018 年 2 月 7 日发生了透水坍塌事故，造成 10 人死亡和超过 5000 万直接损失，依据《生产安全事故报告和调查处理条例》属于重大事故，依照法治负面舆情评估方式相当于 1.67 个一般事故，相对数量约占去年全省安全责任事故舆情的十分之一，但由于佛山本身的经济规模亦占全省的 9.83%，故平衡后该市在指标9 的得分仍有 0.26 分，即仅扣除三分之一的分数；而其发生的案值超千万元假酒水事件虽然相当于较大事故，但是相对数量约占全省食品药品安全事件舆情的二成，故平衡后该市在指标 11 的扣分相对较多，最终得分仅为 0.11 分。

表 9-1 2018 年度法治负面舆情评估方式一览表

指标名称	分值	评估方式
1. 领导层窝案	0.78	市级，本项全部扣分；区县/市局级，每个扣 0.585 分；乡镇级，每个扣 0.39 分；村级，每个扣 0.195 分
2. 正市级领导干部违纪违法	0.78	查处，双开、起诉、宣判等，每个扣 0.26 分
3. 市委副书记、常委或者副市长违纪违法	0.39	查处，双开、起诉、宣判等，每个扣 0.13 分
4. 其他副市级领导干部违纪违法	0.36	查处，双开、起诉、宣判等，每个扣 0.12 分
5. 市法院、检察院、公安负责人违纪违法	0.35	查处，双开、起诉、宣判等，每个扣 0.11 分
6. 生态环境事件	0.39	处分至正市级干部，本项全部扣分；至副市级干部，每个扣 0.195 分；至区县/市局级干部，每个扣 0.039 分；至乡镇/街道级干部，每个扣 0.117 分；其余，每个扣 0.0195 分
7. 安全责任事故	0.39	得分＝A×0.39，$\beta=\dfrac{\text{本市事故相对数}}{\text{全部市事故相对数}}\times\dfrac{\text{本年度全部市 GDP}}{\text{本年度本市 GDP}}$ 若 $0\leq\beta\leq3$，$A=(3-\beta)/3$；若 $\beta>3$，$A=0$ 事故相对数以一般事故为基准，特别重大＝1.5 个重大＝2 个较大＝2.5 个一般
8. 扶贫领域腐败事件	0.39	涉及正区县/市局级干部，本项全部扣分；涉及副区县/市局级干部，每个扣 0.195 分；涉及乡镇/街道级干部，每个扣 0.117 分；涉及其余干部，每个扣 0.039 分
9. 食品药品安全事件	0.39	同指标 7
10. 恶性社会事件	0.39	黑恶势力涉及正区县/市局级干部或者发生特别重大事故，本项全部扣分；涉及副区县/市局级干部或者发生较大事故，每个扣 0.195 分；涉及乡镇/街道级干部或者发生重大事故，每个扣 0.117 分；涉及其余干部或者发生一般事故，每个扣 0.039 分

（续上表）

指标名称	分值	评估方式
11. 营商环境建设负面事例	0.39	中央媒体报道或者转载，本项全部扣分；省级媒体报道或者转载，每个扣0.26分；市级媒体报道或者转载，每个扣0.13分
总分	5	

注：如若应扣分数超过本项指标分值，扣满即止。

表9－2 2018年度各法治负面舆情的得分情况（十分制显示）表（一）

地市名称	1. 领导层窝案	2. 正市级领导干部违纪违法	3. 省委副书记、市委副书记、常委或省副市长违纪违法	4. 其他副市级领导干部违纪违法	5. 市法院、检察院、公安负责人违纪违法	6. 生态环境事件
云浮	10.00	10.00	10.00	10.00	10.00	7.00
阳江	10.00	10.00	3.33	10.00	10.00	10.00
茂名	10.00	10.00	10.00	10.00	10.00	9.50
广州	10.00	10.00	6.67	10.00	10.00	10.00
肇庆	10.00	10.00	10.00	5.00	10.00	10.00
深圳	10.00	10.00	0.00	10.00	10.00	6.00
湛江	10.00	10.00	0.00	10.00	10.00	7.00
梅州	10.00	10.00	6.67	10.00	0.00	10.00
佛山	10.00	10.00	10.00	10.00	10.00	4.00
河源	10.00	10.00	6.67	0.00	10.00	4.00
珠海	10.00	0.00	10.00	10.00	10.00	10.00
东莞	10.00	10.00	0.00	10.00	10.00	5.00
韶关	10.00	10.00	10.00	10.00	10.00	7.00
潮州	10.00	6.67	10.00	10.00	10.00	5.00
揭阳	10.00	10.00	10.00	10.00	10.00	0.00
惠州	10.00	6.67	0.00	0.00	10.00	7.00
汕头	10.00	10.00	0.00	10.00	10.00	2.00
江门	10.00	3.33	10.00	10.00	10.00	10.00
汕尾	7.50	10.00	10.00	10.00	0.00	4.00
中山	0.00	10.00	0.00	10.00	10.00	5.00
清远	10.00	6.67	0.00	0.00	10.00	2.00
平均	9.40	8.73	5.87	7.86	9.05	6.40

表9-3 2018年度各法治负面舆情的得分情况（十分制显示）表（二）

地市名称	7. 安全责任事故	8. 扶贫领域腐败事件	9. 食品药品安全事件	10. 恶性社会事件	11. 营商环境建设负面事例	本部分小计	本部分排名
云浮	10.00	10.00	10.00	5.00	10.00	9.38	1
阳江	10.00	10.00	10.00	7.00	10.00	9.25	2
茂名	10.00	10.00	0.00	9.00	10.00	9.10	3
广州	7.79	6.00	7.51	9.00	10.00	8.98	4
肇庆	0.82	10.00	10.00	10.00	10.00	8.92	5
深圳	9.17	10.00	10.00	10.00	10.00	8.84	6
湛江	10.00	8.00	10.00	10.00	10.00	8.83	7
梅州	10.00	5.00	10.00	10.00	10.00	8.65	8
佛山	6.61	10.00	2.84	7.00	10.00	8.48	9
河源	10.00	9.00	10.00	10.00	10.00	8.47	10
珠海	10.00	10.00	10.00	9.00	10.00	8.36	11
东莞	3.90	10.00	10.00	10.00	10.00	8.35	12
韶关	0.00	1.00	10.00	10.00	10.00	8.28	13
潮州	0.00	9.00	10.00	10.00	10.00	8.23	14
揭阳	0.61	5.00	10.00	9.00	10.00	8.02	15
惠州	10.00	10.00	10.00	7.00	10.00	7.51	16
汕头	0.00	9.00	10.00	7.00	10.00	7.50	17
江门	3.03	10.00	0.00	0.00	10.00	6.92	18
汕尾	10.00	9.00	0.00	3.00	0.00	6.26	19
中山	3.05	10.00	0.00	10.00	10.00	5.95	20
清远	0.00	10.00	10.00	1.00	6.67	5.61	21
平均	5.95	8.62	8.11	7.76	9.37	8.09	

第二节　法治负面舆情评估的基本经验与展望

2018 年度第三方评估首度启用了法治负面舆情评估，以期对分类问卷调查评估、法治运行指标评估进行强化或者补充。从本年度加以尝试和探索的情况来看，"生态环境事件""安全责任事故""扶贫领域腐败事件"这三个指标都有效起到了对于法治运行指标评估中的环境违法案件查处数、生产安全事故死亡人数、食药方面行政处罚数量等指标进行强化考查的效果，"恶性社会事件""营商环境建设负面事例"这两个指标也都有效起到了对于分类问卷调查评估（尤其是居民卷、企业卷）涉及的社会治理、营商环境建设等方面进行强化考查的效果。至于领导层窝案和从正市级领导干部到市法院、检察院、公安机关负责任人的违纪违法等五个指标和"扶贫领域腐败事件"指标，则都起到了对于分类问卷调查评估和法治运行指标评估进行补充考查的效果，使深入推进反腐败斗争和打好精准脱贫攻坚战这两个党中央确定的重点任务在第三方评估中得到了突出强调。

不过，既然是首度进行法治负面舆情评估，本身就意味着它尚有较大提升和完善空间。2018 年度本部分评估过程的突出问题是，由于评估的时间紧迫，而舆情信息量巨大，要在极其有限的时间内完成方案论证和舆情数据采集，难免出现一些遗漏。同时，问题还包括：一是负面舆情体系的整体均衡性尚需改善。目前七大观察点、11 个指标中，多达 5 个属于领导干部违纪违法方面的指标，所占分值比例更达到 53.2%；有鉴于此，未来可以在基本维持这方面指标的数量及其分值以继续突出强调反腐败工作的同时，通过在其他方面适当增加新指标，促进指标体系的整体均衡性。二是部分法治负面舆情评估结果的区分度尚需提高。在 2018 年度本部分评估中，"领导层窝案""市法院、检察院、公安负责人违纪违法""营商环境建设负面事例"等指标最终都仅有两个地市被扣分，在"其他副市级领导干部违纪违法""食品药品安全事件"等指标被扣分的地市也相对较少，而多数地市都在"生态环境事件""安全责任事故""恶性社会事件"等指标出现扣分。因此，未来有必要加强对前一类指标的舆情检索筛选以及必要时增删合并部分指标，对于后一类指标则可以考虑适当增加其分值，从而增加本部分评估结果的区分度。三是部分法治负面舆情评估方式的科学性尚需增强。目前大多数法治负面舆情指标都是按"级"（领导干部级别、事故等级、媒体层次等）分档扣分，这些未必都能跟法治负面舆情的影响范围与程度形成完全的正比例关系。因此，未来可以考虑与我校新闻与传播学院等加强合作，采用传播学中更为客观和可量化的方式进行分档及扣分，使指标评估方式具有更强的科学性。

此外，通过 2018 年度的本部分评估，我们还意识到：实践中，一方面是舆情的有无、多寡都与地市的经济社会发展存在紧密关联，越是各类媒体较为聚集、关注度也相应较高的地市，越是新闻出版资源较为丰富、舆论监督氛围较好的地市，就越有可能出现各种正反面舆情，因而不能简单地基于法治负面舆情的数量进行评估，据此衡量相关地市的法治建设水平；另一方面是除了少数相当"吸引眼球"、引起全省乃至全国范围内广泛热议的头条性质新闻之外，还有更多的法治负面舆情散见于各类市级（包括外省市）的报刊中，还有的虽然直接影响范围限于当地（如我们收集的某些关于营商环境建设的办证"跑断腿"负面事例），却能以此窥见相关地市在特定方面的法治建设情况，因而同样需要在浩如烟海的媒体信息中加以搜选并展开分析。由此，我们尚需在未来的本部分评估工作中不断提升"大数据"抓取与分析的技术水平，从而进一步有效发挥法治负面舆情评估的作用，使之更好地与分类问卷调查评估、法治运行指标评估有机结合、相辅相成，使"三管齐下"的法治广东建设第三方评估的科学性、公正性、客观性愈益得到显现。